走向学校高质量管理

罗志远 著

江西人民出版社

图书在版编目（CIP）数据

走向学校高质量管理 / 罗志远著. — 南昌：江西人民出版社，2025.3. -- ISBN 978-7-210-16268-1

Ⅰ．G637

中国国家版本馆 CIP 数据核字第 2025837WX0 号

走向学校高质量管理
ZOUXIANG XUEXIAO GAOZHILIANG GUANLI

罗志远　著

策　划　编　辑：涂如兰
责　任　编　辑：胡　悦
装　帧　设　计：抱朴文化

江西人民出版社 出版发行

地　　　　址	江西省南昌市三经路 47 号附 1 号（邮编：330006）
网　　　　址	www.jxpph.com
电 子 信 箱	850117201@qq.com
编辑部电话	0791-86893196
发行部电话	0791-86898815
承　印　厂	文畅阁印刷有限公司
经　　　销	各地新华书店
开　　　本	880 毫米×1230 毫米　1/32
印　　　张	12.25
字　　　数	306 千字
版　　　次	2025 年 3 月第 1 版
印　　　次	2025 年 3 月第 1 次印刷
书　　　号	ISBN 978-7-210-16268-1
定　　　价	78.00 元

赣版权登字-01-2025-64

版权所有　侵权必究

赣人版图书凡属印刷、装订错误，请随时向江西人民出版社调换。

服务电话：0791-86898820

序·适时而教　应时而管

时间过得真快！记得三年前，志远提交的深圳市龙岗区华南师范大学附属平湖学校的办学方案，当时，我是华南师范大学教育发展中心办学方案论证答辩专家组的主要成员之一，参与答辩的过程，我还有印象。转眼三年过去了，又看到志远的书稿《走向学校高质量管理》。我仔细地看了书稿，感受到了他作为校长办学的坚守，做教育的勤奋与用心。看完了书稿，想说以下几点意思。

首先，做教育有坚守。书稿中的实践性文字，是三年的贴地而行，不懈躬耕课堂和师生的心田见证。坚守办学方案的理念与路径，用心传承华师气质。"立鸿鹄之志，成生命气象""办一所教有成就、学有尊严、研有价值、管有文化的家长和社会向往的理想学校""培养身心健康、习惯良好、好学敏行的深圳少年"。这就是学校的使命、愿景和育人目标，既是学校的哲学坚守，也是学校实践的方法论。文字都是依此展开、实践演绎，生动成文的。

其次，办学校很用心。书稿的文字中，我能感受到志远在用心探索与思考。特别是课程的开发、教师的成长、组织结构的形塑。生活中，在我们的身边，勤奋的人大有人在，但凡勤奋又用心、还坚持不懈的，很可贵。听说书稿是自己在三年多学校管理实践中，从上百万随笔文字中编辑二十万字成书，可以说是原生态的工作心得记录，是走心的文字。

最后，高质量讲智慧。这是一个追求高质量的时代，学校也不例外。"质量不仅是客户的需求，也是我们的责任。我们要从系统质量的角度来看总质量的建设"（任正非）。学校管理的高质量，当然来不得半点自我与抽象，必须具体到学校日常的点点滴滴中。志远作为校长实践探微的文字，一方面来自学校系统，包括学校教育哲学、学校文化、课程体系、课堂形态、组织结构、教师成长、教育特色、学校评价等；另一方面，细腻入心的文字来自教育人的真诚思考，没有雕琢而至诚。

却顾所来径，苍苍横翠微。谨愿踔厉前行，是为序。

胡中锋

2025 年 1 月 18 日

引言

动笔写这本书时，其实我心中一直在追问三个问题：什么是好的教育？什么是好的学校？什么是好的学校管理？党的十九大报告提出的公平而有质量的教育，党的二十大报告进一步提出和部署了高质量教育体系建设目标。显然，学校是高质量教育体系的基本单位。基于此，我很认同北京师范大学张东娇教授的观点"好的学校管理即高质量学校管理，等价于好学校"。[①]

什么是好的教育？当我带着追问认真研读了刘铁芳教授的《什么是好的教育——学校教育的哲学阐释》，书中创造性地对教育的六个核心要素——教育、学生、教师、教学、学校、校长进行了哲学阐释，深刻细致的哲学意蕴清晰道出了"好教育"的本质与真相。简言之：真正的教育是美好的、愉悦的、催人奋发向上的。美好的教育离不开爱的孕育与滋润。学校教育中的爱包括：教师对学生的爱，学生对教师和家长的爱，人与人之间的交往之爱。"学生"即"作为向学的生命过程"，这是好教育应该秉持的学生观。"教师"即"活在师生关系之中"，这是好教育应该秉持的教师观。"教学"，即"让……学习"，教师主动地让学生

[①] 张东娇. 好的学校管理的原理、状态和组织本领[J]. 中国教育学刊, 2023, (6): 7.

走在学习的路径中,这是本真的教学观。"校长",即"把教育的本质带入当下"。即校长需要明白"什么是教育的本质"。"学校",即"从学园到家园"。学校是生发、养育精神的地方。①

诚然,我们已经进入了乌卡时代(VUCA),尤其面对新技术的挑战,"互联网"对社会生活包括学校教育的深刻影响,世界教育日新月异的变化,我们发展新时代高质量教育迫切需要探索建立现代学校治理方式。好的学校治理,是收获良好教育效益的保证。基于此,通过近三年的学校管理实践:对教育哲学、学校文化、课程体系、教学形态、教师队伍、组织结构、学校特色、评价体系等进行全面深入地思考,我和我的团队在积极探索好的学校管理模式,同时记下实践的反思所得,谨以成书。

---

① 刘铁芳. 什么是好的教育——学校教育的哲学阐释[M]. 北京:高等教育出版社,2014.100.

目 录
CONTENTS

第一章　学校教育哲学

第一节　学校使命 …………………………………………… 4
第二节　学校愿景 …………………………………………… 9
第三节　育人目标 …………………………………………… 25

第二章　学校文化系统

第一节　学校精神 …………………………………………… 34
第二节　校训三风 …………………………………………… 41
第三节　校徽校歌 …………………………………………… 49

第三章　学校课程体系

第一节　学校课程体系的设计 ……………………………… 59
第二节　习惯培养的校本课程 ……………………………… 66
第三节　身心健康的课程案例 ……………………………… 81
　　案例1　初中英语戏剧课程 …………………………… 81
　　案例2　"主题轮换"式大课间课程 …………………… 92

案例3　学校幸福心理绘本课程 …………… 107
案例4　"探寻百年平湖"跨学科活动课程 …… 115
案例5　初中数学分层作业的设计课程 ……… 129
案例6　课程名称：小学英语自然拼读入门…… 156
案例7　《千字文》课程 …………………… 163

第四章　学校课堂形态

第一节　课堂形态的探索 ………………………… 168
第二节　"136"素养大课堂的构建 …………… 177
第三节　实践性文章分享 ………………………… 181
　　　日志1　没有目标观念的教、学、研何时休 …… 181
　　　日志2　谈谈"学习目标"的定制与教学落实 … 190
　　　日志3　"易学大课堂"提升案例 …………… 198
　　　日志4　再谈"学习目标" ………………… 204
　　　日志5　湖畔好课堂案例分析 ………………… 209
　　　日志6　核心素养导向的教学方式探究 ……… 218
　　　日志7　聚焦"大概念"也谈"大单元"设计 …… 230
　　　日志8　聚焦"大概念"例谈"大单元"设计 …… 236

第五章　学校组织结构

第一节　学校组织设计逻辑 ……………………… 262
第二节　提高学校组织本领 ……………………… 265
第三节　学校组织发展的趋势 …………………… 257

第六章　学校教师成长

第一节　师德师风是青年教师成长的灵魂 ………… 261
　　　　日志1　静夜触摸德育之心 ………………… 263
　　　　日志2　飘飘何所似　天地一沙鸥 ………… 266
第二节　"五能""四实"湖畔好老师的实践引领 … 271
　　　　日志1　"五能"湖畔好老师的修炼 ……… 272
　　　　日志2　教有成就　学有尊严　研有价值 … 279
　　　　日志3　教而不研　是为"匠"（一）……… 287
　　　　日志4　研而不做　是为"殆"（二）……… 294
　　　　日志5　向成熟型优秀教师学习什么 ……… 302
第三节　推动成熟型教师"第二次成长" ………… 308

第七章　学校特色建设

第一节　学校特色建设的理解与意义 ……………… 325
第二节　以体育人的学校特色 ……………………… 328
第三节　朴素共生德育特色的建设 ………………… 331

第八章　学校评价体系

第一节　课堂教学评价 ……………………………… 344
第二节　"136"素养大课堂六维度评价研究 …… 355
第三节　共生德育评价 ……………………………… 361
　　　　日志1　毕业班的师生应该忙什么 ………… 364
　　　　日志2　德育就是育心 …………………… 371

第1章
学校教育哲学

　　学校教育哲学是学校办学的灵魂。新时代的学校需要审视自身的教育哲学，从实践层面来看，越来越多的中小学校长认为，学校教育哲学是办学思想的另一种表达，是学校办学顶层设计的重要聚焦点；学校教育哲学是学校课程改革的指导思想；学校教育哲学是学校规划的灵魂。

　　学校教育哲学的概念产生于20世纪80年代的英国，是伴随着学校发展规划项目而出现的，其后陆续传播到欧洲、澳洲、北美等地。① 在20世纪末，学校教育哲学被引入我国后，逐渐应用于学校发展规划、学校课程设计、学校文化建设等办学实践。近年来，随着对特色办学、学生核心素养发展、高品质学校课程建设的深入探索，学校教育哲学又变成了热门话题。学校教育哲学作为一种观念性存在，其具体表现形式，西方学者多从学校使命、发展愿景和育人目标三个方面加以论述。② 国内大多数研究

---

① 陈建华. 西方中小学校本发展规划研究及启示[J]. 比较教育研究，2004，(12).
② 陈建华. 作为发展过程的学校发展规划[J]. 教育发展研究，2004，(11).

者和办学者都接受和沿用了这一说法。当然,也有的一些学者表达了不完全相同的观点,如有学者认为,学校教育哲学的结构包含使命、核心价值和愿景;[1] 也有学者对学校教育哲学的内在逻辑做了层次划分,认为处于顶端的是办学宗旨,第二级是办学理念,第三级是育人目标,第四级是课程体系。[2] 学校教育哲学是学校共同体的教育理想和团体哲学信奉,而且它对学校所有工作都有指导价值。[3]

在学校教育实践中,笔者很认同南京市教育科学研究所沈曙虹副所长对学校教育哲学的结构体系研究的观点:学校教育哲学的观念形态并非仅有学校使命、发展愿景和育人目标那么简单,而是由本体观、属性观、目的观、人性观和实践观等要素组成的一个相对丰富的观念群。

那么,新时代需要什么样的教育哲学?基于对当今社会的把握和对教育发展形势的总体判断,新时代的学校教育哲学要围绕着培养什么人、怎样培养人、为谁培养人这样一个根本性议题,形成自己关于学校的新发展理念。新时代呼吁高质量的学校教育,从本质上看,办学思想和学校教育哲学具有内在的紧密联系,办学思想属于学校教育哲学的中国化称呼。上海师范大学陈建华教授认为,目前中小学办学思想陷入困境,主要表现为概念界定不清、主体认识模糊、内容指向不明、提炼表达随意,这在很大程度上影响了办学思想的价值引领作用。办学思想不会自动产生,必须经历一个提炼过程,才能从常识经验上升为科学理论。办学思想提炼必须认真回答"为什么办学、办什么学校、培

---

[1] 李宝庆. 新课程背景下的学校教育哲学变革[J]. 教育发展研究, 2008, (18).
[2] 项纯. 走向学校课程的整体构建[J]. 中小学管理, 2018, (12).
[3] 陈建华. 作为发展过程的学校发展规划[J]. 教育发展研究, 2004, (11).

养什么人"的时代之问，围绕着"追求好教育、建设好学校和培养好学生"三个要素，立足学校实际，与时俱进，明确主体责任加以提炼。

近三年来，笔者有幸负责深圳市龙岗区华南师范大学附属平湖学校的筹建工作，并且作为校长主持学校的全面工作。在学校办学方案的设计与实践中，在华南师范大学专家团队的指导下，我率领学校管理团队全面探索好的学校管理，尽心竭力追寻好教育、建设好学校、培养好学生。

深圳市龙岗区华南师范大学附属平湖学校，是深圳市龙岗区人民政府和华南师范大学合作创办的一所九年一贯制义务教育公办性质学校。学校位于龙岗区平湖街道特发·天鹅湖畔花园，享有250公顷雁田湖一线环幕美景。学校办学规模36个教学班，学校总建设用地面积17000平方米，建筑面积34000平方米。2020年10月学校开始动工建设，2021年9月建成并正式揭牌迎新。

2020年11月，我受命于华南师范大学教育集团，怀揣着华师人对美好教育的梦想，走进深圳美丽的天鹅湖畔。龙岗大气，凤岗温婉，绿水青山处，我和团队该如何描绘理想的教育画卷？

随着机器的轰鸣，学校建设开疆破土；同时，办学方案的设计，好教育的追寻让我彻夜难眠！在华师专家的指导下，我和管理团队反复研究"学校教育哲学"，即"办学思想"，众所周知，办学思想是学校教育哲学中国化的称呼。简单地说，西方教育发达国家的学校教育哲学研究内容，主要涵括学校使命、发展愿景和育人目标三个方面；而这三个方面的内容正好对应于我国办学思想内容的办学理念、发展定位和培养目标。

当下，中小学校长对办学思想认识模糊不清，主要是对办学思想认知有偏差。涉及两个方面的认知：一方面是对经营和管理学校的认知，涉及培养目标、育人方式、课程体系、队伍建设和学校管理的观念和思路。另一方面是对学校教育的内涵、本质和职能的认识。

笔者根据自己的经验习惯，本书中使用学校使命、发展愿景和育人目标对办学思想进行表述。

第一节 学校使命

关于学校使命，上海师范大学陈建华教授认为：一所学校的学校使命，其内容指向并没有所谓的规定性，也不存在预设的为校长们普遍认可的观念体系。凡是与学校教育有关的使命担当和终极追求，都有可能成为一所学校的学校使命。同时，指出关注两个议题：学校教育如何促进学生个体健康发展？学校教育如何促进社会发展？

深圳市龙岗区华南师范大学附属平湖学校的学校使命提炼形成过程，经历了以下两个阶段：

一、让每一位学生成为飞翔的"白天鹅"

让每一位学生拥有全新的生命历程。

学校使命的独特性，离不开这所学校所处的独特的教育环境资源和社会条件，所以它具有与众不同的特点。华南师范大学附属平湖学校地处美丽的天鹅湖畔，又是华南师范大学与深圳市龙岗区人民政府合作办学。

每所学校教育哲学的独特性既要求学校使命在内容上与众不同，也要求学校使命在表达上与众不同。记得美国作家海明威谈到文学创作时，特别强调要写"属于自己的句子"，所以，我想学校使命的表达也应当寻找属于华南师范大学附属平湖学校自己的句子。当然,学校使命一旦形成,便要向学校的教职员工、家长、社区公众公布。在与教育同行交流时,校长经常要介绍学校使命,所以要求其具有鲜明性,要用通俗易懂、简明扼要的话语表达,切忌故弄玄虚、猎奇求异。否则学校使命不能很好地被校内外人所理解,影响它的传播和接受度。

由于华南师范大学附属平湖学校位于龙岗区平湖街道天鹅路天鹅湖畔花园,有一线城市稀缺的环幕湖景资源,华师学府浓荫,处处瞰湖,步步观景,所以,经过调研考察深思熟虑之后,我们将学校文化聚焦"天鹅文化"。学校使命本身是抽象的,只是需要有一个具体的载体将其具体化、形象化。

于是,我们首先从天鹅的生活习性中提炼出性格品质:善良忠贞、团结勇敢、优雅高贵、洁白淳朴、志向高远、勤奋坚毅,这是天鹅的良好品质。接着,我们从《丑小鸭》的童话中提炼现代教育价值。最后,我们紧扣深圳精神特征,附着时代和区域文化色彩。

诚然,丑小鸭变成白天鹅的故事激励了许多平凡的人。丑小鸭勤奋、善良、谦逊、坚毅,有着强烈而美好的梦想。

丑小鸭的蜕变告诉我们:成功要靠奋斗来实现,困难面前拒绝沉沦、坚持梦想、不屈奋斗,丑小鸭也可以变成美丽高贵的天鹅;天生我材必有用,教育即自我发现或唤醒,认为成功就是发现自我,在非议面前相信自我、保持自我、实现自我,被误作丑小鸭的天鹅终究会展现美丽高贵的自我。

每年来深圳的应届毕业生和求发展的人有 100 多万,半年留下是 30 万,一年留下的是 10 万。留下的人有三个特征:一是超级勤奋,都很拼,因为符合这个城市不眠之夜文化;二是有目标的人,咬定青山不放松,不达目的不罢休,面对困难拼性十足,因为小绵羊不可能在这个城市立足;三是有梦想与追求,有美好而执着的理想,并且能为自己的理想去不懈地奋斗,最后变成白天鹅,实现自己的梦想。

孩子的教育成长过程本身也是这样的,通过努力把孩子们变成美丽的"白天鹅"。我们希望在深入挖掘"天鹅文化"的基础上,将其与学校的文化建设有机地结合起来,达到"育德为本、励志育人"的目的,让每一个孩子都成为"飞翔的白天鹅"。"天鹅文化"哺育至真至纯的华附学子,内涵发展培养至善至美的深圳少年。

于是,我们提炼出学校使命:让每一位学生成为飞翔的"白天鹅";让每一位学生拥有全新的生命历程。

二、立鸿鹄之志,成生命气象

教育朝向美好,生命吐露芬芳。

关于学校使命,我们通过以上两个提炼阶段的探索,无论是内涵还是表述,我们都感觉有些不到位的东西,又难以言说。再回归到什么是好教育的追问上思考,我反复研读刘铁芳教授的《什么是好的教育——学校教育的哲学阐释》,我终有所悟。"进德修业,知行合一",虽然有历史的纵深感,但过于普适性,缺失了学校的个性,时空感也不强;而"让每一位学生成为飞翔的'白天鹅',让每一位学生拥有全新的生命历程",虽然体现了学校的独特性,但没有触摸到好教育的本质。

由于刘铁芳教授一直在两方面不断努力给我以启示:一是以丰厚的著述表达理想的教育的模样,二是提出"中国少年"培育体系的理论与实践探索。特别是以"做自信豪迈的中国少年"为基本主题,倡导"育中国少年,成生命气象",旨在引领中小学校提升办学理念、厘清办学目标、整合学校课程、形成学校文化、全面提升学校人才培养的格局,促进学校教育的文化自觉,造就具有健全生命气象、自信豪迈的中国少年。

面对"育中国少年"的责任使命,我们深圳市龙岗区华南师范大学附属平湖学校的学校使命是:"立鸿鹄之志,成生命气象"。我们深知:人无志,则不立;校无志,则不兴;国无志,则不强。现代学校治理的核心目标是促进学生健康成长。建立现代学校治理体系,不是为了治理而治理,其宗旨是促进学生健康成长。有利于学生发展这一原则应该贯穿于学校治理的一切细节之中。

学校教育如何促进学生个体健康发展?学校教育如何促进社会发展?

正如刘铁芳教授所说,学生就是在学习状态中的儿童,是在学习中生活、在学习中成长的活生生的生命。学生代表着一种蓬勃的精神,一种向学而生的生命状态。学校教育作为积极成就学生的实践,就是要扩展学生的生活,促进学生的生长,提升学生的生命,孕育民族健全的少年气象。健康的体魄、发达的兴趣、蓬勃的热情、宽广的视野、开阔的襟怀,这就是少年气象,生命气象。

今天重温周恩来少年时"为中华之崛起而读书"的豪言,我们更应该感慨的是当时的周恩来所展现出来的这种少年豪情,这恰恰是我们今天的青少年需要借鉴的、学习的精神。学生应该意气风发,而不是少年老成;学校应该朝气蓬勃,而不是暮气沉沉。重温"吾爱吾师,吾更爱真理",彰显年轻人可贵的精神气质;"好好学习,天天向上""苟日新,日日新,又日新",其中蕴含着人类、民族美好的教育期待和积极的生命气象。培育学校教育积极的生命理想,努力提升我们时代、我们国家年轻一代的生命气象，这是多么迫切的教育主题！

于是，我们将学校使命提炼为"立鸿鹄之志，成生命气象"。

鸿是指大雁，而鹄则是天鹅。大雁和天鹅是近亲，均是鸟纲。鸿鹄是古人对大雁、天鹅之类飞行极为高远鸟类的统称，又名鹄、鸿、鹤、白鸿鹤等。我们学校位于深圳市龙岗与东莞市凤岗交会处美丽的天鹅湖畔，"天鹅"是我们学校的文化符号。鸿鹄之志指天鹅有飞越千里的志向和能力，比喻一个人有远大的理想和抱负。

鸿鹄之志最早出自《吕氏春秋·士容论》：夫骥骜之气，鸿鹄之志，有谕乎人心者，诚也。[1] 衍生典故《史记·陈涉世家》：陈涉太息曰："嗟乎，燕雀安知鸿鹄之志哉！"[2] 该金句广为流传数千年，后世据此典故引申出成语"鸿鹄之志"。

人无志，则无以立。习近平总书记在党的十九大报告中着重强调了"青年一代有理想、有本领、有担当，国家就有前途，民族就有希望。"将"有理想、有本领、有担当"作为培养新时代青年的战略导向。2022版义务教育课程标准修订重在从学科立场走向教育立场，突出素养立意、育人导向。育人总目标确立，义务教育学生画像清晰。其培养目标是：有理想、有本领、有担当。

所谓"有理想"，就是指学生从小要树立远大的奋斗目标，培养积极向上的生活态度，对美好生活不但有向往，而且有追求。

所谓"有本领"，就是指学生要在学习过程中学到真正能够

---

[1] 贺铭华主编. 多功用成语典故辞典[M]. 海口：南海出版公司，1991.08：586.

[2] 董光海主编；黄雅雯，符青云副主编. 点击社科[M]. 海口：南海出版公司，2015.12：120.

运用于实际生活、满足生存需要、能够服务于社会的知识和技能。

所谓"有担当",就是指学生从小要在学习过程中培养责任意识,敢于担当,勇于担当,积极发挥个人能力,做时代的主人。

简言之,来到天鹅湖畔,走进华附平湖学校,无论老师还是学生,首要的事情是立大志,都要有远大的理想。学生每天满怀向往和希望来,带着幸福和愉快走。老师每天的教育教学不赶时尚,不跟风,不徘徊在育人的表象上,要追根溯源,把日常的教育当作品质来做。"健康的体魄、发达的兴趣、蓬勃的热情、宽广的视野、开阔的襟怀"是华附人的生命样态。"立鸿鹄之志,成生命气象"这面文化旗帜在天鹅湖畔猎猎飘扬起来了。学校使命是反映自己精神内涵的文化和价值观的。当然,文化不是靠喊口号、挂宣传画或者作报告就能形成的。我很高兴地看到华南师范大学附属平湖学校正在多角度、全方位地营造自己的文化,以实际行动向一个抽象的使命靠近。

"立鸿鹄之志,成生命气象"的本质意涵为"重视人、尊重人、唤醒人、激励人,把人的价值、人的尊严、人的幸福和人的发展作为教育的出发点和终极目标",追求人生动活泼地全面发展与成长。

第二节 学校愿景

办一所"教有成就、学有尊严、研有价值、管有文化"的家长和社会向往的理想学校。

学校愿景是讨论学校今后的发展方向,通俗地讲,就是把学校办成一所什么样的学校。即是学校的理想定位,它是教职员工心目中学校发展的目标和理想追求,是学校发展的一种共同愿景。共同愿景对学校发展的重要性不言而喻,正如美国资深教授彼得·圣吉所言:"共同愿景也是组织中人们所共同持有的意象或景象,它创造出众人是一体的感觉,并遍布到组织全面的活动,而使各种不同的活动融会起来。"对一个组织而言,共同愿景有助于组织成员树立一种远大的目标和理想,帮助组织成员突破现状,激发新的思考和行动方式,循着正确的方向前进。

"办一所教有成就,学有尊严,研有价值,管有文化的家长和社会向往的理想学校。"这愿景反映了我们建设好华附平湖学校的期许与追求,这就是我们理想中的学校。

教有成就:我们学校的使命是"立鸿鹄之志,成生命气象",作为教师,要在完成使命的过程中成就自己。这就决定了我们华附平湖学校的老师不能做"经师"(即教书匠),而要做"人师"(即灵魂的工程师)。深圳少年是具有丰富生命力的人:能自主发掘和激发个人的潜能,成为他们最好的自己;而且他们无论身处何处,都能敬重自然,关爱他人,服务社会,造福世界。无论是学生的学术素养、专业精神,还是审美情趣,都对我们的"教"提出了极高的挑战性。我们身为深圳"双区"教师和"华附人",其社会责任之重,但使命又无限荣光。苏联作家高尔基说:一个人追求的目标越高,他的潜力就会发挥得越充分,才能就会增长得越快,对社会的贡献就会越大。

"教有成就"不是一句空话,在华附平湖学校如何落地?

首先,我们每一位华附人都要有使命感!我们的学校精神是:知行合一,天天向上。王阳明极力反对道德教育上的知行脱节及"知而不行",良知,无不行,而自觉地行,也就是知。真知必行，注重躬行。真正的"知"必须付诸实行，没有"行"的"知"就不是"真知"。"致良知"就是将良知贯彻到人伦日常中，实现知行合一。因此，他常强调在事上磨炼，在实学中求知。

其次，"知是行的主意，行是知的功夫；知是行之始，行是知之成"。显然，我们的使命"立鸿鹄之志，成使命气象"是"真知"，赋予我们坚强的信念，而我们必"真行"；作为教师我们必须将知行贯穿于我们的日常教育教学之中，把自己锻造成"湖畔五能好老师"，即"能上好课、能管好学生、能出成绩、能写好文章、能主动学习分享"。在日常的教育教学中去磨炼，即"事上磨炼"，老师要努力成就自己，天天向上，教有所成。

教有成就，通俗地讲"成就"就是"成就感"，或者说"成功感"。严格讲，涉及两个概念，即"成就感"和"教师职业成就感"。

北师大裴娣娜教授认为，"成就感"就是个体在一定的评价标准指导之下，对自己的成就进行评价时所产生的一种积极的情感体验。不同的个体对成就的评价具有不一样的标准，如果自己的成就和自己内心的标准相一致时，自己的成就需要也就得到了满足，积极的成就感就会得以产生，个体对自己的价值和能力达成认可；如果自己的成就和这一标准有所差距，自己的成就需要也就没有得到满足，羞辱、内疚的感觉就会充斥自身，个体会觉得自己没用、也没有价值，个人的自信心也会随之降低。[1]

"职业成就感"一词来源于国外，指企业的职工将自身的成功与企业的成功相挂钩，将二者等同起来看待，并在此过程中员工所体验到的一种积极的满足感。那么教师的职业成就感就是指

---

[1] 裴娣娜，刘翔平主编. 中国女性百科全书·文化教育卷[M]. 沈阳：东北大学出版社，1995：73.

教师在从事教育教学工作过程中，通过个体的努力工作，能从中获得一定的生活保障、和谐的人际关系、强烈的精神满足感的一种积极体验。[①]

华附平湖学校教师良好的职业成就感是我们的不懈追求。我们深知，教育是民族振兴的基石，而教师是立教之本、兴教之源。我们对学校教师职业成就感问题的关注和重视，就是关乎我们学校学生的成长，学校教师的发展，学校教育的未来。作为教师，都希望在教学工作中，学生能够喜欢自己，同事彼此之间能够和睦相处，领导能够认可自己的工作，教师能和学生共同努力、彼此成长。但现实社会中，学校普遍存在着教师职业物质成就感式微、教师职业人际成就感偏低、教师职业精神成就感钝化等现象。基于此，我们提出了"教有成就"。

面对物质成就感式微，我们努力保障和加强激励性的物质补充，同时我们要努力改变教师的价值认知。我们从事的工作是培养人的活动，高尚的职业要求教师要有信仰、要有情操、要有奉献。

"有品者高，有金者贵。高贵是一种情怀，更是一个人精神气质上的富足。"只有精神气质富足了，便是拥有了世界上最大的财富，才是对生命的最高尊重。法国作家雨果说：人，有了物质才能生存；人，有了理想才谈得上生活。脚步不能到达的地方，眼光可以到达。眼光不能到达的地方，精神可以飞到。

建校伊始，我们就高度重视师德师风的建设，一直把学校精神建设和学校文化建设放在首位。

面对人际成就感偏低，我们从领导、同事、学生、家长的角度明确提出要求：学校教师支持、配合领导工作，领导肯定、认

---

① 哈玛艳. 我有教师职业成就感吗[D]. 兰州：西北师范大学，2021，6.

可教师努力。生活方面同事之间要互相扶持,彼此进步,工作方面朋辈互助,共同成长。教师关心、爱护学生,学生尊重、爱戴教师。

面对精神成就感钝化,我们强力表彰、深度分享学生发展、教师发展。全方位表彰教育、教学的成绩,多样化地开展深度分享教师的个人发展、专业发展、教学发展、组织发展。

总之,我们努力让学校教师有归属感:家校地位高,专业能力强,还有满满的职业幸福感。

受尊重的家校地位。学校看重教师、家长尊重教师、学生热爱教师,学校尊重并珍惜每一位老师,关心他们的身体健康、忧喜情绪和生活状态,让他们拥有最好的工作氛围和生命质量,能用心专注于教育事业,呵护好每一位教师的未来。

过硬的专业能力。学校精心打造了三个梯队的教师培养工程:青年教师成长班,用三年的时间让新老师入格;骨干教师成才班,用三至五年的时间让青年教师升位;名师卓越工作室,让优秀教师携手成才。与此同时,还打造了三个教师发展中心:课堂教学研究中心,承担赛课、教学探讨、试题命制指导、校本特色课程开发;德育课程研究中心,承担班主任、心理咨询、德育课程开发研究指导;学术研究中心,承担课题申报、写作、教育研究指导。

职业幸福感。跟着学校老师的愉快感觉走,就是学校成功的感觉。相信老师这就是对老师职业的最大肯定,也是对每一位教师的幸福奖赏。这份幸福的背后就是我们的教师"以身作则"的引领,"言传身教"的感化,"榜样示范"魅力。"以德立人、以德服人、以德化人",老师用每一堂课、每一项活动、每一项举措的真情行动、真心言语作出了最好的诠释与呈现。

学有尊严：我们学校的使命是"立鸿鹄之志，成生命气象"，深圳少年的生命理想与少年气象在我们华附平湖学校何以立与成？当然离不开我们老师有尊严地教，学生有尊严地学。好教育的真谛是激活学生向学的生命力，真正实现向学性的形成与"被学习"状态的超越。

何为生命气象？人的生命不是一个物，是身心共融的存在，人之为人的高度就在于其精神发展的程度。生命气象即生命境界。我们华附平湖学校当下的核心问题就是要从理智教育转向生命的教育，如果说启发的教育是理智的，那么愤悱的教育就是生命的教育。就是要超越物化的教育，提升教育实践的生命意蕴。

孔子的"有教无类"实现了教育发展的一次重大转折，适逢教育改革大潮，我们已经进入了"为素养而教"的新时代！生命教育与核心素养高度契合，实现了教育观念的重大转变，是用大智慧创造了一种教与学的新氛围，让学生学有尊严。从思想到行动，再到教学评价，无一不渗透着尊严；大到教育理念，小到课堂上一举手一投足，无不展示着爱的力量。俗话说"大爱无言"，当一种尊严一旦形成，师生的教与学，都将印上爱的痕迹，在生命中燃烧激情，快乐地教，愉快地学，体验着成功，收获着自信与自尊。生命教育实现了教育人格化的提升，彰显教育不仅仅是传道、授业、解惑，而是艺术的教育、人格的教育，即便是批评也变成了爱的期盼。我们的课堂实现了学生有尊严地学，不再有歧视和体罚，即便是批评也变成了爱的期盼。

学有尊严，为什么我们要在办学愿景中提出来。"让人民生活得更加幸福、更有尊严！"如今已成为一句脍炙人口的话。"尊严"一词在最短的时间内响彻华夏大地。它不仅是一个词语，更是一种心声，呼出了炎黄子孙几千年来沉淀在精神世界的期盼。

而在教育领域，教育的功利化、浮躁化、表面化让有些学生的尊严受到忽视和伤害。

我们华附平湖学校如何才能让学生有尊严地学习和生活呢？

首先，改变教师自身的问题认知。教师在教育教学工作中，总以为自己对学生付出了太多心力，包括情感的投入，可是仔细分析一下自己的教育行为，缺少的正是让学生在学校里有尊严地学习和生活。往往重视外力对其转化的力量，却很少去重视学生内心的真实需要。邓志伟在《个性化教学》一书中写道"教师习惯表扬听话的学生，批评那些'不乖巧'的学生，久而久之，大多数学生也就不敢提反对意见，因为舆论导向了顺从听话的学生"。其实这就是在剖析一个普遍存在的教育问题。学生争取尊严的意识是朦胧的，却又是非常可贵的！鲁迅说过"小的时候，不把他当人，大了以后，也做不了人"。朱永新说"教育是一种危险的职业。与医生相比，教师更具有危险性。因为医生的危险可能只耽误一个人的生命，而教师的危险可能耽误的是一批人的前程"。这种危险性中，隐性的却又占据重要地位的就是对学生尊严意识的伤害。英国教育家尼尔在《夏山学校》一书中这样描绘失败的教育培养出来的学生："他整天坐在一个死气沉沉的学校中的一张冷冷的课桌椅上，后来他又坐在一个更乏味的办公桌上或者工厂的更凉的板凳上。他很驯良，容易听从命令，很怕批评，同时极想做一个正常和守规矩的人。他毫不迟疑地接受一切教给他的东西，然后又把他的偏见、恐惧和失意再交给他的子女。"

其次，要让学生有尊严地学习和生活，应该要让学生具有自己的思想，还应该从学生小时候做起，应该时刻关心学生的幸福。[①] 最为关键的是让学生在学校里有尊严地学习和生活，必须

---

① 金钧. 让学生有尊严地学习和生活[J]. 太原：山西教育，2010，5：52—53.

采取有效的行动措施。其一，不断激励，引导学生自我唤醒。真正的尊严来自实力，来自自我发展，来自自我唤醒。通过系列主题教育活动进行引领学生。通过理想教育，激发学生自信，用未来证明人生；明确目标启发学生自我探索，唤醒内心深处的理想；把握现在，让学习成就尊严。其二，关爱尊重，让学生感受尊严。很多学困生在其过往的求学经历中很难得到老师的关注和关爱，常常成为班级"角落里的人"。他们是更需要关注与关爱的孩子。我们华附平湖学校的学生观是：没有差生，只有差异。要求每位老师向所有学生施以同等、公平的"爱"，使这种"爱"时时刻刻激励每位学生的进步。教师为每一位学生营造一个宽松、和谐、安全的学习环境和生活氛围，给学生生理和心理上的信赖支持，做他们的朋友知己，陪伴他们一起成长。其三，体验成功，让学生享受尊严。我们的具体措施是让学生在班级和团队中体验成功和希望。老师首先要坚信每一位孩子都能成功。然后要精心设计教学活动、精心制定班级管理制度，让每一位学生在班级里有事做、有责任，有自己的归属感，有主人翁精神，认识到自己的价值和长处。最后要引导帮助学生设计适合他们自己的阶段性目标，有目标可循，在做事和完成目标中享受到成功的甘甜，享受到尊严。其四，家校联盟，让父母认同尊严。在学困生群体中，其家校沟通非常难。最根本的原因是，很多家长对孩子丧失了信心，把孩子往学校一送了事。那么，我们就要从让家长找回信心开始。在家长群里，有效管理信息。采取"群里表扬，小窗提醒"；邀请家长现场参与班会课，寻找孩子的亮点表扬，"互动班会，激发内驱"；各班每学期精心设计家长会，充分全面展示每一位孩子的长处和校园班级的阳光生活，让父母看到希望，给予鼓励肯定，即"开家长会，助推成长"。其五，多元评价,让学生展示尊严。传统的学校管理过于强调考试科目,非考试科目被削弱。我们学校通过多元评价,不断改革教学观念和教学方式,加强分层教学,小组合作学习,开发丰富多元的校本课程,同时重视每学期的非纸笔考试。这样让每一位学生有展示自己的空间和舞台,在校园多样化的活动中,每一位学生都能尝到成功的快乐,活得更精彩,更有尊严。

综上所述,简言之:其一,营造氛围。让学生拥有尊严。华附人坚信,只有在尊重人格、维护尊严、保障权利的前提下进行的教育,才能培养出自尊自爱又自信的人才。其二,多元评价。让学生找回尊严。华附平湖学校有一群善于帮学生找"亮点"的老师,所以这里的学困生不会失去学习的信心,这里的"个性"学生不会缺少关爱。无论什么样的学生,老师们都能通过鼓励和关怀,让他们发现自身的"亮点"和价值。其三,民主管理。让学生收获尊严。我们大力推行的民主管理,让学生收获了尊重和关爱。学生入校、进班后,老师会将班内的各项事务分给每个学生具体负责,最终达到"学生人人有事做,事事有人做"。学生找到了主人翁的责任感,也找到了受人尊重的自豪感。

研有价值:既然我们学校的使命是"立鸿鹄之志,成生命气象",那么我们教师的研究就是围绕如何有效完成使命。在此研究中来实现我们的价值。

我们坚持让研究成为一种工作方式。学校致力于营造"在研究中工作,在工作中研究"的氛围,努力构建研究型学校。学校鼓励教师从日常教育教学中发现真问题,并以研究的视角来解决问题。问题就是课题。学校坚持培养教师"用课题解决实际问题"的科研意识,倡导人人参与,以小见大,真研究问题,研究真问题。基于此,学校提出了"四实"湖畔好课题。真问题好比是大树的"根",老师在自己的日常教育教学中研究,教与研要合一,不能"两张皮",在"事上研"好比是大树的"干",脱离了学校的使命和培育目标、远离了自己课堂、偏离了校园的真实问题,任何研究都毫无价值可言。教研要解决学校发展中的真实问题,要有实实在在的效果,好比是大树的花叶果,一棵树只有根深才能叶茂、硕果累累。当然,独树难成林,一花不是春,还需要"大生态",整片的大森林才能改变气候。所以,学校要坚持集体教研,才更有价值。

众所周知,"教学改进研究(即注重改进知识传授方式)"是我国在20世纪50年代初便确立的学校教研价值取向。几十年过去了,学校教研改革缓慢,老套僵化。当下学校教研不仅要关注知识教学的有效性,更要关注学科课程所承载的育人价值,研究探索如何实现学校教育的全面育人功能。这需要极大地丰富和拓展教研对象、教研内容以及教研方式。

学校教研不仅有助于实际教学问题的解决,提高教师教学水平,也能够帮助教师提升专业能力,同时教研活动的展开,实际上也是在不断用实践澄清学校教学的方向、价值标准、规范等基本问题,是教学文化的孕育平台。[1] 当前很多学校的教研活动存在价值偏离问题。或偏重学校教师的技能考核,或侧重于教学活动的展示表演,趋向于宏大教学课题研究,偏重教研结果的更好呈现。

我们华附平湖学校基于此现实的背景,鲜明提出了"研有价值"的理念。我们强调共生型教研团队的建设,重构学校教研生态。"共生就是共生单元之间在一定的共生环境中按某种共生模式而形成的生态关系。"学校教研共生单元多样化:学科组、年

---

[1] 杨清. 学校教研组活动的改进策略[J]. 中国教育学刊, 2019 (02): 92-97.

级部、学生发展中心、课程教学中心、党政中心。学校教研共生环境最优化：价值引领、制度保障、资源共享等，聚焦于学校的四个服务，即服务学校教育教学、服务教师专业成长、服务学生全面发展、服务教育管理决策。学校教研的共生模式特色化：学校根据校情提出了"四实"教研模式，即研究"真问题""事上研""效果好""大生态"。

我们借势聚能，努力构建以"文化引领—项目赋能—融合生长"为核心内容属于我校独有教研生态。

文化引领：立鸿鹄之志，成生命气象（使命）；进德修业，知行合一（校训）；学真知（教风），做真人（学风）；日新、自新、全新（校风）。

项目赋能：我们推行华师专家领导下"1+1+M+N"的"微团队"管理框架。具体讲就是1个专家行政团队，总体把控学科教研发展和建设；1名首席教师，引领项目研究的方向；M名"微项目"负责人，同时也是项目研究核心成员，负责"微项目"研究的落地实施；N名骨干成员，深入参与和践行项目研究，专家引领，行政推动，首席领航，负责人牵头，骨干践行，"微团队"教师以学引探，以探促思，以思启智，通过教研共同体深度学习，将"教研项目"的研究理念落实到日常教研和课堂教学中。教师发展的核心就是自我内在的重整，在"微团队"+"微项目"的研究实践中形成动态生长、相互交融的共生关系。

融合生长：学校借助专家的引领与指导，构建了横纵相通的"华师集团、学校、学科组、年级部、学生发展中心、课程教学中心、党政中心"多级联动深度教研机制。"微项目"的研究实行"公转+自转"的运转模式，"公转"是集团、学校进行顶层设计、智慧众筹、统筹实施；"自转"是"微项目"的具体研究。

"公转""自转"双向赋能,链接共生。①

基于"研有价值"的理念,我们学校高度重视以下几个教研难点。

其一,新时代班主任的校本教研:以高度的价值自觉突破校本教研碎片化、目标模糊和内容浅层等困境,立足班主任"学情",以其素养模型建构、"菜单式"课程、"大教研组-年级组-名班主任工作室-课题组"组织方式创新及过程多元评价,转向建构"系统性"教研思维和生活育人的教研目标,深度拓展教研内容,全面建设班主任专业发展支持体系,探索班主任校本教研创新实践路径,以促进班主任队伍高质量发展。②

其二,作业教研价值:"说作业"是一种新型的教研方式,对教师专业发展可以起到促进作用。在深刻理解作业内涵的基础上,把"说作业"的价值分为以说促设,完善作业设计;以说促批,提高批改效率;以说促评,保障评价效果;以说促讲,提升讲解质量四个直接价值,以及发展教师探究、反思能力和促进教师沟通、合作能力两个间接价值。通过分析"说作业"的直接、间接价值,以增加"说作业"的教研地位。③

其三,技术对教育的改变,关注智能精准教研:智能精准教研是在国家政策大力驱动、新一代信息技术高速发展、教师对数据驱动教研的内生需求日益深化的背景下产生的,是继传统教研、网络教研、"互联网+教研"之后的一种全新的教研样态。

---

① 朱磊,李志华.重构教研生态赋能学校发展[J].石家庄:河北教育.2023,11(61):8-9.

② 张桂玉.新时代班主任校本教研:困境审视与价值重塑[J].广州:中小学德育.2023,(11):67-69.

③ 吴立宝,王子续,王立东."说作业"教研的价值分析[J].太原:教学与管理.2022,(8):32.

管有文化：学校文化是学校的精神支柱和灵魂，好的学校文化可以向师生传递正确的价值导向、传达正确的办学思想、彰显学校独有的办学特色。创建以学校文化为核心的学校管理，是学校高质量管理水平的一条有效路径。

华附平湖学校的管理文化是学校文化的重要组成部分，也是形成学校文化的决定因素；还可以促进学校教育教学质量的提升，能浸润学校师生的心灵、陶冶学校师生的情操、砥砺学校师生的品格。因此，我们提出"管有文化"，即要彰显人本化的学校文化氛围和办学理念，构建人文化的学校管理机制，践行人性化的学校管理模式。[①] 从而走向学校高质量的管理。

其一，彰显人本化的办学使命理念。人本化是指华附平湖学校尊重每个人的存在，相信学校每个人的价值，并帮助学校每个人完成自我价值的发现和实现。

我们学校的办学使命理念是：立鸿鹄之志，成生命气象；进德修业，知行合一。华附人的教育使命"立鸿鹄之志，成生命气象"就是以人为本，不是知识本位、学科本位的育人观，是关注人、重视人，以"鸿鹄之志"的远大的理想来唤醒人、激励人；"生命气象"聚焦人性的完满与丰盈，其生命状态是：健康的体魄、发达的兴趣、蓬勃的热情、宽广的视野、开阔的襟怀。我们学校的理念"进德修业，知行合一"表达的是学校怎样培养"有理想、有本领、有担当"的时代新人。显然，华附平湖学校的使命理念的教育内涵是：重视人、尊重人、唤醒人、激励人，把人的价值、人的尊严、人的幸福和人的发展作为教育的出发点和终极目标。

---

① 袁厚明. "双减"背景下重温陶行知教育观座谈会论文集[C]. 成都：《行知纵横》编辑部，2021：48—52.

办学使命理念是学校文化的核心内容,人本化的办学使命理念决定了人本化的管理理念。

其二,构建人文化的学校管理机制。管理,即管人理事,本身带有强制性和约束性,学校务必尊重人的主体性,强调人的主体地位,以"文""化"之。基于这样的认识和理解,2023年9月华附平湖学校管理运行机制强调"行政层级"管理的有序性和"级部扁平"管理的实效性。"行政层级"管理体系包括决策层(华师教育集团专家组、党支部、校委会,制定方略)——校级干部,执行层(将方略转成方案并按方案推进工作)——中层干部,落实层(执行方案)——年级部和教研组,其目的是要清晰各管理者的岗位角色,明确岗位职责,落实责任担当,简单地说就是做到人人有事做、事事有人管。

"级部扁平化"管理体系包括成立管理小组(校长、级长、一线教师)——副校长担任年级长——中层干部担任年级长,不仅突出了级部管理的主体性还防止了信息的传递衰减,使学校的方略能够有效地传到个人,让师生理解学校的管理意图并主动参与到学校管理中来。

"级部扁平化"也可以采取行政服务线-级部执行线(双线制),即级部主导工作、落实工作、提出具体需求,行政提供服务与支持。

其三,践行人性化的学校管理模式。我们华附平湖学校人性化管理包括校长管理、制度管理、文化管理三个维度。其中,校长管理是基础,制度管理是保障,文化管理是境界,三者缺一不可。切忌压制和强迫,应该注重疏导和引领。①

---

① 袁厚明."双减"背景下重温陶行知教育观座谈会论文集[C].成都:《行知纵横》编辑部,2021:48-52.

校长管理需要温度。校长是学校的精神和灵魂所在,肩负着华附平湖学校发展的重要责任和使命。校长管理是学校管理的基础,校长应该做一位有温度的人!营造民主、公平、公正的环境,无论"三重一大"、干部选拔还是师生评优晋级、教师晋职、年度考核等都应该体现公平、公正;充分尊重党组织领导的校长负责制,尊重新学校教师工作的特点,特别是合作办学的特性、体制与九年一贯制的校情实际,为一线青年教师提供一定的工作自由度,方便教师身心舒畅、放开手脚工作、提高专业成长水平和教科研能力,充分发挥教师的工作积极性和创造性;校级干部要常走动管理,深入班级和师生之中,了解并基层听取师生员工和家长的意见,充分体现教职工当家作主的原则,增进彼此的尊重和理解,构建友善的人际环境格局。

制度管理需要柔度。众所周知,制度是学校正常运行的基本保障,是维护公平正义的有力武器。但其强制性、强迫性特点,容易导致管理者与被管理者之间的矛盾。呼唤制度施行的柔度成为必然。学校在制定涉及师生切身利益的制度和规则时,我们会充分考虑大多数教职员工和学生的需求和愿望,反复征求他们的意见,管理者充分调研可行性和预期的效度,制度方案必须经过民主程序,合法通过方可执行;执行制度人在不违反原则的情况下,在实践中结合灵活性有温度地执行制度,通过有温度的沟通协调,让制度散发柔性的光辉。

文化管理需要厚度。教育面对的是一个个活生生的人,有思想、有个性的人,所以,施以文化管理尤为重要。华附平湖学校不断通过课程文化、教学文化、育人文化、教研文化和管理文化把学校要求倡导的行为变成师生自觉的行为,让教师形成"约之以礼、教人求真"的精神气质,学生形成"博学于文、学做真人"的精神风貌。在学校"136素养大课堂"中，学校强调要体现师生间的"情感温度"，学习过程的"思维梯度"，满足个人兴趣发展的"发展维度"，实现自我发展的"成长高度"，让学生在特定的环境中进行情境体验，使他们在活动中感悟道理、体验情感、规范行为、主动学习，逐步形成"合作、探究、创新、发展"的课堂文化；在学校"共生德育"实践中，学校注重全员育人、课程育人、评价育人，紧紧围绕"教育、养育、融育"全面构建起"身心健康、习惯良好、敏而好学"的育人氛围；在教师成长上，学校大力推行"湖畔五能好老师"专业化发展的教研策略，即华附平湖学校的老师做到"五能"，能上好课、能管好学生、能出好成绩、能写好文章、能主动分享学习。具体表现在教研组和备课组建设上，通过"微团队""微项目"研究"真问题"，让每名教师做到能够上好一门学科课程、开设一门选修课程、研究一项管理策略；围绕"理论提升、专题研讨、教学反思"等主题开展同课异构实践、教材教法研究、教学设计研讨、作业质量研究、学业检测评价等活动，强化备课组建设的"操作性、实效性"。当然，学校安全办、党政中心、后勤保障服务中心等工作都要贯彻学校文化管理的思想，以彰显其岗位效能。

管有文化，是我们华附人的不懈追求，要真正闯入学校高质量管理境界，还必须把握好以下关系。我们深知：学校文化管理即学校日常管理及其改进过程。这一过程和结果有明晰的框架，遵循教育与管理规律，也因人和组织的复杂性而微妙。高质量学校 = 好校长 + 好管理 + 好文化，学校文化管理既是三位一体，又有显隐两面，从三种对立关系入手，理出三种管理策略：坚持冲突中的团结，把握螺旋机制；坚持变革中的平衡，把握临界点；坚持还原中的抽象，把握穿插能力。如此，才能凸显学校教育立德树人的本质，致力于实现华附平湖学校文化管理的四个目的：引导学生持续乐观投入学习，掌握系统思考学校整体发展的方法论和认识论工具，建设价值驱动型优质学校，引导师生过一种举止优雅、气质从容、内容完整、精神健康的美好教育生活。①

家长和社会向往的理想学校：什么样的学校是家长、社会向往的学校，当然是高质量教育的学校，即好学校。家长想办法也要把孩子送到学校、学生都喜欢学校、社会都高度认可学校，这样的学校就是人民满意的学校。学生、家长、社会满意的内容很现实，也很实在，具体体现为学校是高质量管理、教育是高质量、资源配置是优质的。

第三节　育人目标

育人目标是学校教育活动的出发点，也是教育活动的归宿。如果学校没有明确的育人目标，就没法精准地评价学校教育活动的效果。育人目标是学校教育哲学中的重要内容之一。美国教育学者菲利普·库姆斯指出："阐明教育的目标是很重要的，它不仅可以确保教育系统正在努力做正确的事，做有实用价值的事，还可以为检验该系统做得到底有多好奠定基础。"

在办学实践中，每一所学校都要基于国家的培养目标，建立起具体的、便于在实践中落实的、能切实引领学生发展的学校育人目标。如何确立符合学生成长需求的学校育人目标，如何将学校育人目标落到实处？华南师范大学附属平湖学校在近两年的教育实践中进行了持续性的探索、思考和研究。

---

① 张东娇.学校文化管理的三种均衡策略[J].北京：人民教育.2023，(9)：53.

一、育人目标的生成与完善：从人与教育的共同需要出发

2020年10月，华附平湖学校开始筹建，一方面加紧进行学校校舍的基础工程建设，同时我们管理团队在华南师范大学专家组的领导下，着手研制学校办学方案。

2021年5月，华南师范大学附属平湖学校办学方案经华南师范大学专家团队论证评审，办学方案通过。方案中提出了办学目标：培养可持续发展的学生，造就可持续胜任的教师，创办可持续攀高的学校，实施可持续提升的教育。让每一名学生拥有全新的生命历程。

基于办学目标中培养"可持续发展的学生"，对于学校育人目标的清晰化、具体化、形象化表述，我们积极探索。学校位于深圳市龙岗区鹅公岭社区的天鹅湖畔，我们反复调研，将围绕"天鹅"打造学校的文化，从"白天鹅"的特点"至真、至纯、至善、至美"提炼出美好的人性教育内涵，于是我们将学校育人目标表述为：培养至真、至纯、至善、至美的阳光少年。

具体含义如下。至真：爱学习，敢质疑，乐探究，善表达，强基础。至纯：讲诚信，求质朴，善合作，有自信，能担当。至善：讲孝道，会感恩，能宽容，乐助人，高品位。至美：懂礼仪，会审美，有情趣，能创造，强体质。

学校2021年9月迎新开学，经过一年的育人实践，根据学生生源的实际差异，新学校教师的年龄特点，学校围绕"德育八礼"进行养成教育、习惯教育。实践中我们认识到：九年一贯制的学校，养成良好的习惯的重要性。

2022年10月，学校在总结体育教学的成功经验时，认识到体育教育给学校发展带来的实实在在的好处，校园有序又活力满满，学生阳光可爱；而另一方面，由于疫情的影响，加之社会普

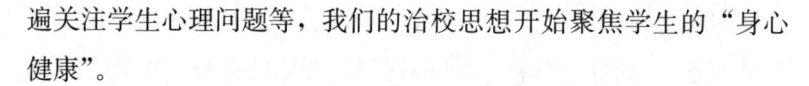

遍关注学生心理问题等，我们的治校思想开始聚焦学生的"身心健康"。

2023年5月，随着义务教育新课标实施一年多，学校在总结核心素养课堂教学形态的推进得失时，我们认识到教育已经进入了素养时代，开始反思学校的育人目标：培养至真、至纯、至善、至美的阳光少年。我们认为，这个育人目标普适性很强，虽然是学校"白天鹅"文化的形象性描述，但是具体育人的建构力不足。学校经过反复总结推敲，提出了新的育人目标：培养身心健康、习惯良好、敏而好学的阳光少年。

2023年9月，学校开始进入了办学的第三个年头，我们从办学规范出发，对标区域优质学校的建设要求，认真研究审视学校的办学思想、文化系统、课程教学形态、组织结构、评价体系、学校特色等，对其表述的科学性、专业性、完整性进行再完善。针对学校的育人目标，我们考量到一所新学校虽然没有优质的历史资源，但必须要有新时代的鲜明特质。作为深圳人，在深圳这片土地上办教育，赶上深圳"双区"建设的好时代，我们义务教育学校应该思考为新时代培养什么样的学生，于是我们将"阳光少年"改为"深圳少年"。

育人目标：培养身心健康、习惯良好、敏而好学的深圳少年。

通俗地讲，"培养身心健康、习惯良好、敏而好学的深圳少年。"就是我们把华附平湖学校的学生培养成一个什么样的人。学生是学校存在的理由，也是教师存在的理由，培养学生是学校教育工作的中心任务。因此，"培养身心健康、习惯良好、敏而好学的深圳少年。"是华附平湖学校办学思想的核心内容。身心健康：蔡元培说，完全人格，首在体育。这是我们教育工作者取之不尽用之不竭的宝贵资源。我们华附学子要有健康的体魄、发达的兴趣、蓬勃的热情、宽广的视野、开阔的襟怀，即有丰富的生命力。习惯良好：著名的教育家叶圣陶曾说过，"什么是教育？简单一句话，就是养成良好的习惯。"我们要把华附学子培育成深圳少年，其学术素养、专业精神、审美情趣，哪一样离开了良好的习惯，都无从谈起。敏而好学：敏而好学，语出《论语·公冶长》，"子曰：敏而好学，不耻下问，是以谓之文也。"敏而好学的意思是聪明而喜欢学习。本质上讲，敏而好学就是"向学性"，刘铁芳教授提出的向学性关涉当下学校教育的基本主题：青春、学问、责任。向学性是学生完整的生命存在，个体主要显现为三种基本的生命形态：自然生命、文化生命、社会生命。三者的关系，大致可以概括为，生命教育是基础，知识教育是支撑，德性教育是旨归。

二、制定落实育人目标的具体方案

为了让学校育人目标落地，学校决定研制出台《华附平湖学校"身心健康、习惯良好、敏而好学的深圳少年"教育行动纲要》，即关于学校育人目标的教育行动纲要（以下简称《教育行动纲要》）。其中强调以下几点：

确立实施育人目标的指导思想和基本思路。

学校教育要遵循规律发展，其中要遵循的第一条规律就是学生成长的规律，学生年龄特点，这是我们研制《教育行动纲要》最重要的出发点。因此，我们在《教育行动纲要》中分析、列举不同年级学生的特点，从学生成长的需要出发整合学校的教育经验，从课程设置、主题教育、实践活动、特色发展等方面，设计"身心健康、习惯良好、敏而好学、深圳少年"教育实施的框架，确定各年级教育的主题和年级之间的衔接内容，同时留有根据学生具体情况实施教育的"自选动作"空间，使学校教育在清晰和较为完善的策划中遵循规律、发现规律，减少随意性和盲目性。

理清育人目标各要素之间的基本关系。

"身心健康、习惯良好、敏而好学、深圳少年"培养的是一个学生的综合素养。"身心健康"是人生存的保障条件，第一素养；"习惯良好"是做人的基础，最基本的必备素养；"敏而好学"是人立足的本领，重要的能力素养；"深圳少年"是时代的要求，鲜明的创新素养。对于义务教育，"习惯良好"是教育的核心点，"身心健康""敏而好学"是日常教育中投入精力的生长点。"深圳少年"是我们学校育人的落脚点。

明确好落实育人目标的主要路径。

在《教育行动纲要》中，我们明确落实"身心健康、习惯良好、敏而好学、深圳少年"教育的主要路径。"身心健康"通过每天一节体育课、大课间、课外体育活动、运动会，保证每天体育锻炼一小时，促进学生养成体育锻炼的习惯，开展心理健康指导，进行"身心健康"的系列主题、专题教育。开发学校特色课程：体教艺融合课程、耕读结合课程、研学游学活动课程等。"习惯良好"通过学校"共生德育"，即"共教、共养、共融"的"三共"育人主体；"教育、养育、融育"的"三育"课程体系；同时加强活动育人，校园"四季节日"；评价育人，即校园"四星评价体系"。让学生良好的习惯落地。"敏而好学"通过学校"136素养大课堂"，培养学生的"会学习"的综合素养；平时的学习活动，培养学生8个优良的学习习惯，帮助学生"会学习"。通过学生社团、科技教育以及各种实践活动等，激发学生潜能，培养多种能力。何谓"深圳少年"，深圳少年是具有丰富生命力的人：能自主发掘和激发个人的潜能，成为他们最好的自己；而且他们无论身处何处,都能敬重自然,关爱他人,服务社会,造福世界。分项描述:1. 学术素养:知识丰富者、深度探究者、问题解决者、理性批判者;2. 专业精神:主动规划者、敢于负责者、专注笃行者、善于合作者;3. 审美情趣:协调发展者、自觉审美者、胸怀天下者、积极创造者(以上参考《深圳中学学生特质》)。简述之"身心健康者、使命担当者、终身学习者、勇于创新者、优雅生活者"。

在研究中不断完善《教育行动纲要》。引领学生成长就要时刻面对时代的变化和社会的发展,因此,实施《教育行动纲要》,我们立足于建设,着眼实践,突出研究,不断完善。只有不断地深耕育人的最前线,贴近学生、贴近课堂、贴近学生生活,走进学生心中,与时俱进,与学生一起成长,我们对教育的理解会更深刻,教育的行为会更自觉。

三、落实育人目标的路径选择:创设教育情境,搭建发展舞台

我们创设有教育意义的校园生活情境,让学生置身于富有教育意义的情境中,使教育产生潜移默化的作用。在学校教育中我们精心创设各种教育情境。例如,设置适合学生的极限运动,学生长途越野、组织学生野外生存等,让学生感受身体健康的重要性;救助心理问题学生,开展相关研究性学习,了解心理问题的社会影响;让校园一天没有保洁阿姨,没有保安叔叔,让学生看到坏习惯的自己;假如我是学霸怎么办?如果你作为一名学霸,已经展现出了优秀的学习能力和成绩。你要继续提升自己的学业表现、探索更深层次的学术成就。你要向大家收集好的建议:设定具体的小目标、自我诊断学习问题、找到个人的优势与劣势、培养对薄弱科目的兴趣、避免拖延、合理利用练习题、保持平和的心态等。这样的情境会让学生对敏而好学有不同的体认。学生通过采访深圳名校之星,总结深圳少年身上的特质是什么。

创设实施育人目标的日常学习情境。为了培养学生"身心健康,习惯良好"的能力,我们从最基本的习惯养成做起。学校出台《身心健康每日家校指南》《每日好习惯管理方案》,特别提出了本校学生要养成的8个良好的学习习惯:"做学习计划和总结的习惯,读书即拿笔做重点笔记的习惯,有效预习的习惯,作业带复习的习惯,积累改正错题的习惯,规范书写的习惯,集中注意力学习的习惯,做事抓紧时间的习惯。"[1] 结合新课改建设丰富的德育课程学习环境,我们提出了"共生德育",特别是"教育、养育、融育"三大育人系列校本课程,十分强调在日常的情境中学习和养成。

为学生搭建发展的舞台。学生成长需要践行,需要体验和感悟。搭建舞台,是为了让学生有机会发现自己,主动发展自己,自己教育自己。所以,我们通过选修课程、学生社团、科技教育、主题活动、社会实践等渠道,为学生发展提供机会和舞台。

---

[1] 曲艳霞. 学校育人目标:生成与落实[J]. 北京:中小学管理.2011,(7):22—24.

第 2 章
学校文化系统

严格讲,学校文化有自己内在的逻辑,有自己的文化理念系统。其实从 20 世纪末开始,"理念"一词广泛出现在基础教育领域当中,并成为学校推进教育改革、落实现代教育思想的依据,成为学校促进办学特色、治理方式和发展路径多元化的基础与理由,同时生发出了"办学理念"的提法。

如今许多学校在设计办学思想时都把办学理念当作一个单独的条目,与学校发展目标、培养目标、"一训三风"等内容并列使用。其实这是一种误用。如果我们把办学理念独立出来,那么"一训三风"等是什么?它们就不是办学的理念了吗?办学理念不是"单数"而是"复数",它应该是表达学校价值追求的一个结构清晰、逻辑连贯、层次分明的体系,这个体系大致包含基础性理念和应用性理念两个方面。[①]

学校办学的基础性理念,是指具有内核性与稳定性、能够长期统领与支撑办学行为的基本思想和价值观,是学校办学的哲学

---

① 沈曙虹. 办学理念的内涵与结构新解[J]. 南京:江苏教育.2013,(10):22—25.

体系，一般情况下不轻易以学校领导者的主观意志和内外部形势的变化而变更。它的构成要素有核心理念、学校使命、学校精神、学校定位、学校育人目标、学校愿景、校训、品牌标志等。其结构关系如图1所示：

图 2-1　基础性理念结构

学校办学的应用性理念，是指由基础性理念生发的，具有阐释性、实践性、灵活性特征的办学指导思想。它可能因学校内外形势的变化而适时调整。应用性理念主要体现于学校两大职能领域——教育和管理。前者除整体性的教育理念外，还可包括课程理念、教学理念、德育理念、科研理念等；后者除整体性的管理理念外，还可包括办学要略、规划理念、人才理念、行为准则、质量理念、服务理念等。此外应用性理念还包括办学理念的应用文本，如学校宣言、学校格言（或称学校口号）、师生誓词等。其结构关系如图2所示：

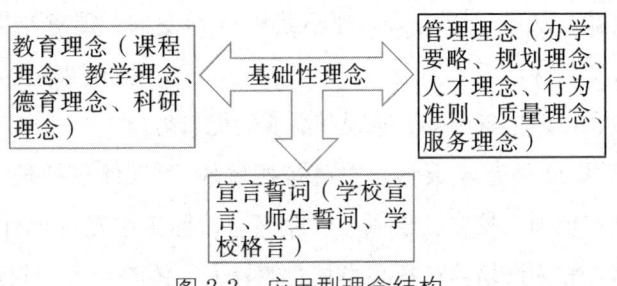

图 2-2　应用型理念结构

学校核心理念：让每一位师生拥有全新的生命成长历程。

学校使命：立鸿鹄之志，成生命气象。

学校精神：知行合一，天天向上。

学校定位：三年实现区域优质学校，五年实现龙岗区优质学校、八年实现市特色名校、十年实现岭南乃至全国特色品牌学校。

学校育人目标：培养身心健康、习惯良好、敏而好学的深圳少年。

学校愿景：办一所教有成就、学有尊严、研有价值、管有文化的家长和社会向往的理想学校。

学校校训：进德修业，知行合一。

学校品牌标志：体教融合品牌学校。

第一节　学校精神

一、学校精神：知行合一，天天向上

每一位教育人，没有谁不想把学校办成优质名校。但问题的关键是多数人不理解怎样才能办好优质学校。学校优质就在每一个学校要素，每一件日常事，每一种普遍现象当中。它们的质量、效益、水平和影响力，都不是固定不变的，能够与时俱进者，日新月异，天天向上；反之，保守封闭，则可能落伍，虽然学校尚在，但生气渐弱，难说其品质的优与劣。

"学校硬件基本成形，主要是抓软件。"软件包括校品、人品，例如校训、校史、校风、校歌等，目标集中在培养什么人，如何培养和为谁培养；核心当是立德树人，铸魂育人。刻画优质学校,这是一条清晰的深红线。学校要自觉领会其核心和目标,用自己的话语表达,反映校情个性,承续历史,对准发展的需求,努力贯彻遵循之。

诚然,学校思想和学校精神是共生的,大致有活力、气象和坚韧。学校的教职员工,仅仅驻留在坚韧上还不够,其冷静、明察、自信更要紧。学校的经历、格局、高度、厚重、能量、蕴蓄、绵时、气韵、气质、回声等,是优质的基本范畴。[①]

学校理念是学校精神的来源和基础,学校精神是学校理念的具体化。基于华附平湖学校的核心理念:让每一位师生拥有全新的生命成长历程。我们提出了学校精神:知行合一,天天向上。

记得刘铁芳教授在《成生命气象,涵养学校精神》的主题演讲中,他指出中国人生命气象的三个方面:一是从容自信地活在天与地之间,养浩然正气;二是充满人情地活在人与人之间,养仁爱之心;三是强健不息地活在古与今之间,养中庸之德。我想,我们华南师范大学附属平湖学校人如何在成生命气象过程中,涵养学校精神呢?

翻开我在2022年2月26日写的长篇文章《大梦谁先觉,湖畔我自知——与老师谈学校精神》,我写了三个部分,第一部分《教师成长的密码》、第二部分《学校发展的基石》、第三部分《知行合一的流变》。鉴于成书的内容结构问题,特节选了文稿的第一部分并略作修改如下:

各位老师好,你们辛苦了!这两天大家都在认真忙碌着在线教学,我每天也在线上跟进课堂学习。看到您

[①] 姚文忠."行知纵横"教育与教学研究论坛[C].成都:陶行知研究会.2023,(9).

们用心努力工作的样子,我十分欣慰。由于疫情的原因,这种突如其来的特殊开学、教学方式,着实在考验着我们的态度与责任,我们必须以最好的迎战状态接受和适应之。这也是一种很重要的能力,面对社会多变的种种不确定性,我们要修炼"心有定力",以不变应万变。

无论是线上教学,还是线下教学;无论学生在家,还是在校,这些都是正常的,不能有分别心。关键是在全时空境域中,我们作为教师的态度怎样,态度决定了我们的教学效能。其本质是"知行"关系问题。凡事"知"到"真、切、笃、实"处便是"行";"行"到"明、觉、精、察"处便是"知"。知行合一要在日常的事上磨炼,如果谁有心念要通过"线上教学来磨炼自己",那么线上教学什么困难都可以解决,线上教学的独特性一定会发挥得淋漓尽致,效果一定很棒;反之,如果认为:学生是推迟开学,还是在家里,线上教学存在各种困难……,那么其教学行为效能之低是不言而喻的。

以上现象的探究,对个人而言,就是"自我认知";对学校团队而言,就是"学校认同",即"学校精神"。

古希腊哲学家苏格拉底将"认识你自己"作为自己的哲学原则,这也是希腊德尔斐神庙门楣上的格言。基于此苏格拉底如是说"未经审视的人生不值得活"。对于学校可以说"未经审视的教育是不值得做的"。无论是教师个人,还是学校集体,只要认真思考过这些问题,当生活中面临各种考验时,才有自信去应付。德国哲学家尼采说得好"一个人知道为了什么而活,他就能

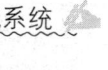

忍受任何一种生活"。学校亦然，当学校有了一种正确的"学校精神"，学校就能直面任何一种难堪的教育境况，越是困难越向前。下面，我想从教师成长的密码这个方面来谈学校精神的涵养。

新学期教职工大会，我全面总结了上学期学校工作的十大成绩与存在的几点不足，提出了新学期的九大目标任务与要求。会上重新强调廓清了学校的办学思想和学校精神。

众所周知，一所学校的学校精神凝练在"校训"里，集中表现在"三风"中。我们华附平湖学校的校训是：进德修业，知行合一。

我们的学校精神简言之：每一位华附人要在"德业双修"的日常事务中磨炼自己，知行合一。让华附平湖校园的教育生活彰显"日新、自新、全新"天天向上的成长风貌。

我们学校倡导和践行"知行合一"。这既是我们的教育观、又是我们的方法论。"知"与"行"的关系是"一"，不是"二"，即一体两面。行之明觉精察处，便是知；知之真切笃实处，便是行。若行而不能明觉精察，便是冥行，知而不能真切笃实，便是妄想。"知行合一"作为人生进德修业之"一个功夫"时，所极力排除的"妄想"与"冥行"，坚持"自觉"与"笃行"的一时并在性。无论是作为一种认知方式还是修养功夫，都是身心并到而知行合一的。我们要在自己教育教学的日常事务中"磨炼"自己，教学做合一。

我们首次组织学校新入职半年的教师代表：陈铭洁、张怡颖、林炜婷、朱睿四位老师讲述"天鹅湖畔教育成长故事"，讲学校的教育故事；邀请2021年深圳市年度优秀老师卢天宇，以新概念班主任寄语的方式分享《专注地让教育发生化学反应》的成长传奇。我们这样做的目的就是要自证和他证一个神奇的教育结论：开启成功教育的密码就是"知行合一"。

我们可以通过如下真切的追问找寻密码的实践逻辑力量。

1. 卢天宇老师2010年从陕西师范大学本科毕业，工作12年，荣获深圳市年度优秀教师、南粤优秀教师、市骨干教师、全国新课程实施优秀个人等11项殊荣，发表核心期刊教育论文50多篇，受邀讲学40多场次，等等。问题：他的专业成长速度为什么这样惊人？

2. 卢天宇老师的"新概念班主任寄语"每天写、每周写、每月写、每年写，坚持12年。问题：他大量的时间和精力从哪里来？

3. 卢天宇老师坚持每年担任班主任、任教毕业班、接手差班，他管理班级效果好、教学成绩优秀、教研成果出色。问题：真的有捷径可走吗？

4. 卢天宇老师每天花大量时间，勤于做学生的摄影师；生活在学生中，亲近观察学生，成为"心灵的捕手"；有耐心善于与学生沟通做学生忠实的听众；真心为其他科任老师服务，分担责任。问题：他为什么没有抱怨累和苦，还乐此不疲？

5. 卢天宇老师和我们一样普通，不是高富帅；和我们一样遇到了各种"问题"学生。到初三成绩差到绝望却中考起死回生的"小袁同学"、遭全班学生歧视冷漠的"劲姐同学"、只有班主任能说服的任性"航遥同学"、商量受罚的球"队长同学"、不经意间引领学有余力的"信麟同学"考上北大等等。问题：每一次的成长就是煎熬，事上磨的持续动力源自哪里？

6. 卢天宇老师任教化学，他让学生写化学"三行诗"、学生毕业照拍成化学元素的阵容、交流的专题是《专注地让教育发生化学反应》、在课程教研领域原创"五味"化学课、班主任寄语的方式就是师生的心灵对话,也是发生了化学反应。问题:卢老师是否有学科育人和学科思维的天性呢?

谨此,我们也不妨关照探寻天鹅湖畔身边的老师。

7. 陈铭洁老师分享了对班上问题学生的深度思考,我们就更懂得她班级管理的优秀、教学效果的显著、月度教师的荣光;张怡颖老师分享了自己课堂教学成长变化的故事,我们感佩她知行合一精进向上的韧性力量!她的课学生喜欢、专家点赞;林炜婷老师分享了与学生做朋友的真实过往与心路历程,我们感受到她暖心的师爱与亲近中细腻的教育理性!她讲课沉稳严谨、治班又柔性大气;朱睿老师分享了自己入职心理调适起伏曲折中倔强前行的故事,她的朴实人品、职业信仰让我们肃然起敬,她对学生的耐心与爱心,还有球场的叱咤风云。

不只是首批参与分享的新老师如此,我们引进的区内外的中青年老师也都是奋斗不止自强不息。像刘琦老师对低段学生的教学、管理与习惯养成的心性掌控;陆鸢级长对学生学科教学的活泼生动与管理的拿捏;郑虹老师对体育的专业热情及参与全国课堂教学大赛的体悟;陈耿炎主任 6 年奋进不辍进入市骨干教师梯队等。当然,我们的老教师和行政领导们更是宝刀不老学无止境。像王亚丽特级教师和向征名师,他们主持的语文、体育两个学科名师工作室,为我校教师成长提供了大舞台。

我们要在总结中研究揭密:以上各层次的老师,他们之所以优秀或成功,概而论之,不外乎三点:成长动力、成长方法、成长效能。

毋庸置疑,成长动力是第一位的,这与个人目标志向、职业追求紧密相连,阳明先生说"志不立,天下无可成之事,虽百工技艺，未有不本于志者"。优秀和卓越者的立志有强烈内生性，其动力持久，能横扫各种障碍。例如卢天宇老师，陈耿炎老师等就是此类，是自发前行；接纳宽容学校一切条件，不计较，感恩环境，无鞭自奋蹄。这是他们之所以成长速度快的共同特点。在岗位上工作平平，成长速度慢的人，其立志持志主要是外铄型，是外在的压力和制度产生的动力，持续力不强，遇到各种教育教学的阻力困境，很容易向身（心）外归因，满眼都是环境的不足和缺失，抱怨多，不仅成事难，幸福指数低。任何学校外在教师培训制度、培训资源，学习平台都不是优秀卓越教师成长的决定因素，充其量辅助而已。任何教育者，只有强烈、主动的"日新、自新、全新"成长愿望，前行的路一定所向披靡，如同卢天宇老师痛并快乐着。

关于方法与效能的统一。好的方法是效能好的前提和保证；反之亦然。通过以上老师的追问与分析，我总结出的核心结论是："知行合一"与"事上磨"。

如果我们懂得知行原是一个功夫，"一念发动处便是行了，凡事只要一具体，就深刻；只要一行动，就创新。知中有行，行中有知。"正如卢天宇老师，他一想到"三行诗"灵活体式，就希望给自己化学课教学赋予趣味与智慧，马上让学生尝试，在知行的循环推进事务中，创造了奇迹！生成了"化学三行诗"。在教育教学的日常事务中磨炼，千万不要空谈空想，要解决日常事务的问题，要深入学校生活的细枝末节，在校园生活的每个教育细节中做出教育的味道。例如卢天宇老师每天早晨在学生进教室前就站在教室门口观察学生，在黑板上写寄语"我不希望看到你一大早站在走廊吹风的样子""我希望看到你桌面上翻开的英语单词本"……

众所周知，一所学校的精神，是师生精气神的自然体现，是学校由内而外折射出的人文之光与精神魅力。

学校精神的积淀与形成，是校内外教育因素共同作用、相互聚合的结果。从校园环境的浸润影响，到管理团队、师生群体、学生家长、社区参与者的实践行为，都是学校精神的重要因素。各种力量的汇聚，共同形成了学校的精神，并在不断地发展中，逐渐丰富、厚重，显示出学校精神自身的张力。

当然，学校精神本质上是学校的核心文化。一般学校文化包括：精神文化、制度文化、行为文化、物质文化和课程文化。在这五种文化中，精神文化是学校自主建构起来的，能够反映学校意识和教育观念，以及学校教育价值追求的教育哲学。在学校文化建设中，精神文化应该处于学校文化的深层位置是学校文化的灵魂与核心。对于教师队伍建设，学生核心素养的培育，扎实落实立德树人根本任务，是有着方向指引、方法指挥的作用的。但是，学校文化具有弥漫性和整体性，渗透于学校各个方面。这五种文化也不是割裂的，而是相互依存、相互作用、相互融合的，共同构成了学校文化的主体。实际上，它们之间是相互交叉与共融的过程。

第二节　校训三风

一、校训

中国古代学校特别是书院已存在校训的原型，只是没有"校训"的明确概念名称而已。近代以来教会大学把西方"motto"（校训）这一实体引入中国，但未为中国学者所关注。直到甲午战争后"校训"二字从日本引进，这样"校训"才以正式的中国式名称固定下来。日本"校训"概念和西方教会大学校训实体双重影响，使得中国古代校训原型得以明确化、概念化，古代校训转型为现代校训。从此中国校训发展进入了多样化的新阶段，校训成为学校教育的一种手段，作为学校的一种标志而被提升为学校制度。[1]

校训是学校文化的重要组成部分，是培育校园精神的方法之一；校训对校风、教风、学风等学校观念文化有统领作用，对校徽、校歌和校服等学校物质文化有精神导向作用。校训具有自身的一些特点，如整齐性、美感性、激励性、针对性、长期性、时代性等。

校训应能够高度概括学校的价值观念、集中表达时代对学生的要求、体现学校的观念文化；应该用简洁的文字，精要地表达丰富的思想和价值，而且应该寓情于理，情理交融，具有思想的冲击力和情感的冲击力。

基于校训的种种考量，我们华南师范大学附属平湖学校在办学方案中，郑重提出了校训：进德修业，知行合一。

学校校训要聚焦学校核心价值观，通常被提炼成一句精辟的话。在我们团队思考的经验世界里，开始也是跟着感觉走，一说到学校校训，不自觉就想到：哈佛大学刻在校徽上的"与真理为友"、耶鲁大学写在通知书上的"我们将创造着生活"、清华大学的"自强不息，厚德载物"。一句话往往变成几代师生身体力行去"圆梦"的使命。基于此，我们提出了"进德修业，知行合一。"

"进德修业"出自《中庸》"君子尊德行而道问学"；《易传·文言》中子曰："君子进德修业。忠信，所以进德也，修辞立其诚，

---

[1] 王彩霞.20世纪中国学校校训研究[D].上海：华东师范大学.2006，(4)：2.

所以居业也。"孔子的本义是每个人都要增进美德、建功立业，强调人既要养成高尚的品德，又要掌握改造社会的本领，方可立世。

穿越两千年，中华传统文化精髓绵延不绝。"进德修业，欲及时也"，《曾国藩家书》第二十三篇致诸弟："唯进德、修业两事靠得住"。从"进德修业""修身养德""又红又专"到"立德树人"无不彰显中华文明育人的"核心价值"。聚焦核心价值观的学校使命能够凝聚人心、聚人气、聚人力。

学校校训，就是立校园文化之"根"，让校园富含哲理。学校校训不能没有哲学思考。谨此，我们提出"知行合一"。

"知行合一"是方法论，也是价值观。作为哲学命题的"知行合一"出现得比较晚，但"知行合一"的思想贯穿儒学之始终，只是各家在具体论证时各有偏重。他们都认为知行合一是为人为学的根本，也是为"善"的要务。

《尚书》说"非知之艰，行之维艰"，《左传》说"非知之实难，将在行之"，都论及知易行难的问题，强调求知重在运用，这说明中华民族自古就是重视践行的民族。孔子把"言行一致"视为划分君子、小人的重要标准。入宋以后，知行关系的探讨更加深入，程颐提出知先行后、知难行亦难。朱熹主张"知行相须"，"论先后，知为先；论轻重，行为重"，都在不同层面肯定知与行的关系。

正式提出"知行合一"说的是王阳明。王阳明在贵阳文明书院讲学，首次提出知行合一说。所谓"知行合一"，不是我们现在理解的认识和实践相统一的关系。在王阳明那里，"知"，主要指人的道德意识和思想意念。"行"，主要指人的道德践履和实际行动。因此，知行关系，也就是指的道德意识和道德践履的关系，也涵盖一些思想意念和实际行动的关系。王阳明的"知行合一"的含义是：首先，知中有行，行中有知，真知必行，知行不可分。王阳明认为知行是一回事，不能分为"两截"。"知之真切笃实处即是行，行之明觉精察处即是知，知行工夫本不可离；只为后世学者分作两截用功，失却知、行本体，故有合一并进之说，真知即所以为行，不行不足谓之知。"（《传习录中·答顾东桥书》）"知行原是两个字，说一个功夫"。王阳明极力反对道德教育上的知行脱节及"知而不行"，良知，无不行，而自觉地行，也就是知。真知必行，注重躬行。真正的"知"必须付诸实行，没有"行"的"知"就不是"真知"。"致良知"就是将良知贯彻到人伦日常中，实现知行合一。因此，他常强调在事上磨炼，在实学中求知。其次，"知是行的主意，行是知的功夫；知是行之始，行是知之成。"[①]

后来，陶行知改造了王阳明的心学世界观和杜威的教育即生活的话语体系，形成新的行知观并贯穿于教育实践。这对当时社会发展与教育需求之间的矛盾作出了教育家的判断与实践。既是对教育理念的创新，也是为数不多的教育家对"人"的成长的思考，知行合一，力做真人。陶行知的"知行观"是当时时代背景下的智慧结晶。他在东西方文化的激烈碰撞中，结合时代背景与自己的教学经历形成了自己的"知行观"，其过程与影响有着实践性、创造性和平民性的特点。[②]

于是我们提出：进德修业，知行合一。

二、校训与教风、学风、校风的关系

[①] 何云岩，刘林燃，方海. 王阳明"知行合一"思想研究[J]. 理论观察，2021，(12)：49-51.

[②] 曲曼鑫. 陶行知对王阳明"知行合一"的接纳与改造[J]. 南京晓庄学院学报，2019，(35)：4.

"一训三风"是校园文化体系中重要的精神载体,以其无形的统摄力、感染力、向心力,规范着师生的思想作风和行为倾向,外化为生动的学校人文景观,营造出独特的校园文化,不断在实践中演绎学校精神。

　　学校"三风"归根结底是学校文化,"三风"就是文化之风。"三风"是校训、学校精神的进一步具象化;"三风"生动地呈现在学校的各种校园文化活动中,全体师生的各项常规要求和具体活动中。"一训三风",首先要讲校训,然后才是校风、教风、学风。校训好比是一棵遒劲大树,"三风"则是大树上的繁茂枝叶。校训决定"三风","三风"相互影响、相互促进,优化校训。教风、学风是校风的不同侧面。教风影响学风,学风促进教风。教风、学风的相辅相成,最终形成校风。学校只有重视一训三风建设,推动教育教学管理规范化和有效性,借助"三风"的共生力,让学校的品牌和特色得以呈现;学校才能走向高质量发展,才能真正实现以人为本的教育。

　　"一训三风"理论上是无形的,但现实实践是有形的,它体现在师生的一举一动、一言一行中,潜移默化为师生的日常行为方式,生活方式;它不是"我"的,它是"我们的"。它像校园的空气,充溢飘散在校园的角角落落,校园的师生随时随地沉浸其中;它是温馨的风,暖意拂面,校园紫气东来;它是江南的雨,润物无声,校园生机盎然。

　　具体讲,校训是学校教育哲学的集中体现,是学校的灵魂,在学校工作中应处于统领地位,并通过校风、教风、学风等形式来体现。校风以校训为指导,通过教风、学风等表现出来。可见,教风和学风是表现校训、校风的有效形式。

　　教风是教师的职业道德、专业知识水平、教学方法、教学技能要求和表现。好的教风主要表现为教师忠于职守、爱护学生、言传身教、钻研业务、团结合作、管教管导、为人师表等。教师的高尚人格，严谨治学、崇尚真理的精神，教师文化，营造了有利于影响学生的优良校风。

学风是学生集体或个人在学习过程中表现出来的，带有倾向性的、稳定的态度和行为。优良的学风主要特征是学生学习勤奋、尊敬师友、不耻下问、互帮互助、举止文明、积极进取等。

校风就是学校形成的风气。校风起着积极或消极的作用，良好的校风给人以无形的推动和鼓舞的力量，使人们经常处于一种强烈的气氛感染之中，引起情感共鸣，不知不觉中接受校风的教育和感化；良好的校风是学校无声的召唤，是学校抵制社会上不良风气的屏障和"免疫系统"。当然良好的校风并不是一朝一夕形成的，它是在长期的教育实践中反复训练逐渐形成的。[1]

三、教风、学风、校风

华南师范大学附属平湖学校到底要办什么样的教育？培养什么样的人呢？学校的办学使命和育人目标做了清晰的回答：立鸿鹄之志，成生命气象。培养身心健康、习惯良好、敏而好学的深圳少年。立德树人，奠基铸魂，为党育人，为国育才。

学校该怎样培养这样的人呢？子曰："君子博学于文，约之以礼，亦可以弗畔矣夫！"（《论语·雍也篇》）。钱穆语："君子在一切的人文上博学，又能归纳到一己当前的实践上，该可以于大道没有背离了！"两千年后，陶行知说："千教万教教人求真，千学万学做真人。"陶行知先生告诉我们："真"比一切都重要。一个"真"字廓清了千年来中国封建教育中存在的虚假伪善的尘

---

[1] 王彩霞. 20世纪中国学校校训研究[D]. 上海：华东师范大学出版社. 2006, (4)：111-112.

垢，指明了现代教育最重要最本质的属性。我们华附教师作为现代进步教育思想的实践者，我们理应教学生求真知，学真本领，养真道德，说真话，识真才，办真事，追求真理，做真人。把"真"字作为学校的立教之本，教师从真做起，以真教人，感化学生学做真人。

陶行知先生还把"新教育"的"新"释义为"自新""常新""全新"。"新"的三个标准依然适用于当下素养教育、课程改革。其思想的时代穿越性和洞察力，依旧闪亮和新锐。

基于此，华南师范大学附属平湖学校提出的"一训三风"具体内容如下：

校训：进德修业，知行合一。

教风：约之以礼，教人求真。

学风：博学于文，学做真人。

校风：日新、自新、全新。

校训"进德修业，知行合一"是我们学校全体师生员工日常的应然状态。在学校丰富具体的实践中，要活化到我们每一个校园人的举手投足、一颦一笑、整体气质之中。凡是走进华附平湖学校的每一个人，必须德业双修，知行合一。学生通过九年的学习生活，让每一位学生在校都体验到全新的生命成长历程。

教风：

约之以礼，教人求真。这是我校教师或教师集体教学、育人的特点和风格；也是华附教师教书育人的目的、态度、行为特点、方法及集体的传统。此教风要求学校老师：以人为本，素养为重。教，从学生生活中来；育，到学生生命中去。"约之以礼，教人求真。"是学校的全体教师在教学、科研和育人方面的风气，包括教师的职业道德、教学态度、教学水平、教学方法和效果以及教师的学术水平、教学研究能力等等。其实质是学校教师的素养、智慧和风范，是学校教师的德与才的统一性表现，是学校教师整体素质的核心，是学校教师道德、才学、作风、素养、治教等的集中反映。

"约之以礼，教人求真。"是华附平湖学校的精神旗帜，它对学生可以起到熏陶、激励和潜移默化的教育作用。可以说是我们学校生存和持续发展的不竭动力之源。当然，也必然内在地要求教师爱岗敬业、热爱学生、积极进取、乐于奉献。

"约之以礼，教人求真。"作为学校的教风，自然也规约着学校辐射范围内的教育者，包括家长、学校职工、社区教育者。

显然，"约之以礼，教人求真。"是校训"进德修业，知行合一"的生动具体地落实和深化。

学风：

博学于文，学做真人。是华附人的读书之风，是治学之风，更是做人之风，是我们学校的气质和灵魂。谈到学风，"学风"，最早源于《礼记·中庸》，即是"广泛地加以学习，详细地加以求教，谨慎地加以思考，踏实地加以实践。"

"博学于文，学做真人。"华附平湖学校学生学习过程中形成的一种相对稳定的学习风气与学习氛围，是学校学生总体学习质量和学习面貌的主要标志，是全体学生群体心理和行为在求学上的综合表现。也包括学校教师学习风气、治学风气和学术风气。

"博学于文，学做真人。"是我校师生学习的世界观、人生观和价值观的反映，也是学习态度和学习方法的集中体现。当然，"博学于文，学做真人。"主要体现在学习上，是学校学生在学习过程中的态度和习惯的具体体现。它通过学习目标、学习态度、学习纪律、学习方法、学习兴趣、学习效果等具体地反映出来。

校风：

日新、自新、全新。是我校师生在共同目标"培养身心健康、习惯良好、敏而好学的深圳少年"，共同认识的基础上，本着"进德修业，知行合一"，在学习、工作和生活中经过集体努力所形成的一种稳定、共同的心理倾向和行为风尚。"日新、自新、全新。"也是学校领导的作风、学校教师的教风和学生的学风的具体体现。

第三节　校徽校歌

一、校徽

图 2-3　华南师范大学校徽

华南师范大学校徽：校徽主体图案为三个"人"字的交叠，阐明"以人为本"以及"三人行，必有我师焉"的治学要义。主体图案结构严谨，点线相连，寓意教育是"人文精神与科学精神的结合、交叉和延伸"；色彩层次分明，表达"青出于蓝而胜于蓝"的育人意义。

图 2-4 华南师范大学附属平湖学校校徽

华南师范大学附属平湖学校校徽：校徽的主体图案为湖面上飞翔的白天鹅，由"丑小鸭变成美丽的白天鹅"童话来寓意"每一个华附人都有潜力成为独一无二的自己""立鸿鹄之志，成生命气象"。华南师范大学附属平湖学校位于平湖街道天鹅路天鹅湖畔，2021年秋季开办。图案中的湖水涟漪呈现"平"字，意涵"平湖"，数字"2021"是学校的开办年，"華南師範大學"用繁体字在大圆之上，显示历史的厚重；"附属平湖学校"用简体字在大圆之下，表达现代与开放。图案以"华师蓝"作为主色调，蓝白相映衬，结构严谨，点线相连，教育寓意丰富。（创意与设计：罗志远 陈蕾）

二、校歌

一所新学校的建设，其文化标识系统十分重要，在我们学校的办学方案和学校章程中比较系统地对此进行了表述。在具体实践层面上我们还可以看到学校的办学目标愿景、办学理念、课程体系、课堂形态、德育特色、教师成长、管理机制、评价体系、学校文化、学校精神等较翔实的文字说明。

我们在学校文化建设方面，有不少的事情要做。校园软环境的设计与呈现要长期考量、逐步落实。其中就有校歌的创作项目。说到校歌，我也有不少的思考想法。想与各位老师交流。

(一) 校歌精神本质与特征

如果说，国歌是一个民族、一个国家的号角。那么，校歌应该是一所学校的精神火炬。校歌是全体学校人发自肺腑、引以为豪的心声；是一所学府超越时空、历久弥新的发展旗帜。

现在很多学校，都有自己的校歌。校歌作为反映学校精神风貌的校标，在校园文化建设中具有举足轻重的地位；校歌在激励师生发扬学校优良传统、增强学校独有的群体观念方面具有不可替代的作用。

所以，我们华南师范大学附属平湖学校的校歌就是要反映"知行合一，天天向上"的学校精神，激励学校师生家长和所有华附人：知行合一，学真知、做真人，日新、自新、全新。

当然，校歌是校园歌曲的一种，但不等同校园歌曲。校歌具有如下特点：其一，除个别采用多声部合唱形式外，一般采用单声部、大调式、齐唱形式，旋律流畅。其二，歌词朗朗上口，简洁凝练，富有感召力和凝聚力，歌词含有校训，反映学校性质、办学形式、历史、地理位置。其三，适合集体演唱，往往没有伴奏，一般为富有动力美的进行曲。校歌演唱的形式一般是合唱或齐唱。歌唱校歌时人数较多，因而要求校歌结构短小，旋律易唱，节奏简明有力。

所以，我们的校歌要求：旋律流畅，歌词朗朗上口，不生涩难懂。含有进德修业，知行合一的校训，学真知、做真人，日新、自新、全新的"三风"。与华南师范大学合作办学的"华师元素"，"天鹅湖畔"的地理特征。结构短小，旋律易唱、优美而有力。

经过几天的思考，我认为校歌的歌名特别重要！我参看过网上至少上百所学校的校歌，歌名要么就是"某某学校校歌"，要么多是鼓动性口号化的抽象词语，例如"放飞梦想""启航""托起明天"等。我个人初步想了一个我校校歌歌名，"湖畔之上"，具象诗意点，也许有的老师会问，罗校长，那为什么不叫"湖畔之歌"呢？因为这样就有点"浅俗"，没有"格局"，一个"上"字意味和意趣大不一样，例如"月亮之上"与"月亮之歌"就迥异。

我们的校歌《湖畔之上》要有如下作用：

第一，能提高华附平湖学校知名度和竞争力、凝聚力、向心力。校歌与校名、校徽、校服、校旗、学校建筑等校标是学校形象中最直观、最生动的构成要素，构成学校的品牌，成为学校无形的财富。让师生喜欢唱，唱起来有美感和自豪感。

第二，能激励师生发扬学校"知行合一、天天向上"的优良传统，培养学生与校友们"学真知、做真人，日新、自新、全新"的自豪感、荣誉感。让天鹅湖畔的校园符号和精神内涵融入华附人的生命历程。

第三，能增强学校独有的群体观念："知行合一"的信仰，"丑小鸭变白天鹅"蜕变力量；增强学生"天天向上"的求新务实理想。

（二）校歌歌词的基本要素

校歌的歌词，从文学的角度讲，一般必须具备四个要素：情、景、理、志。其中"情"和"志"是核心，"景"和"理"是重要组成部分。当然四个要素不能过于机械，一成不变。但"情"永远是首位的，重中之重！甚至有的不写"理""志"。如美国斯坦福大学校歌《我们欢呼，我们歌唱，斯坦福》："山峦绵延，气象万千；从山脚到山顶，不断延展。徐徐落下的太阳，给大地披上了艳丽的赤霞。余晖慢慢褪去，我们聚集在这儿放声歌

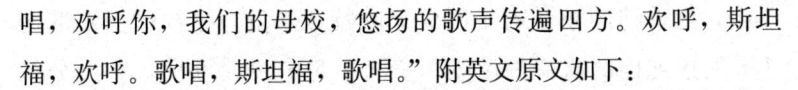

唱，欢呼你，我们的母校，悠扬的歌声传遍四方。欢呼，斯坦福，欢呼。歌唱，斯坦福，歌唱。"附英文原文如下：

Where the rolling foothills rise, Up towards mountains higher, Where at eve the Coast Range lies, In the sunset fire, Flushing deep and paling; Here we raise our voices, hailing, Thee, our Alma Mater, From the foothills to the bay, It shall ring, As we sing, It shall ring and float away, Hail, Stanford, hail! Hail, Stanford, hail!

当然，作为口头文学、听觉文学为特征的歌词，在文学特征上必须具备与音乐相结合的"流畅、通晓、明朗、上口"的语言特点，而与"古奥、冷僻、艰涩"过分费解的词、语无缘。它欢迎有诗意的语言，但又不能与纯粹的书面阅读的诗歌完全等同。

写歌词自然还要遵循一定的音乐规律为好。歌词内在蕴含的节奏、律动、音乐性以及基本符合音乐曲式结构的词作段落，这是专业作曲者十分看重的质量。词作者经验中的丰富音乐联想，与曲作者的心有灵犀的沟通会生产优秀的校歌作品。

所以，我们的校歌《湖畔之上》的"情、景、理、志"四要素紧扣着细节：情——师生情、同窗情、母校情；景——湖畔景、校园景、生活景；理——办学理念、一训三风；志——立德树人，爱校爱国。彰显"流畅、通晓、明朗、上口"的语言特点，呈现节奏、律动、音乐性以及基本符合音乐曲式结构的词作段落。

(三) 校歌音乐感情的要素

我们的校歌《湖畔之上》音乐情感的要素是：朝气、坚毅、宽广、优美。《湖畔之上》是儿童少年学子之歌，九年一贯制的学校，与单纯的小学有不同的年龄特征考量。把校歌《湖畔之上》写成纯粹的欢快、活泼、童气十足的少儿歌曲，或过分持重、成熟、深沉的成人歌曲，二者都失之偏颇。

朝气应该是《湖畔之上》音乐情感的第一要素。少年儿童朝气蓬勃，涵盖了华附平湖校园生活中诸如活泼、乐观、进取、天天向上等很多美好的东西。

坚毅的气质也是《湖畔之上》音乐情感的必备要素。知识的积累、习惯的养成，学真知、做真人，日新、自新、全新，丑小鸭能变成白天鹅，非一日之功，寒来暑往永不停息。华附人必须拒绝：心浮气躁、蜻蜓点水、浅尝辄止、知难而退。华附人的精神：知行合一，天天向上。

宽广就是在《湖畔之上》中要体现我们的办学理念，我们的学校精神本质上都是致高致远的。优美就是《湖畔之上》要优美动听，能抓住人，能感染人，让师生爱唱、喜欢。

（四）校歌创作的角度和意趣

怎样才能创作好一首校歌？这是需要多方面的准备，有专业词作者、专业曲作者、深厚的校园生活体验的教育专业人士共同参与，才能完成的。具体到每一所学校，情况又不一样。但我个人以为，校歌创作还是有其规律与技巧的。我比较看重创作角度。

什么是角度？角度就是我们观察事物，想问题，办事情的着眼点。写文章、搞创作都有个着眼点，其实，写歌作曲一样也是有个着眼点的问题。我很认同词作专家普烈的说法：他从中国古典诗词的写法研究中总结了歌词创作的视角、意角、着墨角，即三角度。还是很受用的。

例如，华南师范大学附属平湖学校的校歌歌词怎样写？可写的东西很多，可以有很多的认识意义和很多的艺术表现方式。怎样下手？如果不认真思考，就会写出一些千篇一律的校园教育共性东西来，不少校歌歌词看了以后，除了学校名称之外，都是大同小异，一个味道。学生不爱唱，太刻板化了。主要原因是：缺少了"角度"，校歌写了，但里面没有新点子，没有新东西。

《湖畔之上》的观察切入的视角："湖畔"为着眼点，认识立意的意角；"学校精神"，艺术表现的着墨角；"虚实结合"，校园细节与情景相融。

当然，以上所谈是"作词"的角度理解，我想"作曲"理应一样，虽然我对作曲不了解，是个门外汉。

文章写到这里，似乎以上所谈头头是道。也许有老师会问：罗校长，你说得那么好听，那你写一写看看怎样？的确，"看花容易绣花难啊"。诚然，优秀的作品是集体智慧的结晶！尽管我个人没有办法独立完成，但可以抛砖引玉。

湖畔之上

【1】

龙岗大气，凤岗温婉，
绿水青山处，那就是天鹅湖畔！
我们可爱的校园。
这里花儿香，这里草儿甜，
来呼吸自由的空气，来体验多元课程观。
敬爱的好老师啊！眼里有光，心中有爱；
教真知，真诚温暖了整个湖畔，
教真知，真心照亮了每个童年。

【2】

华师学府，薪火相传，

知行合一时,那就是师生的信念!

我们幸福的家园。

这里花儿香,这里草儿甜,

来呼吸自由的空气,来体验多元课程观。

亲爱的同窗啊!进德修业,天天向上,

做真人,感动华附岁岁又年年,

做真人,指点平湖秋水共长天。

【3】

啊,天鹅湖畔,我们成长的摇篮!

丑小鸭呀,你真心不改;白天鹅呀,你逐梦云端。

啊,我们永远的童话,我们成长的摇篮!

温馨提示:歌词韵辙为【an】韵。需要修改点:语言书面化过重,歌词的口语味不足,在校园中的生活细节缺失。节奏、律动、音乐性要与曲进行互动协调修改。

请大家积极参与校歌创作过程,以上仅"抛砖"而已。请多批评指正!

初稿

2022.3.22

湖畔之上

【1】

龙岗大气,凤岗也温婉,

绿水青山处,那是天鹅湖畔!

我们可爱的校园。

花儿香,草儿甜,

空气自由,课程多元。

老师啊!眼里有光,心中有爱;

教我真知,温暖了湖畔,
教我真知,照亮了童年。

【2】

华师学府,薪火在相传,
知行合一时,那是师生的信念!
我们精神的家园。
花儿香,草儿甜,
空气自由,课程多元。
好同学啊!进德修业,天天向上,
我们做真人,感动华附岁岁年年,
我们做真人,指点平湖秋水长天。

【3】

啊,少年意气,天鹅湖畔!
日新、自新、全新,
丑小鸭真心不变;
日新、自新、全新,
白天鹅逐梦云端。
啊,我们永远的湖畔,我们幸福的校园!

第二稿

2022.3.25

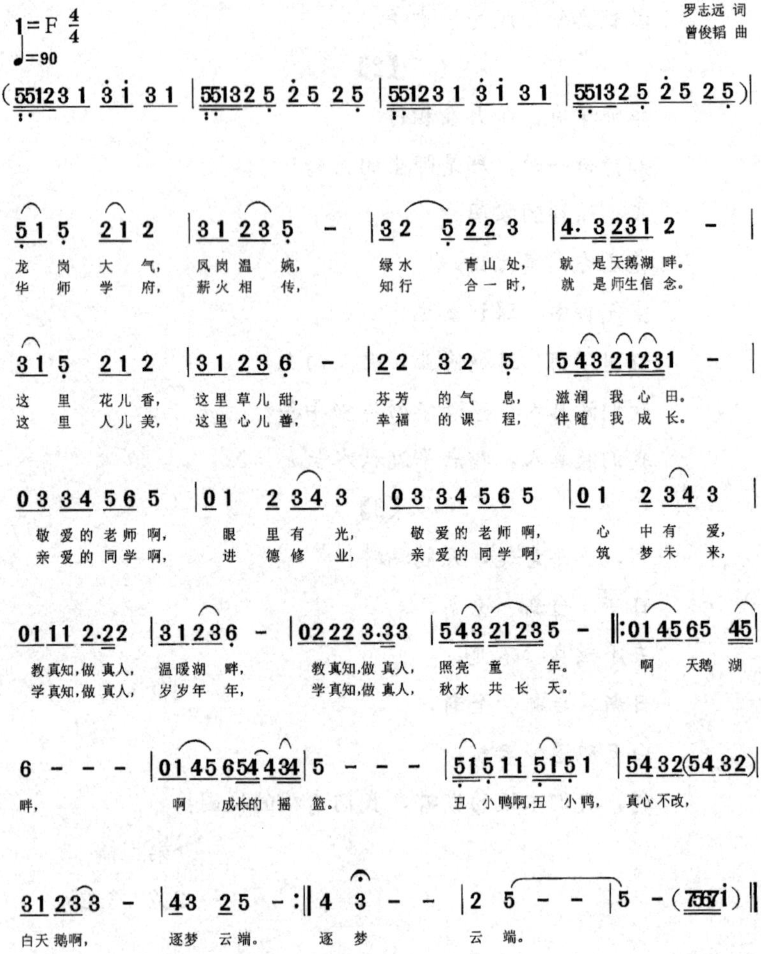

图 2-5 《湖畔之上》曲谱

第 3 章
学校课程体系

高质量学校课程体系的建设是实现教育高质量发展的关键环节。学校课程是学生生命成长的通道，高质量学校课程体系旨在成就学生的核心素养。

任何一所学校的课程的变革，其逻辑起点都在于育人。所以学校课程体系的建设是学校育人体系建设的一个发力点，它可以整体性地推动学校育人模式的变革，并以此形成学校的办学特色。可以说，学校的课程在育人目标的实现中处于核心地位，在某种程度上决定了学校培养什么样的人，课程的活性决定了学校的活力。

第一节 学校课程体系的设计

深圳市龙岗区华南师范大学附属平湖学校建成于 2021 年，是深圳市龙岗区人民政府与华南师范大学合作创办的一所九年一贯制公办性质的学校，学校坐落在深圳市龙岗区平湖街道美丽的天鹅湖畔，"百年平湖""百年华府""龙岗西核""智造新城""交通枢纽""跨境电商""种植基地""环幕湖景"，新平湖集自然、人文和科技优势于一体，为学校高质量发展奠定了良好的资源基础和人才基础。经过两年的努力，学校在以培养学生核心素养为目标的课程体系建设方面已初露端倪，"飞翔教育"素养课程体系对促进学生全面发展起到了积极推动作用。

学校使命：立鸿鹄之志，成生命气象。

学校精神：知行合一，天天向上。

学校愿景：办一所教有成就、学有尊严、研有价值、管有文化的家长和社会向往的好学校。

育人目标：培养身心健康、习惯良好、敏而好学的深圳少年。

2016年《中国学生发展核心素养》提出，核心素养以培养学生应具备的、能够适应终生发展和社会发展需要的必备品格和关键能力为核心，分为文化基础、自主发展、社会参与3个维度，综合表现为人文底蕴、科学精神、学会学习、健康生活、责任担当、实践创新6大素养，具体细化为人文积淀、人文情怀、审美情趣、理性思维、批判质疑、勇于探究、乐学善学、勤于反思、信息意识、珍爱生命、健全人格、自我管理、社会责任、国家认同、国际理解、劳动意识、问题解决、技术运用等18个基本要点。

围绕中国学生发展核心素养的3个维度、学校育人目标的3个核心要求、学校3大层面的课程，华附平湖学校建构了"3×3×3"基于素养的"飞翔教育"立体课程体系。简言之，我们的课程目标是培养深圳少年。深圳少年是有理想、有本领、有担当，具有丰富生命力的人：知行合一的生命气象、天天向上的生命理想；扎实的文化基础、勇敢的社会参与、积极地自主发展；身心健康、习惯良好、敏而好学。

学校从国家课程的校本化开发、校本课程、特色课程三大层面；将学科课程与活动课程、显性课程与隐性课程、课堂正式课程与课后服务课程进行统整，构建基于素养的"飞翔教育"立体课程体系、实现其内生发展的有效运作机制。

华附平湖学校课程体系的构建遵循义务教育《课程方案》(2022版)[①]中的基本原则、课程类别和学科设置、课时占比。

义务教育课程应遵循以下基本原则：一是坚持全面发展，育人为本；二是面向全体学生，因材施教；三是聚焦核心素养，面向未来；四是加强课程综合，注重关联；五是变革育人方式，突出实践。学校课程类别与科目设置如表3-1所示：

表3-1 华附平湖学校课程类别与学科设置

类别	科目	年级
国家课程	道德与法治	一至九年级
	语文	一至九年级
	数学	一至九年级
	外语	一至九年级
	历史、地理	七至九年级
	科学	一至六年级
	物理、化学、生物学（或科学）	七至九年级
	信息科技	三至八年级
	体育与健康	一至九年级
	艺术	一至九年级
	劳动	一至九年级
	综合实践活动	一至九年级
地方课程	此项根据实际情况，改为按照学校特色课程规划设置。	
校本课程	由学校按照规划设置。	
说明	外语，小学一二年级开设；地方课程为学校特色课程。	

---

① 中华人民共和国教育部. 义务教育课程方案（2022年版）[M]. 北京：北京师范大学出版社，2022.2.

学校各科目安排及占九年总课时比例如表3-2。

表3-2 学校科目安排及占九年总课时比例

	年级									九年总课时(占比)
	一	二	三	四	五	六	七	八	九	
国家课程	道德与法治									6%~8%
	语文									20%~22%
	数学									13%~15%
	外语									6%~8%
							历史、地理			3%~4%
	科学						物理、化学、生物学(或科学)			8%~10%
			信息科技							1%~3%
	艺术									9%~11%
	劳动									14%~18%
	综合实际活动									
特色课程	学校规划设置									
校本课程	学校规划设置									
周课时	26	26	30	30	30	30	34	34	34	274
新授课总课时	910	910	1050	1050	1050	1050	1190	1190	1122	9522

教学时间说明：每学年共39周。一至八年级新授课时间35周，复习考试时间2周，学校机动时间2周；九年级新授课和复习课时间，统一由学校年级组适时安排。学校机动时间2周，可用于集中安排劳动、科技文体活动等。

一至二年级每周26课时，三至六年级每周30课时，七至九年级每周34课时,九年新授课总课时数为9522。小学每课时按40分钟计算,初中每课时按45分钟计算。

有关科目的教学时间具体要求:书法在三至六年级语文中每周安排1课时;劳动、综合实践活动每周均不少于1课时;班团队活动原则上每周不少于1课时;心理课程按照深圳市龙岗区教育局统一要求落实;地方课程(学校特色课程)不超过九年总课时的3%(我校一至二年开设外语的,不超过4%);劳动、综合实践活动、班团队活动、学校特色课程与校本课程课时可统筹使用,可分散安排,也可集中安排。

我们学校必须统筹课内外学习安排、有效利用好课后延时服务时间,创造条件落实学校培养目标,让学生素养落地,发展学生特长。

一、国家课程的校本化开发【敏而好学】

国家课程的校本化开发实际上是校本课程开发的一部分,是指在坚持国家课程改革纲要基本精神的前提下,学校根据自身性质、特点和条件,将国家层面上规划和设计的、书面的、具有计划性地面向全国所有学生的学习经验转变为适合本校学生学习需求的、实践的学习经验的创造性实践,包括教材的校本化处理、学校本位的课程整合、教学方法的综合运用和个性化加工及差异性的学生评价等多样化的行动策略[①]。我们华附平湖学校校本化课程实施强调学校在国家的框架下做我们学校自己的事,即在坚持国家课程改革的基本精神和总体方向的前提下,研究我们华附平湖学校自己的学生、自己的教师、自己的家长和所在的鹅公岭社区,积极争取龙岗区政府及华南师范大学等外部的专家支持帮

---

① 徐玉珍. 论国家课程的校本化实施[J]. 教育研究,2008,(2):53—60.

助、有特色、创造性地实现国家课程的共同要求。

国家课程的校本开发一方面是落实学生核心素养的有效途径，另一方面也是将学生素养目标再分解的过程。学校课程规划应当以国家教育方针为指导，以学校育人目标为追求，以培养学生核心素养为使命。依据各学科核心素养，进一步厘清学科的素养价值，将素养目标分类、分解，再依据相应的目标要求设计相应的课程项目，形成目标明确、层次清晰的课程体系[①]。

华南师范大学附属平湖学校不断优化办学环境，推进课程改革。形成了基础型、拓展型、探究型的课程群体系，即"核心课程""拓展课程""综合实践活动"的课程群，致力于对学生核心素养的落地。

面对一位老师、一本教材、心怀一个考试目的。这种课堂现状已经不能满足学生多样化、个性化的课程选择需求，更不能适应深圳"双区"少年高质量发展的迫切需要。为了改变这一现状，华附平湖学校在课程设计上采取了一本多维的"1+X"模式："1"为核心课程，即基础课程；"X"为学校二次开发的课程，包括拓展课程和综合实践课程。

"1+X"模式举例说明，即国家基础课程、拓展课程、综合实践活动课程。

（一）国家基础课程

国家基础课程是国家规定的九年义务教育的课程，教师根据学生的实际进行合理的增选和顺序、进度上的重新编排。我们学校要求强调"136"素养大课堂的教学理念和教学策略，严格落实学校教学计划。

---

① 吕立杰等. 核心素养的学校课程转化[M]. 北京：科学出版社：2022，123.

(二) 拓展课程

拓展课程是围绕基础课程教材中涉及的知识点、学生能力拓展与提升的需要而形成的多元创生课程，是学科知识点和学科素养的课程化。在教法上，强调情景教学，知识迁移应用实践，激发学生的学习兴趣，引导学生进行体验式、探究式、参与式学习。以华附平湖学校6—7年级语文学科、英语学科开发的13门课为例（表3-3）。

表3-3 学校开设的基础课程和拓展课程

基础课程	拓展课程
语文	经典诵读、绘本欣赏、中华文字、随笔作文、论辩技巧、演讲魅力、朗诵精华、听力速记
英语	原生剧场、地道英语、单词速记、口语交际、西方民俗

(三) 综合实践活动课程

综合实践活动课程是基础课程学科的学习延伸，与学生社团紧密相关。其功能是从学科学习的角度，引导学生在各种社团实践中运用已经掌握好的学科知识，直接感悟自己学科的综合素养，培养自己的参与意识、合作意识、竞争意识和责任感，并在自我探索中发现自己的潜力与优势。以华附平湖学校语言学科（语文、英语）为例开设的综合实践课程（表3-4）。

表3-4 学校开设的综合实践课程

年级	综合实践课程
6年级	经典诵读大会、词汇记忆大比拼、双语合唱社
7年级	未来学习畅想演讲、人类与环境演说赛、英文朗诵大赛、英语课本剧表演、校园文化英语交流展示台

续表

年级	综合实践课程
8年级	中学生行知大讲堂、论辩赛、英语故事大王赛、听力大擂台
全校	古诗文大会、随便作文邀请赛、英语小义卖

国家课程的校本化开发，是在学校课程中心的领导下，由主管教学的副校长、课程中心主任负责、学部级长、学科教研组长、备课组长、学科教师、学生和家长协同参与设计开发。"1+X"模式，即基础课程、拓展课程、综合实践活动课程，国家基础课程的各个学科自行开发的课程（拓展课程、综合实践课程），由各个年级学科组规范管理，按照课程的开发、实施、评价，每个学期进行总结，提出改进意见，与时俱进地推进学校课程的持续建设工作。

基础课程及其校本化的开发课程，是学校课程教学的主阵地，即关涉课堂上正式课程教学、课后延时服务课程的教学。学校课程中心要加强统一领导、组织、监管、评价。规避学校正式课堂教学的单一性和枯燥性、课后延时服务教学的随意性和低效性。

第二节　习惯培养的校本课程

我们知道，其实国家一直积极鼓励各地各校依据地区和学生的特点研发校本课程。因为校本课程的开发是完善教育教学的重要保障。通常讲，校本课程开发有两层意思：其一是校本课程的开发，其二是校本课程的开发。前者是指在指定范围内实行的课程开发，把校本课程看作和国家课程、地方课程相对应的课程板块，它是由学校根据国家课程计划预留给学校自主开发的时间和空间，开发出自己学校的课程，其中心在校本课程上；后者是指学校根据自己的实际情况对学校课程进行的开发，学校里实施的课程全都是或者部分是由学校自主开发的[①]，在这种理解方式下，校本课程开发包括国家课程和地方课程的校本化。

　　我们深知，课程是学校教育的心脏，课程始终是学校教育活动中最为核心的存在，要实现学校育人目标必须通过课程这一生命成长的多路向通道。在这个瞬息万变信息时代，未来社会是一种不确定性的存在，因而教育也应从关注"做题"走向关注"做事"，从关注"确定性知识的获得"走向培养"面对不确定性情境的素养"。核心素养所关注的必备品格和关键能力就是要给予学生做人做事的根基，从根本上决定了一个人精神发展的内涵和高度。[②] 在这个意义上，素养导向的课程改革秉持的是一种超越学科知识、回归育人本位的教育价值取向。

　　基于以上的认识，显然，我们华附平湖学校要培养出身心健康、习惯良好、敏而好学的深圳少年。绝不能靠松散的、缺乏联结的、割裂的教育活动来达成，而是要靠高质量的课程体系来支持的。其课程体系必定是有很强的顺序性、统整性和关联性。回顾课程改革的历史：以往的人才培养关注的是知识获得，所以课程体系体现为"学科中心＋课外活动"，旨在实现学科知识的价值，活动只是一种可有可无的存在，缺乏系统的课程整合和完整的时空资源支持。后来，人们开始意识到课外活动的无序性、边缘性，学科考试中心更是将其挤压到边缘，为此，人们开始提出

---

　　① 崔允漷. 校本课程开发的理论与实践[M]. 北京：教育科学出版社：2000.50.
　　② 余文森. 从"双基"到三维目标再到核心素养：改革开放40年我国课程教学改革的三个阶段[J]. 课程·教材·教法，2019.（9）：40—47.

将"课外活动"转化为"活动课程",以唤醒人们对学校课外活动教育价值的重视。当前,核心素养作为新一轮课程改革的核心价值取向,人们意识到需要对全校各个层次、各门学科、各类课程进行统整规划,形成本校的课程体系,方可实现个体综合性素养生成这一目标。

培养学生的良好习惯,就是我们学校校本课程的核心目标之一,过去的两年,我们在德育实践中,开发了"八礼"德育课程、围绕习惯养成,我们开发了九年一贯的共生德育系列评价《日新自省记录册》,虽然取得了一些成效,但离我们的育人目标还有很大的差距。基于实践的反思:我们要关注"做事",培养"面对不确定性情景的素养",给予学生做人做事的根基。正如王阳明所说,"知行合一事上磨",陶行知先生所讲"生活即教育""社会即学校""教学做合一"。

学校要实现高质量的德育,必须改革校本课程,着眼素养育人,关注"做事成人",在学校、社会、家庭的真实情景中磨炼学生心性。统整学校资源、社区资源、家庭资源,深化我校校本课程的开发与实施评价。

一、学校资源统整

(一)学校层面:

1. 上学、离校课程

【课程目标】上学课程涉及家校协同、家庭教养、交通安全、文明入校、人际交往、意外困难的应对解决;离校课程涉及班级管理、路队组织、文明出校、家校协同、人际交往、意外困难的应对解决。

1—3年级、4—6年级、7—9年级,素养目标的分解系列、进阶发展,实施与评价有别(以下每一门校本课程该项要求相同）。

2. 晨读课程

【课程目标】班级学生管理、晨读任务明确、教师要求、时间管理技巧。

3. 大课间课程

【课程目标】班级作风、队形队列、运动质量、集体精神、学生值日管理。

4. 升旗课程

【课程目标】着装仪表、队形队列、师生风貌、升旗主题设计、表彰教育、天气应对。

5. 集会课程

【课程目标】计划方案、集会仪式与纪律、流程管理、集会时间与效益。

6. 就餐、午休课程

【课程目标】就餐时间管理、食品安全、就餐秩序、节俭指引、就餐卫生与环境治理；午休时间管理、师生职责、午休纪律与安全、午休津补贴管理。

7. 课间活动课程

【课程目标】级部管理要求、课间活动指引、课间巡查、课间安全与意外伤害管控、突发事件处置。

8. 学生交往课程

【课程目标】级部管理要求、学生积极文明交往指引、课上课下交往、课外交往、活动交往、负面交往管控。

9. 厕所文化课程

【课程目标】级部厕所环境管理、尊重清洁工、如厕制度要求、学生厕所轮值制度、慎独养正教育、异常天气管理。

10. 护校值日课程

【课程目标】行政、教师、学生三级值日护校制度、学生会值日、班级值日、家长护校值日指引、安保护校值日常规、异常天气管控、特殊节日活动及会议管理。

11. 开学周、散学礼、毕业季课程

【课程目标】开学迎新设计、小学一年级开学周指引、七年级开学周指引、级部散学礼、小学和初中毕业季活动策划。

12. 学校重大节日课程

【课程目标】科技节、艺术节、体育节、儿童节、读书节。

(二) 班级层面：

1. 班级文化课程

【课程目标】班级愿景和目标、班级文化标识、班级制度、班级环境、班级宣传。

2. 班干部成长课程

【课程目标】干部岗位设置、干部竞选与推免、干部培养与考核、干部工作职责。

3. 课堂治理课程

【课程目标】课前、课上、课后管理制度、班级小组建设制度与实践治理、师生课堂基本要求、课堂负面红线清单。

4. 作业规约课程

【课程目标】班级作业管理委员会（师生和家长）、课堂作业、课后作业"双减"管控、分层作业指引、不交或拖交作业管理办法、高效作业经验交流、老师学科作业质量设计要求。

5. 班级环境课程

【课程目标】班级环境管理制度、班级环境整齐管理、班级环境干净管理、班级环境文明保持管理、班级环境特色创新。

6. 家校联盟课程

【课程目标】班级家长委员会制度、班级家长群治理制度、家校定期交流制度、家校互访安排、家校负面舆论管控指引、配餐动态反馈、家校协商协同制度。

7. 班级治安课程

【课程目标】班级干部值日与巡察、学生值日与巡察、班级意外事件反馈机制、恶劣天气防范制度、活动课程安全防范、课间自我管理与安防互相提示。

8. 学习共同体课程

【课程目标】班级学习共同体建设制度、小组合作制度、倡导班级多样化兴趣学习共同体。

(三) 个人层面:

1. 作息习惯课程

【课程目标】根据个人的特点和家校要求,安排在校作息个人需求,安排周末在家作息个人需求。

2. 孝亲知礼课程

【课程目标】根据个人及家庭实际情况,设计个人孝亲具体任务、设计个人具体知礼要求。

3. 家庭收纳课程

【课程目标】根据个人及家庭实际情况,做好个人房间收纳管理、家庭收纳指导。

4. 人际交往课程

【课程目标】根据个人实际情况,阅读学习人际交往书籍,学会人际交往的基本常识,主动加强班级同学间人际交往,积极参与家居社区的人际交往行动。

5. 健康运动课程

【课程目标】增强学生体质,掌握跑跳投等基本运动技能,培养运动兴趣与团队精神，树立健康安全意识，养成科学锻炼习惯，促进身心协调发展，培养坚韧品格，为终身体育奠定基础。

二、社区资源统整

1."百年平湖"

【课程资源】有缘生活或工作在平湖，了解六百年前风起平湖的历史。立围、建圩、育才、通火车、闹革命、解放、办厂、建镇、造城、低谷期、突围、迈入新时代。先后历经征拆大空间、蓄势大产业、发展大交通、抒写大民生、文化大开放。

2."百年华府"

【课程资源】华南师范大学与龙岗区人民政府合作办学，我们才有了平湖相聚的缘起。华南师范大学创办于1933年，师范教育史可溯源至1921年创建的广州市立师范学校。华南师范大学是国家"双一流"建设高校、"211工程"重点建设大学、广东省和教育部共建高校及广东高水平大学建设高校。现有"三校区四校园"，包括广州校区石牌校园、大学城校园，佛山校区、南海校园和汕尾校区滨海校园，总占地面积5328亩。学校设4个学部、42个学院、14个研究院（中心），1个书院。

3."龙岗西核"

【课程资源】龙岗区"一芯两核多支点"发展战略。一芯：湾东智芯；两核：东核"低碳智造核"、西核"信息数字核"。2021年龙岗区赋予了平湖的"西核"定位，提出"重点推进坂田金园和平湖罗山、辅城坳等片区土地整备，加速聚集新一代网络通信、软件与信息技术服务等领域的重点企业、重点平台。"

4."交通枢纽"

【课程资源】过去长期定位深圳"物流重镇"的平湖，近年有了"跨境电商小镇"的美誉，并且提出建设"枢纽新城"目

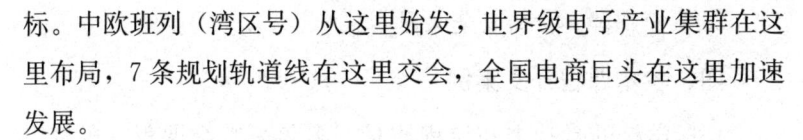

标。中欧班列（湾区号）从这里始发，世界级电子产业集群在这里布局，7条规划轨道线在这里交会，全国电商巨头在这里加速发展。

5."跨境电商"

【课程资源】2010年，平湖迎来了首家跨境电商企业——傲基公司。此后，通拓、有棵树等跨境电商企业陆续落户平湖华南城。仅华南城现聚集跨境电商企业120多家，从业人员10000多人。2020年仅平湖四大跨境电商企业销售额便达到282亿元。

6."种植基地"

【课程资源】与学校一墙之隔的水果、蔬菜种植基地，劳动教育资源十分丰富。几千亩的智能化与人工相结合的种植土地，水资源充足，水果、蔬菜品种多样，种植设施条件完善先进、交通便利。

7."环幕湖景"

【课程资源】作为特发平湖战略布局的首发之作，特发·天鹅湖畔的教育资源优势凸显。学府浓荫，全面呵护孩子成长的每一个阶段。身居此间，于书香墨香的耳濡目染中，护航孩子菁英未来。除了毗邻学校，更享有稀缺湖景资源，特发·天鹅湖畔拥享约250公顷雁田湖一线环幕美景，小区构建人文美宅，户户瞰湖步步观景。以完善醇熟的生活配套，为平湖区域树立人居标杆。

三、家庭资源统整

1. 学会做人：认清伦理角色课程；
2. 适应社会：学会交友课程；
3. 涵育情操：生活情趣课程；
4. 协同育人：生命健康课程；

5. 安全保障：食品安全课程。

四、校本课程开发案例

一所学校的真功夫在课程质量，多年来三级课程（国家课程、地方课程、校本课程）的开发实施的现状很不理想。主要表现：国家课程没有真正落实国家课程校本化，大多学校只是关注本区域的中、高考考试要求，还是做题训练老一套，用时间拼质量；地方课程基本缺失，因为有限的时间要用来投入拼考试；校本课程的开发，这些年来在大多一线学校基本是以"点缀"为主，看起来眼花缭乱，其实本质上还是"学科中心＋课外活动（社团活动）"，社团活动的无序性、边缘化，被考试中心的挤压，其教育价值没有从根本上实现。

我们学校要着眼素养教育，从学生真实的生活情景中着手，真正实现校本课程的教育价值，扎扎实实地做好养成的功夫，让学生的素养在学生生活中落地，实现学校育人的根本目的。基于此，我们来深化学校的校本课程建设。我们以"上学课程"的开发为例，进行说明。

"上学"这件事太普通不过了，从幼儿园开始、小学、初中、高中、到大学，无不熟悉的生活现象，关于每所学校的"上学"的纪律要求和各种相关管理措施，也是多得数不胜数，然而我们学生的文明上学、文明入校的素养到底如何？只要采访调查一下社会学校门卫保安的辛酸尴尬，我们就不难窥见一斑，大中小学生的入校素养很不理想。究其原因，学校素养教育的不力，学校课程的缺失或软弱。就拿"不要随地乱扔垃圾"来说吧，我们从幼儿园开始讲，一路讲到大学，可是"不要随地乱扔垃圾"问题解决了吗？没有，学校不能解决的东西，到社会上能解决吗？显然，不能！因为素养已经融入生命成长中了。学校无小事，事事皆育人。

学校教育，如果教育者只是停留在口头上："我已经讲过了""我已经明确地要求了""我认真谈过了""我狠狠地批评了"等等，这样是没有真正效果的，真正的教育要进入特定的情景、要在情景中动情、动心，进而唤醒、激发与鼓励。教育者要言传身教，用课程教育去规范。

现以《华附平湖学校小学低段上学校本课程方案》为例说明如下：

1. 课程名称：华附平湖学校小学生低段上学课程开发方案
2. 课程开发原则

（1）导向性原则。"小学生低段上学校本课程"开发以《中国学生发展核心素养》总体框架为指导进行顶层设计，思考与落实学校的育人目标与办学理念。提出了育人目标"培养身心健康、习惯良好、敏而好学的深圳少年"，办学理念"进德修业、知行合一"，学校的使命"育深圳少年、成生命气象"。

（2）发展性原则。"小学生低段上学校本课程"开发既注重低段小学生关于"上学"习惯和文明素养的发展，又注重低段教师的学生管理素养的发展。一方面，教师是研究者，是课程设计者，课程发展就是教师的发展，没有教师的专业发展就没有课程发展；另一方面，新课程改革的基本理念即"以学生的发展为本"，意味着学生是课程开发中不可或缺的一员，因此，上学校本课程开发也是师生在核心素养背景下共同探索"进德修业、知行合一"的新途径，"育深圳少年，成生命气象"的发展过程。

（3）渐进性原则。上学校本课程开发不是一蹴而就的、直线的过程，而是一个多向度的、螺旋上升的复杂旅程，涉及幼小衔接、家庭生活作息习惯、各种上学安全、文明礼仪、家校社区协同等，其中充满了不确定性、生成性，因此很难避免烦琐、疏漏甚至错误，这就要求校本课程开发者必须关注校本课程改革与推进的过程，把问题视为宝贵资源，逐步地、渐进地探索和解决学生上学教育的实际问题，从而推动这门校本课程的深度开发与实施。

（4）开放性原则。小学生低段上学校本课程开发，不仅是面向小学低段师生的，全校所有师生、员工都是课程开发者，分别承担相应的工作，而且是面向校外开放的，华师及深圳市教育理论研究者、课程专家、鹅公岭天鹅湖畔花园社区工作者、家长等人员都可以参与课程的开发，对小学生低段上学校本课程提出建设性的意见，从而使校本课程保持一定的张力，这样就避免了校本课程开发落入唯我论。

3. 课程目标

从学校发展角度思考，上学校本课程目标的拟定是华附平湖学校落实立德树人根本任务、培育学生核心素养的一个校本转化过程。具体而言，上学校本课程目标是华附平湖学生必备品格和关键能力发展的需要，是他们未来美好生活起步的需求。由此，小学生低段上学课程开发的课程目标可以分解为："在家里：按时作息、学会独立""在路上：安全上学、遵守规则""在校门口：文明入校、讲究礼仪""在困难时刻：面对困难、解决问题"。从四个维度，三个阶段整体建构（表3-5）。

表3-5 小学生低段上学校本课程目标（1—3年级）

课程目标	1—3年级幼小衔接的关键期
在家里：按时作息学会独立	按时起床、就餐、上学；整理收纳自己的书包、房间；穿好校服、佩戴红领巾；出门时告诉家人上学，说再见。

续表

课程目标	1—3年级幼小衔接的关键期
在路上：安全上学遵守规则	乘车系好安全带，文明乘车；步行遵守交通规则；遇见朋友同学要问好；关注天气预报，做好安全防范。
在校门口：文明入校讲究礼仪	到了校门口，自查着装，整理仪表，文明阳光入校；见了同学、老师、保安要问好；不带零食、不随手扔垃圾。
在困难时刻：面对困难解决问题	上学途中，遇到突发情况，例如天气变化、交通问题、家校异常、诈骗抢劫等，要学会应对。

4. 课程内容

小学生低段上学校本课程，其遴选和组织的原则，首先是立足于华附平湖学校小学生上学的真实生活世界，适应学生的心理、认知特点，满足他们的生活天性，培育核心素养。因而，学生的热情和参与很大程度上决定了上学校本课程开发的成败。其次，立足于学生发展的必备品格与关键能力，将与上学有关的生活常识、基本规则、各种能力、美好品德等融会贯通起来，确定上学校本课程的内容和主题。最后，上学校本课程内容是以学生上学场景为中心，为学生搭建施展个性的舞台，因而上学课程内容受学生控制的，只能是学会的，而不是教会的。因而，依据上学校本课程目标的要求，课程组织采取螺旋上升式组织形式，不同程度贯通一年级到九年级（表3-6）。

表 3-6　小学生低段上学校本课程内容（1—3 年级）

课程名称	课程内容
	1—3 年级幼小衔接的关键期
华附平湖小学生低段上学校本课程	上学准备课程
	上学路上课程
	上学入校课程
	上学问题解决课程

5. 课程实施

（1）围绕核心素养，设计主题活动。例如，上学准备课程中，设计"家庭小收纳"活动、开展"着装仪表"比赛活动；上学路上课程中，设计"交通规则"过关；上学入校课程中，设计"入校问好评比"等。这些活动主题均来自华附平湖学校小学生的真实生活，经由主题生成"问题"，进而激发学生的上学规则和探究兴趣。将各种日常知识、综合技能等进行了整合和激活，通过学生在活动中的体验和感悟，培育他们习惯养成的核心素养。

（2）构建学习共同体，开展合作学习。在知识经济和信息时代，学习共同体已经成为人际沟通、意义协商和知识建构的重要形式。华附平湖学校上学校本课程开发过程中，有意识地根据上学活动主题和上学任务的不同，打破班级和年级的限制，将同一小区或楼栋低段学生、指导教师重新组合，形成不同的上学学习共同体，通过师生协作开展上学探究式学习，合作学习，特别是"上学问题解决"课程的"问题"，使学生经历一定的过程和完成一定的任务获得上学知识经验。学习共同体的构建，充分发挥了群体动力的作用，促进了学生上学的良好习惯、身心健康的核心素养的全面发展。

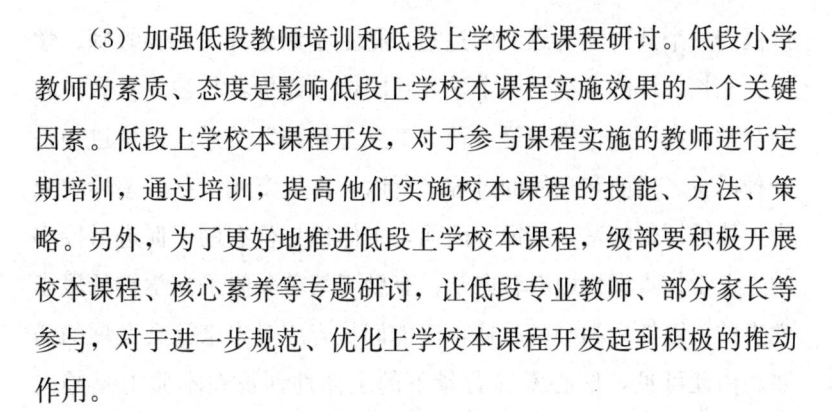

（3）加强低段教师培训和低段上学校本课程研讨。低段小学教师的素质、态度是影响低段上学校本课程实施效果的一个关键因素。低段上学校本课程开发，对于参与课程实施的教师进行定期培训，通过培训，提高他们实施校本课程的技能、方法、策略。另外，为了更好地推进低段上学校本课程，级部要积极开展校本课程、核心素养等专题研讨，让低段专业教师、部分家长等参与，对于进一步规范、优化上学校本课程开发起到积极的推动作用。

6. 课程评价

（1）表现性评价。表现性评价强调学生在真实或模拟的生活情境中运用先前获得的知识完成实际任务，通过观察学生的行动、表演、展示、操作、写作等更真实的表现，评价学生在创新能力、实践能力、合作能力、情感、态度与价值观等方面的发展状况。因而，低段上学校本课程表现性评价的特点是评价任务的真实性与情境性。每天开展家长评价、家校警义工评价、学生值日干部评价、学生自我评价等。

（2）形成性评价。形成性评价关注低段小学生上学校本课程的每一个组成部分是如何持续而有效地运行的；寻找上学校本课程实施中真正影响学生学习的那些重要因素，并且不断改善和优化课程计划，促进学习的有效性；它所使用的评价工具和方法是灵活多样的，可以是标准化的，也可以是非标准化的。形成性评价的范围较为广泛，如低段学生的上学态度、努力程度、行为表现以及思维品质、创新意识、问题解决等。低段学生上学中遇到的突发情况，像恶劣天气、诈骗行为、交通事故、暴力伤害、家校变故等，学生能够应对和解决。

（3）主体性评价。主体性评价把低段小学生上学校本课程评价视为一个共同建构意义的过程，把上学课程开发者、教师、学生、家长、社区等视为一个学习共同体。评价者与被评价者、教师与学生在评价过程中是一种"交互主体的"关系，评价过程是一种民主、协商和交往的过程，所以，价值多元、尊重差异就成为主体性评价的基本特征。因而，主体性评价有助于促进低段小学生上学校本课程由教转向学，有助于培养华附平湖学校低段小学生的关键能力和必备品格，使他们从容应对未来社会发展的需要。由此可见，核心素养背景下的主体性评价在本质上是趋向"解放理性"的[①]。

---

① 张华.课程与教学论[M].上海：上海教育出版社：2000.156-178.

第三节 身心健康的课程案例

案例1 初中英语戏剧课程

创编者 刘萧迪

开发单位：初中英语科组

戏剧课程开发背景

1. 学情：我校初一学生由于基础不牢固，对英语学习缺乏兴趣和信心，具体表现为词汇量不够、口语表达能力较弱、语音语调不规范、流畅。

2. 课程标准：活动学习观要求学生"做中学"，通过提高学生的语言交际能力和语言综合运用能力，激发学生英语学习的自信心与热情，培养学生的核心素养。

3. 戏剧的课程功能：英语戏剧能通过其文化、语言、表演的技能训练，达到规范、导向、塑造、审美的目的。在戏剧学习与表演中，学生不仅可以运用并提高自己的综合语言运用能力，还可以对外国文学有更深的了解与学习，培养团体合作精神，培养英语学习的自信与兴趣，真正实现英语学习的交际化、生活化。

戏剧课程开发原则

1. "以学生为本"的原则

课程的开发必须以促进学生全面发展为目的，根据学生的需要、兴趣与经验，一切从学生的健康发展出发，培养学生的核心素养，最大限度地满足学生的兴趣和需求，有助于学生的个性发展。

2. 普遍性和特色性相结合的原则

课程的研究应在遵循教育规律的普遍性的前提下，根据我校的教育特色和学生的特点，努力创建学校的特色课程。

3. 理论和实践相结合的原则

在校本课程开发过程中，既要融入先进的理论基础作为行为指导，又应把握时代发展的脉搏，结合实际，大胆实践，并从实践中反思总结，不断优化课程，使课程的内涵不断丰富。

4. 趣味性原则

为了激发学生的兴趣，引导学生走进英语戏剧的殿堂，剧本的选取和活动的设计应该是以学生的兴趣爱好为出发点，选取学生喜闻乐见的故事与形式，使他们乐于演、敢于演。

5. 整合性原则

通过整合课本剧与经典剧目，让学生通过解读不同类型的剧本，加深对戏剧的理解，有助于促进学生英语综合运用能力的提高。同时，由于七年级学生的语言知识不够丰富，词汇量小，大量专业的经典戏剧剧本不一定都适合我校的学生，所以要从教材出发，将课本剧进行改编创新，从课本剧开始，由易到难，实用有效。

戏剧课程学习总目标

1. 初步了解戏剧的相关知识及解读戏剧文本的基本方法，树立戏剧作为一种综合性艺术的基本观念。

2. 通过解读和演绎四个剧本（*Electricity all around*、*Mulan*、*The Legend of the Moon Festival*、*Snow White and the Seven Dwarfs*），加深对戏剧表演的理解，提高舞台表演力。

3. 通过小组合作演话剧，提高合作沟通能力，激发学生学习英语的热情和信心。

戏剧课程面向学段 —— 七年级下学期全体学生

戏剧课程内容

本课程为初中戏剧课程的初阶版，共计 10 个课时，课时安排见表 3-7。

第一课时为戏剧常识介绍，帮助学生初步了解戏剧的定义、表演形式、起源等相关常识，初步掌握阅读戏剧文本的基本方法；

第二课时到第九课时为剧目研读和表演课，计划每两个课时完成一个剧本的解读与演绎（课时 1 为热身活动及解读剧本、课时 2 为剧本演出）；

第十课时为展演课，学生以小组为单位自主选择一个所学剧目，进行完整演出。

表 3-7 初中戏剧课程初阶版课时安排

课时	课程内容
1	戏剧常识简介
2	课本剧 Electricity all around 剧本解读
3	课本剧 Electricity all around 剧本演绎
4	Mulan 剧本解读
5	Mulan 剧本演绎
6	The Legend of the Moon Festival 剧本解读
7	The Legend of the Moon Festival 剧本演绎
8	Snow White and the Seven Dwarfs 剧本解读
9	Snow White and the Seven Dwarfs 剧本演绎
10	展演课

表 3-8　课程评价

表现性评价	课堂上参与表演的积极性与表演效果
形成性评价	学生个人在戏剧表演（戏剧知识的掌握、语言表达的流畅度、精确度、情感表达）和团队协作能力上的进步。
主体性评价	学生自评、同伴互评、教师评价。

戏剧课程特色

1. 立足学情，为我校学生量身定制

戏剧教育是如今英语教学的热门词和发展趋势，但只有立足学情去统筹设计，才能确保课程适合我校学生的能力与需求。所以在设计课程难度、规划内容、选取剧本时，我们科组先认真对学生进行了分析，找到我校学生的兴趣点与痛点，对资源进行多次整合、改编、优化，使之匹配我校学生的英语学习现状，让学生"够得到""乐于学"，打造属于我校学生专属的戏剧课程。

2. 以戏剧表演为抓手，培养学生的核心素养

在课堂上，通过解读和演绎剧本，学生能够提高主动思考能力和语言水平，获得更多语言表达的机会。同时，学生在排练中能够提高倾听、团队协作、创造力和现场随机应变的能力，并通过戏剧表演提高表达能力和表演能力。

本课程的设计层层递进、相辅相成，构成一个有机整体，逐步深化学生对戏剧的认识，在研读剧本和表演中感受戏剧的魅力，有助于激发学生对英语学习的热情和信心，实现英语学习的交际化、生活化。

3. 跨学科学习，智育、美育、德育三管齐下

本课程虽为英语校本课程，重在培养与提高学生的英语学习能力与兴趣，但同时通过不同类型文本的涉猎和教师引导，如在

The Legend of the Moon Festival 中，让学生用英语演好中国传统文化故事，树立学生的文化自觉与文化自信；在 *Mulan* 中，让学生思考木兰替父从军背后的思想与品质，感受女性力量；在 *Snow White and the Seven Dwarfs* 中，让学生设计演出的服化道，提高学生的艺术审美……本课程打破了学科壁垒，让音乐、历史、美术、语文、科学等多学科都加入进来，融会贯通，在深入了解戏剧与英语的同时，实现对学生智育、美育与德育，做到"学科育人"。

Lesson 2　Electricity all around

创编者　梁宝琳　廖钊汝

课时目标：

1. 认识戏剧金字塔的结构并用于梳理、分析剧情，加深对剧本故事发展的理解。

2. 解读并参演课本剧 *Electricity all around*，加深对电的认识，体会并呈现人物对话中的冷幽默。

戏剧万花筒：戏剧金字塔

戏剧金字塔是帮助我们梳理剧情、分析人物、把握戏剧表演节奏、协调张力变化的重要工具。

戏剧金字塔 Freytag's Pyramid

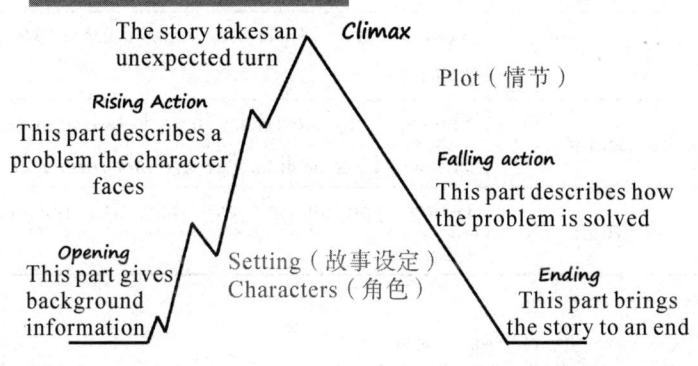

- **Climax**: The story takes an unexpected turn
- **Rising Action**: This part describes a problem the character faces
- **Falling action**: This part describes how the problem is solved
- **Opening**: This part gives background information
- **Ending**: This part brings the story to an end
- **Plot**（情节）
- **Setting**（故事设定）
- **Characters**（角色）

图 3-1

Background information

This script is adapted from a short story from our textbook, Electricity all around. The genre of the main reading chapter is a short story on the topic of general knowledge about electricity. There is a discussion about electricity among family members. From this, we can learn about the process of electricity moving from the power station into the home. We can also develop the concept of saving electricity and living a green life through the performance. Let's start!

Script

Electricity all around

Characters:

Daisy, Benny, Dad, Mum, Narrator

Scene 1

表 3-9　Scene 1 说明

Narrator	*One evening, Benny, dad and mum sat together and had a small talk in the living room. Suddenly, Daisy entered the living room.*
Daisy (wait near the door)	I'm going to buy a packet of sweets. Does anyone want anything?
Benny	Can you get me a packet of electricity?
Daisy	Yes, I can. (*leave the room with a stern[①] look*)
Benny	She can't buy electricity in packets like sweets! She will look foolish. (*laugh mockingly[②]*)
Mum	Benny, you mustn't say that. It's not nice. (*serious*)

① stern /stɜː(r)n/ adj. 坚定的;
② mockingly /ˈmɒkɪŋli/ adv. 嘲笑地.

Scene 2

表 3-10　Scene 2 说明

Narrator	*Because of Benny's impoliteness, the atmosphere became embarrassing. Dad wanted to change the situation.*
Dad	What do you know about electricity, Benny?
Benny	Electricity gives us power. It flows through wires. It's like water in a way.（*proud*）
Dad	That's right! Electricity comes into our flat through thin wires connected to cables under the street.
Benny（touch head）	What are the cables connected to?（*curious*）
Dad	They're connected to a power station.（*patient*）

Scene 3

表 3-11　Scene 3 说明

Narrator	*After some time, Daisy returned with a packet.*
Benny	May I have my packet of electricity now?（*excited*）
Daisy（*hand over the packet*）	Here you are!
Benny（open the "packet" and realize there are batteries instead of real electricity）	But... these are batteries!（*confused*）
Dad	Daisy is right, Benny. The chemicals inside batteries produce electricity.（*smile*）
Mum	Who looks foolish now, Benny?（*laugh teasingly*[①]）

---

① teasingly /ˈtiːzŋli/ adv. 戏弄地。

Scene 4

表 3-12　Scene 4 说明

Benny (*be lost in thought*)	Okay, okay. I guess I was wrong about buying electricity in packets. (*sheepish*①)
Daisy	It's alright, Benny. Electricity is not something you can buy like sweets. It's a form of energy that we use every day. (*giggle*②)
Dad	That's correct, Daisy. Electricity powers our lights, appliances③, and so much more!
Mum	And it's important to understand how it works and where it comes from.
Benny	So, how does electricity get generated at the power station? (*curious*)
Dad	Well, the power station has generators④ that spin turbines⑤ using different sources of energy such as coal or wind. When these turbines spin, they create a flow of electrons⑥ called an electric current⑦.
Daisy	And this electric current travels through the cables underground to reach our homes!

---

① sheepish /ˈʃiːpɪʃ/ adj. 窘迫的；
② giggle /ˈɡɪɡl/ v. 咯咯地笑起来；
③ appliance /əˈplaɪəns/ n. 电器；
④ generator /ˈdʒenəreɪtə(r)/ n. 发电机；
⑤ turbine /ˈtɜː(r)baɪn/ n. 汽轮机；
⑥ electron /ɪˈlektrɒn/ n. 电子；
⑦ current /ˈkʌrənt/ n. 电流。

续表

Benny	Wow! So those thin wires are carrying lots of invisible electricity all around us? (*surprised*)
Dad	Absolutely! But remember to always be careful with electricity because it can be dangerous if not handled properly. Never touch exposed wires or tamper with electrical outlets without adults' permission. (*serious*)
Mum	Benny, learning about electricity is important for everyone — even adults sometimes need a reminder! (*smile*)
Benny	You're right again! Thanks for teaching me about batteries and how they produce electricity too. (*grin*①)
Daisy (*playfully poke Benny*)	See? Learning new things might make you look foolish at first but it also helps us grow smarter!
(*Scene ends with them enjoying their evening conversation*)	

Questions

1. Could you use the Freytag's Pyramid to analyze the plot?

2. Who looks foolish, Benny or Daisy? Why?

3. Which scene is the most difficult to act out? Why?

Assessment and reflection

1. Evaluate each group's performance based on the following chart.

---

① grin /grɪn/ v. 咧着嘴笑。

表 3-13　自评表

Ithems		Evaluation					Evaluator
		20	15	10	5	0	
Language	pronunciation & intonation & rhythm （语音语调节奏感）						
	fluency （流利度）						
Acting	naturalness & appropriateness （自然流畅度）						
Facial expressions	richness （肢体语言，动作丰富度）						
Teamwork	performance as a group （团队合作）						

2. Finish the following self-assessment chart.

表 3-14　自评表

Ithems		Evaluation					Evaluator
		20	15	10	5	0	
Language	pronunciation & intonation & rhythm （语音语调节奏感）						
	fluency （流利度）						
Acting	naturalness & appropriateness （自然流畅度）						
Facial expressions	richness （肢体语言，动作丰富度）						
Teamwork	performance as a group （团队合作）						

Homework

Period 1

1. Think about how to act a science show vividly.

2. Choose one scene and rehearse in groups and present it in the next lesson.

Period 2

1. Try to DIY a mini experiment about electricity and make an English vlog to introduce it.

案例 2　"主题轮换"式大课间课程

创编者　郑　虹

一、"主题轮换"式大课间实施背景

2016年国务院办公厅《关于强化学校体育促进学生身心健康全面发展的意见》（下简称《意见》）提出：按照《国家中长期教育改革和发展规划纲要（2010—2020年）》的要求，以"天天锻炼、健康成长、终身受益"为目标，改革创新体制机制，全面提升体育教育质量，健全学生人格品质，切实发挥体育在培育和践行社会主义核心价值观、推进素质教育中的综合作用，培养德智体美全面发展的社会主义建设者和接班人。

《意见》要求"各学校要将课外活动纳入教学计划，与体育课教学内容相衔接，保证学生每天1h校园体育活动落到实处"。2021年教育部办公厅发布《关于进一步加强中小学生体质健康管理工作的通知》要求"全面落实大课间体育活动制度，中小学校每天统一安排30min的大课间体育活动"。

深圳市《关于进一步提升中小学生综合素养的指导意见》明确提出：坚持健康第一，增强学生体质，养成良好锻炼习惯，培育阳光心态和健全人格，形成良好个性心理品质，促进全面和谐发展。随着教育改革的深入推进，学校体育教育的重要性日益凸显。传统大课间不仅存在的问题主要呈现为内容单调、缺乏个性、负荷不足、表演性强、形式呆板、忽视差异，而且大课间作为学校体育教育的重要组成部分，需要适应改革要求，更新活动内容、形式和评价方式，以更好地满足学生的需求，再基于学校的实际情况，结合深圳教育深化改革方向的基础上，开发核心素养视域下"主题轮换"式大课间课程势在必行。

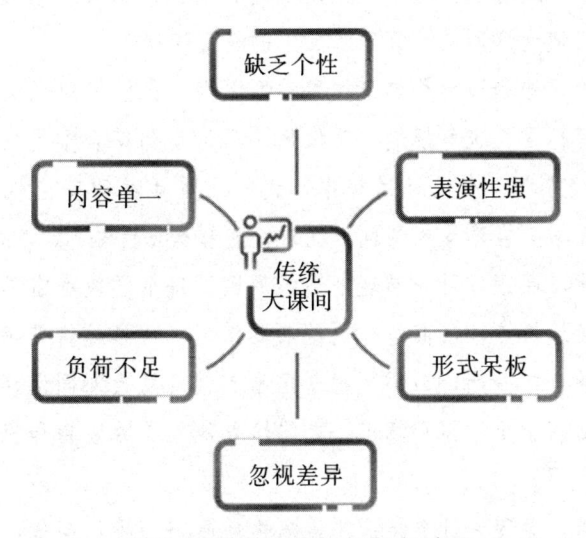

图 3-2　传统大课间问题归纳图

二、大课间课程简介

主题轮换式大课间课程是一套精心设计的体育课程，它全面而系统地关注 7—12 岁儿童的身心发展。该课程以学生为中心，尊重每个学生的个体差异，珍视他们的独特性。为了提高学生的参与度，课程中巧妙地融入了音乐元素，使得每天的主题都充满新鲜感。主题的轮换不仅确保了课程内容的新鲜感和多样性，还使得教学计划更加结构化，教学内容更加一体化。通过这样的课程设计，我们希望能够为儿童提供全面而系统的体育教育体验。我们相信，通过这样的培养和锻炼，学生们不仅能够拥有健康的体格和阳光的心态，更能为未来的生活和学习奠定坚实的基础。我们期待每一个孩子都能拥有健全人格！

1. 课程依据

大课间课程设计依据主要涵盖以下方面：

首先，课程设计秉持教育性原则。通过精心选择和组织活动内容，我们致力于促进小学生的德育、健体、调智和审美等多方面发展，使大课间成为真正意义上的教育阵地。

其次，课程设计严格遵循科学性原则。我们依照《义务教育体育课程标准》进行规划，确保每一项活动都符合学生的身心发展规律和特点。在设计过程中，我们注重活动的安全性和有效性，确保学生在享受大课间的同时，能够真正受益。

再次，课程设计应展现创造性原则。每个学校都有其独特的文化和场地特点，我们结合这些实际情况，巧妙地将艺术、音乐和体育融合在一起，为学生打造出富有创意的大课间活动。这不仅可以提高学生的规则意识，更能培养他们勇敢坚韧和积极进取的品质。

最后，课程设计要特别注重趣味性原则。我们深知，只有让学生真正感受到活动的乐趣，他们才会真心投入。因此，在设计大课间活动时，我们始终注重活动的趣味性，努力让每一个学生都能乐于参与，从中找到快乐，并自觉地掌握健身方法，养成锻炼的好习惯。

课程标准　《义务教育体育课程标准》

主题单元　田径单元　体操单元　武术单元　跳绳单元

体质达标测试数据　课程评价

主题轮换式大课间课程依据

周二　奔跑吧少年
周三　舞动青春
周四　绳彩飞扬
周五　活力无限

课程实施

图 3-3　主题轮换式大课间课程设计依据

2. 课程构成

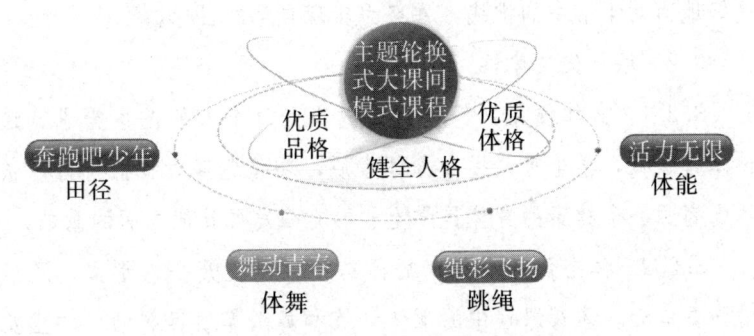

图 3-4 主题轮换式大课间模式课程结构图

三、大课间课程目标

通过本课程的学习，学生可以培养优秀品格和优质体格的目的，从而促进他们健全人格的发展。这些品格和体格的培养不仅对学生的身心健康有益，还将为他们的未来生活奠定坚实的基础。

培养优秀品格和优质体格是本课程中非常重要的目标，它们有助于学生健全人格的发展。

3.1 培养优秀品格

3.1.1 遵守规则：通过大课间课程，学生应该了解并遵守各种运动规则，这有助于培养他们的规则意识和责任感。尊重规则是每个人都应该具备的基本素质，这不仅在体育运动中重要，在日常生活中也同样重要。

3.1.2 勇敢坚韧：课程中的挑战和竞争可以锻炼学生的勇敢和坚韧品质。面对困难和挫折时，学生应学会坚持到底，不轻易放弃。这种勇敢和坚韧的品质将对学生未来的生活和工作产生积极影响。

3.3.3 积极进取：体育课程应鼓励学生积极向上的心态，

激励他们不断追求进步和发展。这种积极进取的精神将促使学生更好地面对生活中的挑战,并努力实现自己的目标。

3.2 培养优质体格

3.2.1 身体健康:保持身体健康是每个人的基本需求。通过体育课程,学生可以提高身体素质,增强免疫力和抵抗力,预防疾病。一个健康的身体是学生能够充分发展其他方面的基础。

3.2.2 体态优美:优美的体态不仅能提升个人形象,还能增强自信心。体育课程中的形体训练和舞蹈等项目有助于学生塑造优美的体态,改善身体姿势,提高审美能力。

3.2.3 身体匀称:健康的身体形态是身体各部位得到充分锻炼和发育的结果。体育课程中的体能训练和健身锻炼等项目可以促进学生身体的均衡发展,塑造健康的身体形态。

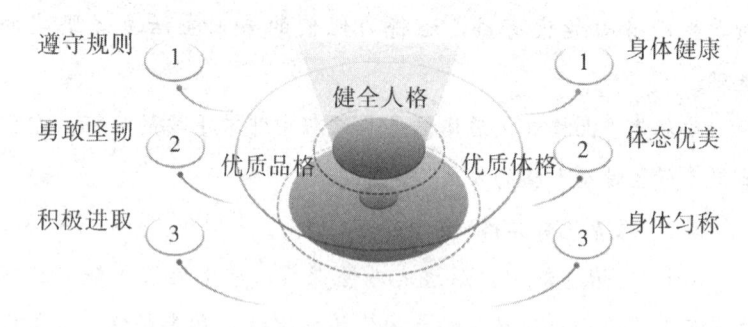

图 3-5 主题轮换式大课间模式课程目标

四、大课间课程内容

4.1 《奔跑吧少年——田径》以田径为主题,旨在通过专业训练培养学生的速度、力量、耐力和灵敏度,全面提升他们的身体素质和运动能力。从短跑训练提高爆发力,到长跑训练增强耐力,再到跳跃和投掷训练提升弹跳力、协调性和力量,每一项活动都经过精心设计。

4.2 《舞动青春——体操舞蹈》则聚焦在体操舞蹈的训练上，旨在培养学生的柔韧性、协调性和节奏感，提高他们的艺术素养和表现力。课程从基本的体操动作开始，逐渐引入复杂的舞蹈动作和组合，配合音乐节奏的训练，全方位提升学生的舞蹈技能和音乐表现力。

4.3 《绳彩飞扬——跳绳》以跳绳为主轴，强调通过这一运动培养学生的协调性、灵敏度和耐力。从基础的单人跳绳开始，到双人跳绳，再到花样跳绳的表演和比赛，学生在享受跳绳乐趣的同时，身体素质和运动能力也得到了全面的提升。

4.4 《活力无限——体能》则致力于通过体能训练来增强学生的力量、速度、耐力和柔韧性等身体素质，从而提升他们的身体机能和运动能力。包括力量训练、速度训练、耐力训练和柔韧性训练在内的多样化活动，确保了学生在各个方面都能得到全面的锻炼和提升。

表 3-15 大课间活动主题及具体时间安排：循环式安排内容

时间	星期一	星期二	星期三	星期四	星期五
主题	升旗仪式	奔跑吧少年	舞动青春	绳彩飞扬	活力无限

五、大课间课程实施

5.1 "田径"大课间内容设计与效果反馈

周二主题：田径

目标：通过田径运动，培养少年的速度、力量、耐力和灵敏度，提高他们的身体素质和运动能力。

活动安排：

短跑：通过短跑训练，提高少年的爆发力和速度。

长跑：通过长跑训练，提高少年的耐力和心肺功能。

跳跃：通过跳跃训练，提高少年的弹跳力和协调性。

投掷：通过投掷训练，提高少年的力量和准确性。

5.1.1 "田径"大课间设计意图

通过每周二 15 分钟的跑操，提高学生中长跑能力，增强学生心肺功能，能在中长跑过程中合理调整呼吸，在跑操过程中注重队伍整齐，培养学生团队意识。

5.1.2 "田径"大课间设计内容

全程利用音乐控场，入场音乐时间 5 分钟，入场后整理队伍时间 1 分钟，热身音乐时间 2 分钟。跑操音乐时间 7 分钟，跑操结束整队时间 1 分钟，放松音乐时间 4 分钟，退场音乐时间 5 分钟。热身部分由音乐指挥，内容包括：手腕踝关节运动 4 个八拍；弓步压腿 4 个八拍；侧压腿 4 个八拍。一二年级以班级为单位，呈二路纵队绕标志桶慢跑。三至六年级以班级为单位，呈四路纵队绕操场慢跑，保持班级前后间距。一二年级在跑操时间达 5 分钟时队伍不变，由绕标志桶慢跑改为绕标志桶快走。放松拉伸内容，勾脚尖屈髋触摸脚尖 4 个八拍；提膝抱脚拉伸 4 个八拍；最后拍打腿部肌肉。

5.1.3 "田径"大课间强度密度

练习密度：60%；练习强度：在一至六年级各抽一位运动能力中等的男生进行心率监测。

表 3-16 "田径"心率统计图

测试对象	最高心率	最低心率
一年级	156 次/分钟	90 次/分钟
二年级	168 次/分钟	72 次/分钟
三年级	150 次/分钟	90 次/分钟
四年级	120 次/分钟	66 次/分钟
五年级	144 次/分钟	96 次/分钟
六年级	156 次/分钟	72 次/分钟

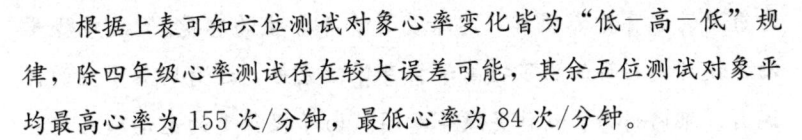

根据上表可知六位测试对象心率变化皆为"低-高-低"规律，除四年级心率测试存在较大误差可能，其余五位测试对象平均最高心率为155次/分钟，最低心率为84次/分钟。

5.1.4 "田径"大课间达成效果

学生在听到入场音乐后能做到快、静、齐地在班级门口整队、下楼，在到达操场后能够做到踏步入场。在跑操过程中，一二年级学生能够做到速度慢下来也进行原地慢跑，纪律有较大提升。三至六年级大部分学生能够坚持跟紧队伍跑完全程，并且在班级跑到升旗台前时能够响亮地喊出班级口号，加强了班级凝聚力。较学期初，大部分学生在中长跑方面有较大进步，心肺功能及肌耐力有显著提升。

5.2 "体操舞蹈"大课间内容设计与效果反馈

周三主题：体操舞蹈

目标：通过体操舞蹈的训练，培养少年的柔韧性、协调性和节奏感，提高他们的艺术素养和表现力。

活动安排：

体操基础训练：进行基本的体操动作训练，如翻滚、倒立等。

舞蹈表演：学习各种舞蹈动作和组合，进行舞蹈表演。

音乐节奏训练：通过音乐节奏的训练，提高少年的节奏感和音乐表现力。

5.2.1 "体操舞蹈"大课间设计目的

体操舞蹈类项目主要包括健美操、啦啦操、排舞等项目，是一类在音乐伴奏下，集体育与舞蹈于一身的有氧运动项目。无论是发展迅速、形式多样、内容丰富的健美操，为NBA、橄榄球、棒球、游泳、田径、摔跤等各类比赛呐喊助威的啦啦操，还是融合了国际上多种流行时尚舞蹈元素且呼声很高的排舞，近些年作为重要的体育竞赛项目,均深受青少年学生的喜爱。[①] 这些操类动作设计内在目的除了提高学生身体健康外,还有培养学生的协调力、肌肉耐力、动作灵敏等意图。由于操舞类的运动项目特点运动强度在有限的时间里受到限制,为满足运动负荷要求,体操舞蹈类与体能结合就很好地进行了填补,有效保证学生的运动质量。

5.2.2 "体操舞蹈"大课间设计内容

周三是在一周的正中间部分,这一天的学生学习状态较好,运动欲望却有些许下降,因此周三的大课间主要以多样的音乐控场,其中由啦啦操《天天向上》、校园舞《你笑起来真好看》、体能操《自制音乐》三部分组成,这三个部分的音乐都较为欢快、灵动较符合小学生对音乐的喜好。为了方便管理,全校以班级为单位,每个班级由班主任负责、体育老师、体育委员、领操员协助管理。让学生成两路纵队或四排站立间隔1米距离,做到有序练习。

5.2.3 "体操舞蹈"大课间强度密度(加入数据表格)

表 3-17 "体操舞蹈"心率统计图

测试对象	最高心率	最低心率
一年级	156 次/分钟	90 次/分钟
二年级	168 次/分钟	72 次/分钟
三年级	150 次/分钟	90 次/分钟
四年级	120 次/分钟	66 次/分钟
五年级	144 次/分钟	96 次/分钟
六年级	156 次/分钟	72 次/分钟

[①] 张彩. 苏州青少年阳光体育联赛操舞类项目竞赛发展研究[J]. 当代体育科技,2022, 12 (22): 113-116. DOI: 10.16655/j.cnki.2095-2813.2112-1579-3742.

5.2.4 "体操舞蹈"大课间效果反馈

动作的设计包含了各个关节，能够激活学生的各个肌群；美与力的结合通过节奏感明显的音乐以及班主任和体育老师合力引导下，学生的练习热情和参与度都较高。从教室下到操场的初始心率在76次，做完队列队形准备和啦啦操后心率达到了126次，说明啦啦操的效果是明显的；韵律操《你笑起来真好看》是节奏欢快强度较小时间较短的一套操，学生做完心率有所下降但仍然维持在中等水平；随后就到了体能操，在三分多钟的体能操中可以看到学生的平均心率在150次，波峰在182次，整体心率在130次左右较为合理。

5.3 "跳绳"大课间内容设计与效果反馈

周四主题：跳绳

目标：通过跳绳运动，培养少年的协调性、灵敏度和耐力，提高他们的身体素质和运动能力。

活动安排：

单人跳绳：进行单人跳绳的基本动作训练，如双脚跳、单脚跳等。

双人跳绳：进行双人跳绳的基本动作训练，如双人双脚跳、双人单脚跳等。

花样跳绳：学习各种花样跳绳动作和组合，进行表演和比赛。

5.3.1 "跳绳"大课间设计目的

为确保全体学生能做到每天锻炼一小时，提高《国家学生体质健康标准》测试等级。学生的耐力、柔韧、协调等体能素质明显提高，养成良好的体育锻炼习惯和健康的生活方式。优化大课间活动的时间、空间、形式、内容和结构，使学生乐于参与，自觉锻炼。根据学生身心发展的需要,积极创新,促进学生健康成长,将"健康第一"落到实处。促进师生间,学生间的和谐关系,提高学生的合作、竞争意识和交往能力,丰富校园生活,营造积极向上的学风。

5.3.2 "跳绳"大课间设计内容

"绳彩飞扬"大课间活动采用自编热身绳操热身,用 Tabata 音乐串联并脚跳、左右脚交替跳、后踢腿跳、钟摆跳、开合跳、左脚单脚跳、右脚单脚跳等绳舞飞扬动作及 60 秒极速挑战等内容相结合的形式,最后以音乐为背景放松腿部和手部肌肉。

5.3.3 "跳绳"大课间强度密度

表 3-18 "跳绳"心率统计图

测试对象	最高心率	最低心率
一年级	156 次/分钟	90 次/分钟
二年级	168 次/分钟	72 次/分钟
三年级	150 次/分钟	90 次/分钟
四年级	120 次/分钟	66 次/分钟
五年级	144 次/分钟	96 次/分钟
六年级	156 次/分钟	72 次/分钟

5.3.4 "跳绳"大课间达成效果

练习密度达到 60%,运动强度达到中上水平,学生平均心率在 140—160 次/分钟。学生的耐力、协调等身体素质有所增强,1 分钟跳绳体质测试成绩明显提高,学生养成了良好的体育锻炼习惯和健康的生活方式,学校逐步形成热爱体育、崇尚运动、健康向上的良好风气和珍视健康、重视体育的浓厚氛围。

活动亮点:

(1) 根据各环节的特点,选择适宜的音乐,辅助练习,音乐特点与动作相符，学生练习积极性高，趣味性强，练习效果显著。

（2）引导学生能够合作锻炼，交流学习，发扬集体主义精神，培养学生的规则意识，立德树人。

（3）利用大课间锻炼时间融合体质测试中的1分钟计时跳绳，在平时的课间操中同步提高跳绳体测成绩。

（4）设计的内容符合学生身心发展的规律，关注个体差异，满足不同需求，充分尊重学生的兴趣，运用学生喜闻乐见的练习形式以及流行音乐。

5.4 "体能"大课间内容设计与效果反馈

周五主题：体能

目标：通过体能训练，提高少年的力量、速度、耐力和柔韧性等身体素质，增强他们的身体机能和运动能力。

活动安排：

力量训练：进行各种力量训练，如举重、俯卧撑等。

速度训练：进行各种速度训练，如冲刺跑、间歇跑等。

耐力训练：进行各种耐力训练，如长跑、游泳等。

柔韧性训练：进行各种柔韧性训练，如拉伸、瑜伽等。

5.4.1 "体能"大课间设计目的

通过激情的音乐节奏调动学生的参与热情、气势、激情、展现朝气蓬勃，积极向上，活力阳光的精神面貌。做有针对性的动作充分调动起身体的各部分肌肉，从而达到更好地提升肌力、爆发力、柔韧性和协调性的目的，促使身体进入最佳运动状态。促进、唤醒神经与特定肌肉的联结，让身体肌肉、神经正常运作。培养学生节奏感，提高身体的灵敏性、平衡性和协调性及速度等身体素质。

5.4.2 "体能"大课间内容结构

（1）活动时间：25分钟（上午8：00—8：25）

流程：集结（5分钟）——动态体能热身、动力拉伸、肌肉唤醒（15分钟）——静力拉伸（30秒）——退场（4分钟）

（2）所有活动由音乐全程控制，专项体能大课间活动内容

第一组：

第一个动作热身慢跑40秒，休息30秒后踏步。

第二个动作开合跳30秒，休息30秒后踏步。

第三个动作屈膝半蹲起30秒，休息30秒后踏步。

第四个动作俯卧登山40秒，休息20秒后踏步。

第五个动作高抬腿30秒，休息30秒后踏步。

第六个动作前后直拳40秒，休息20秒后踏步。

第七个动作十字跳40秒，休息30秒后踏步。

第二组：

第一个动作开合跳40秒，休息20秒后踏步。

第二个动作屈膝半蹲起40秒，休息10秒后踏步。

第三个动作前后直拳40秒，休10秒后踏步。

第四个动作俯卧登山40秒，休息20秒后踏步。

第五个动作高抬腿30秒，休息15秒后踏步。

第六个动作原地踏步放松。

5.4.3 "体能"大课间强度密度

表3-19 "体能"周五大课间心率统计图

测试对象	最高心率	最低心率
一年级	178次/分钟	90次/分钟
二年级	150次/分钟	66次/分钟
三年级	174次/分钟	78次/分钟

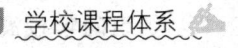

续表

测试对象	最高心率	最低心率
四年级	144 次/分钟	78 次/分钟
五年级	144 次/分钟	78 次/分钟
六年级	180 次/分钟	80 次/分钟

据上表可知六位测试对象心率变化皆为"低-高-低"规律，练习密度：60%，除二四五年级心率测试存在较大误差可能，其余五位测试对象平均最高心率为 155 次/分钟，最低心率为 78 次/分钟。

5.4.4 "体能"大课间达成效果

在体能练习的过程中，大部分学生都能完成规定的动作，心肺功能及肌耐力有显著提升。

六、课程评价

为确保教学质量和学习效果，课程设计了相应的课程评价环节，评价内容包括学生的参与度、技能掌握情况、身体素质提升等方面。通过定期的评估和反馈，教师可以及时调整教学策略和方法，确保学生能够在最佳状态下学习和成长。同时，评价结果也可以作为学生个人成长记录的一部分，帮助他们更好地了解自己的进步和不足之处。为了进一步确保课程的有效性和针对性，我们还引入了体质达标测试数据的内容。通过定期对学生进行体质达标测试，可以全面了解他们的身体状况、运动能力和健康水平。这些数据不仅可以作为评价学生个体进步的依据，还可以为教师提供教学调整的参考，引入体质达标测试数据的内容进一步确保了课程的有效性和针对性。例如，如果发现某个学生在某项身体素质上存在不足，教师可以针对性地调整教学策略和方法，提供个性化的辅导和训练。

6.1 评价标准

表 3-20 标准描述

评价内容		评价方式
1. 参与度	全员参与。	德育处值周生检查统计人数。
2. 体格状态	身体健康、体态优美、身体匀称。	自评、小组互评、家长评价、老师观察。
3. 阳光心态	精神良好、积极进取、行为健康。	班主任、任课教师、家长观察。
4. 体质达标测试数据	上一年与下一年数据对比。	测试。

6.2 体质数据对比情况

2022年体质达数据分析　　　　2023年体质达数据分析

总分等级（计数）702　　　　总分等级（计数）691

20%　41%　38%（良好、及格、优秀、不及格）

6%　10%　47%　37%（良好、及格、优秀、不及格）

图 3-6 2022年与2023年体质达标测试数据优良率对比图

根据上图可得出结论：国家学生体质健康测试是评价中小学生体质健康的一个重要标准，通过实行一个学期的"主题轮换式"大课间，小学部大课间2022年优良率为47%，及格率94%，不及格率6%，2023年优良率为61%，及格率99%，不及格1%，对比两个阶段学生的国家学生体质健康测试数据，可以发现各个年级在合格率、良好率、优秀率均有提升，并且提升幅度较大。

案例3　学校幸福心理绘本课程

创编者　龚文婷　阳惠

课程背景

《中小学生心理发展纲要》指出根据中小学生生理、心理发展特点和规律，运用心理健康教育的知识理论和方法技能，培养中小学生良好的心理素质，促进其身心全面和谐发展。培养学生积极乐观、健康向上的心理品质，充分开发他们的心理潜能。

幸福心理课程是以积极心理学为理论，以幸福生活，幸福学习，幸福人际，幸福自我，幸福成长为五大板块，以热爱、自主、自信、自律、好奇、责任、热情、欣赏、乐观、感恩、韧性、希望等12个积极心理品质为内容。积极心理品质是指个体在先天潜能和教育环境交互作用的基础上形成的相对稳定的正向心理特质。这些心理特质影响或决定着个体思想、情感和行为方式的积极取向，继而为个人拥有幸福的人生奠定基础。

绘本课程是运用绘本作为教学资源的一种课程模式，这里的心理绘本课程指的是与心理学科有机融合的课程教学。绘本作为主要内容和载体，结合学生年龄特点，展现儿童的生活现实和心理现实，旨在有针对性地引导学生生活、学习、成长。小学低年段的学生对新鲜事物充满了好奇，思维以具体、形象为主，有较强的情绪化程度，易受环境的影响。自我意识也在发展中，自信心、自尊心也需要进一步培养。绘本以直观，形象，图文结合的方式，基于学生认知特点，兴趣爱好，感受绘本的同时，体会其中蕴含的心理能量，提升积极心理品质。

课程原则

把握本年龄阶段学生的心理发展任务，以积极心理学为理论依据，依托绘本教学的知识理论和方法技能。

1. 坚持科学性与实效性相结合原则：注重心理绘本课程的实践性和实效性，提高学生自我认识、情绪管理、心理韧性等心理水平。

2. 坚持发展原则：

挖掘学生潜能，以发展的方式培养学生积极心理品质。

3. 坚持因材施教原则；

关注个体差异，根据学生的特点和需要开展心理绘本教学。

4. 教师主导和学生主体相结合原则。

在教师的指导下，充分发挥学生的主体性，以积极的心态主动关注自身心理健康，维护心理能力。

课程目标

幸福心理绘本课程是以积极心理学为理论基础，提高学生的心理素质，培养他们积极乐观、健康向上的心理品质，充分开发他们的心理潜能，促进学生身心和谐可持续发展。通过共读、表演、创编心理绘本等形式，在绘本中感悟角色，体验生活，培养热爱、自信、乐观等心理品质，感受解决困难的快乐。

小学低年级心理健康的课程目标主要包括：帮助学生认识班级、学校、日常学习生活环境和基本规则；初步感受学习知识的；重点是学习习惯的培养与训练；培养学生礼貌友好的交往品质，乐于与老师、同学交往，在谦让、友善的交往中感受友情；使学生有安全感和归属感，初步学会自我控制；帮助学生适应新环境、新集体和新的学习生活，树立纪律意识、时间意识和规则意识。

课程内容

幸福心理绘本课程的主要内容包括：普及心理绘本知识，树立积极心理健康意识，掌握心理绘本表演、创编的常识与技能。在课程活动中认识自我，热爱学习、生活，以幸福生活，幸福学习，幸福人际，幸福自我，幸福成长为五大板块，以生命自我认识、学会学习、人际交往、情绪调适、环境适应、心理韧性等相应主题的绘本为依托，通过绘本共读，赏析，创编、表演等形式，在绘本中感悟，成长。

表 3-21　内容结构安排

模块	主题	课时
破冰融合	互相认识、破冰。	1
幸福人际	以积极心理为理论依据，依托绘本，人际交往为主题，包括师生关系，生生关系，亲子关系等人际交往。	8
幸福生命	以积极心理为理论依据，依托绘本，在绘本中探寻积极的生命，在生命的绘本中，感受生命的长度、宽度和广度等。	5
幸福自我	以积极心理为理论依据，依托绘本，在绘本中探寻积极的自我，幸福的自我，包括对自我的认识，自我情绪的调节等。	9
幸福成长	以积极心理为理论依据，依托绘本，在绘本中探寻积极的成长，包括了环境适应，学会学习，心理韧性等方面。	8
总结	幸福小册子。	1

课程实施

围绕课程目标，以积极心理学为理论依据，以心理绘本为媒介，在赏析、表演、重创绘本的过程中，培养学生积极心理品质。课程设置为30课时，主题包含6大主题，制订具体的教学计划、学期计划等。

表 3-22　课程实施安排

模块	主题	课时
破冰融合	互相认识、破冰。	1

续表

模块	主题	课时
幸福人际	课题：我不喜欢你这样对我（绘本）。	1
	课题：我不喜欢你这样对我（表演）。	1
	课题：森林里来了新朋友（绘本）。	1
	课题：森林里来了新朋友（表演）。	1
	课题：学会倾听。	1
	课题：捣蛋鬼日记。	1
	课题：老师，谢谢您。	1
	课题：我最喜欢老师了。	1
幸福生命	课题：长大后做个好爷爷（绘本）。	1
	课题：长大后做个好爷爷（表演）。	1
	课题：珍惜每一个生命。	1
	课题：让路给小鸭子。	1
	课题：我会永远陪着你。	1
幸福自我	课题：鱼就是鱼（绘本）。	1
	课题：鱼就是鱼（表演）。	1
	课题：恐龙先生流鼻涕以后。	1
	课题：你好，情绪。	1
	课题：当我害怕时。	1
	课题：菲菲生气了。	1
	课题：妈妈，我真的很生气（绘本）。	1
	课题：妈妈，我真的很生气（表演）。	1
	课题：小绵羊生气了。	1

续表

模块	主题	课时
幸福成长	课题：规则守护员。	1
	课题：我做小主人。	1
	课题：大头鱼上学记。	1
	课题：求助小妙招。	1
	课题：坚持就是胜利。	1
	课题：我想赢，也不怕输。	1
	课题：做最勇敢的自己。	1
	课题：做最勇敢的自己。	1
总结	幸福小册子。	1

课程评价

1. 多元评价

通过自评、互评、他评相结合，对学生的各个方面进行多维评价的方式。充分调动学生的主动性、积极性、自觉性。尊重学生在评价中的主体地位，使评价过程成为学生自我认识，自我分析，自我完善、自我教育的过程。

2. 过程评价

全面、深入、及时地对学生的学习行为、学习态度、学习效果进行评价。注重学生体验、参与的过程。肯定在学习过程中学生的闪光点，强调学生的自我体验和自我重构，

3. 表现性评价

通过欣赏、表演、展示绘本等真实的表现评价学生的表达能力，思维能力，创造能力，时间能力。在感悟绘本的过程中受到启发，运用积极心理思维模式应对成长中遇到的心理困境。

附件：教学设计

幸福人际 —— 人际关系篇

课题： 我不喜欢你这样对我

教学目标： 学生感受体验面对欺凌时表达拒绝的方法；学生感受体验对同伴进行正向表达的方法。

学习重点： 学生感受体验面对欺凌时表达拒绝的方法；学生感受体验对同伴进行正向表达的方法。

教学过程

1. 热身导入阶段（2分钟）

让学生观察封面图片，猜测大象和猴子间可能发生的故事，引出绘本缘起。

2. 展开阶段（15分钟）

分享绘本《我不喜欢你这样对我》。

3. 深入阶段（10分钟）

（1）教师引导：故事中的动物们最后都表达了自己的想法，这个方法有没有用？他们是怎么说的？

（2）小结表达拒绝的方式：自己的想法＋原因＋希望对方做的事情＋态度有礼貌且表达具体。

（3）故事中的事情是占地盘，在我们生活中有没有什么事情让你想对别人说"不"（学生回答多样，教师可将关键词板书）？

（4）对板书的内容进行表达练习（同桌间为一组互换角色练习）。

（例：不要随便拿我的橡皮，我不喜欢你这样对我。如果你要拿橡皮，你可以先问我啊，我会借给你的）。

4. 升华阶段（10分钟）

（1）教师引导：对于黑板上的事情，除了用故事中动物们的方式,还有没有更好的办法(学生讨论后可发言)?

(2) 教师小结:独家秘笈——让朋友更喜欢我的方式(把喜欢朋友对待我的方式告诉他)。

(3) 同桌间为一组互换角色进行练习:我希望你＊＊＊,因为这样＊＊＊,我喜欢你这样对我(例:我希望你拿我的橡皮之前,可以先问下我,因为这样我就知道橡皮是让你借走了,我喜欢你这样对我)。

5. 结束阶段(3分钟)

教师总结同学们分享的内容,提炼出积极信条:要让朋友喜欢我,就要把喜欢朋友对待我的方式告诉他。

课题: 我不喜欢你这样对我

教学方法: 角色扮演

教学目标: 在绘本表演过程中,进一步体验学习面对欺凌时表达拒绝的方法以及对同伴进行正向表达的方法。

教学过程

1. 教师带领学生一起熟悉学习剧本台词。

2. 确定绘本中的不同角色。

3. 学生进行表演。

大象:"河马,给我滚出池塘,我要一个人安安静静地洗个澡。"

河马:"狮子,让开让开,你挡住我的路了。"

狮子:"猎豹,赶快滚开!我要在这里打个盹儿。"

猎豹:"小猴子,让出这根树枝!"

小猴子:"妈咪,猎豹欺负我,他不让我待在我那棵树上。"

小猴子妈妈:"宝贝,你必须勇敢地对抗这种欺凌的行为。现在你必须回到猎豹那里,告诉他树枝上的空间够大,足够容纳你们两个。"

小猴子:"他长得好大。他想要霸占整根树枝。"

妈妈:"好吧!那我跟你一起去找他。"

小猴子:"猎豹,不要命令我。这棵树够大,足够容纳我们两个。你可以把我当朋友,和我一起分享这个空间啊!请不要再用那么恶劣的方式对我了。"

猎豹:"好吧,你可以待在这里。"

猎豹:"狮子,不要命令我。这块空地够大,足够容纳我们两个。你可以把我当朋友,和我一起分享这个空间啊!请不要再用那么恶劣的方式对我了。"

狮子:"好吧,你可以待在这里。"

狮子:"河马,不要命令我。这条路够宽,足够容纳我们两个。你可以把我当朋友,和我一起分享这个空间啊!请不要再用那么恶劣的方式对我了。"

河马:"好吧,你可以待在这里。"

河马:"大象不要命令我。这个池塘够大,足够容纳我们两个。你可以把我当朋友,和我一起分享这个空间啊!请不要再用那么恶劣的方式对我了。"

大象:"进来吧!"

大象:"真是好玩!"

河马:"真是好玩!"

狮子、猎豹、小猴子和猴妈妈:"不管你是大是小,是强是弱,这个池塘都容得下你。欺凌别人这件事,一点也不公平。和朋友分享,要有意思得多了!"

案例4 "探寻百年平湖"跨学科活动课程
——探访"天鹅湖"之旅

创编者 陈茂华

主题活动背景

天鹅湖位于深圳市龙岗区平湖街道与东莞市交界处，隶属东深供水工程。1964年2月20日，东深供水工程全线开工。建设者克服了施工中的重重困难，在短短一年时间内建成供水，解决了香港的缺水之忧。东深供水工程已经成为香港及工程沿线深圳市和东莞市经济与社会发展的生命线工程，对香港的繁荣稳定举足轻重。以天鹅湖为研究点进行突破，不仅可以加深学生对木古河流域水质保障工程建设的了解，更可以通过考察其肇端、建成、扩建与改造，探讨中华人民共和国成立后粤港关系是如何从紧张到缓和、从交流交往到交融的发展演变；以期深化对相关问题的认识，还可以感受到本校校园文化的精髓。

地理跨学科主题研学活动是基于学生的基础、兴趣和体验；围绕某一研究主题将中学地理、生物学、历史、艺术等学科的学习方法进行综合，将多种学习方式和多种学习资源进行整合，更好地帮助学生进行知识内化，培养学生的人与自然和谐共生的观念，以推动义务教育地理学科的深度发展。选择学生熟悉的学校周边环境作为研学地点进行拓展创新，有助于学生在熟悉的自然环境中观察和认识地理环境，体验和感悟人地关系，并在活动中做到知行合一、乐学善学、不畏困难。本活动设计立足于将跨学科课程与落实"双减"政策有机结合，把握三个融合，即课程融合、教研融合、活动融合，给学生足够的空间和时间，让"双减"政策真正落地。

活动流程和目标

1. 课程思路

本次跨学科主题研学活动的流程为：首先通过研读各学科课程标准以选定交叉研学主题，设计相应的学习活动；其次以小组合作的形式展开，并以任务驱动为主线进行问题探索，最后进行小组讨论和展示汇报。

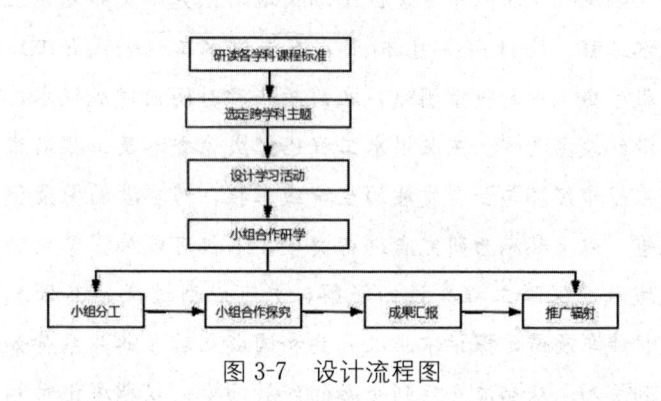

图 3-7　设计流程图

2. 研学目标

（1）通过搜集与东深供水工程相关的新闻报道、东深供水工程的发展历史的相关资料，梳理、概括天鹅湖的建设过程，感受港粤"水源"情。

（2）通过户外小组合作观测与记录，能够阐明天鹅湖的生物环境与地理环境。

（3）通过跨学科主题研学活动，渗透学科融合的学习观念。

（4）通过制作艺术图册、摄影作品、音乐作品、微电影或戏剧小品等，记录本次研学旅行的收获，发现生活中可以用学科知识解决的问题，累积在真实情境中学习的经验。

（5）通过开展跨学科主题活动，了解学校周边的自然环境对

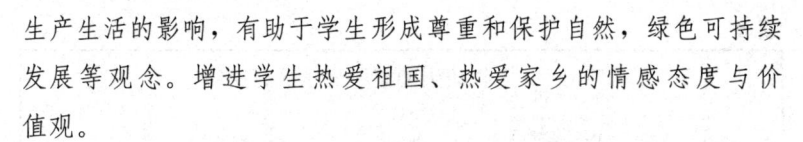

生产生活的影响,有助于学生形成尊重和保护自然,绿色可持续发展等观念。增进学生热爱祖国、热爱家乡的情感态度与价值观。

活动实施过程

1. 核心任务

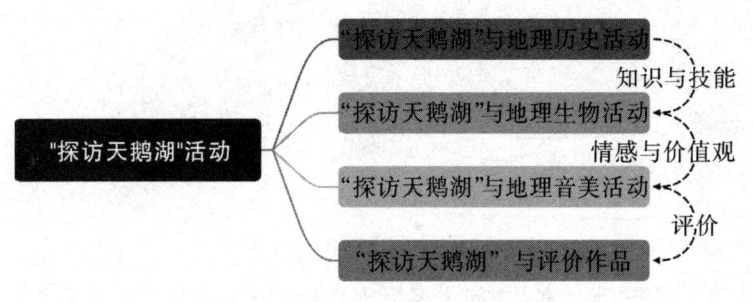

图 3-8 探访流程

2. 活动设计

(1) 研学前准备

表 3-23 研学准备清单

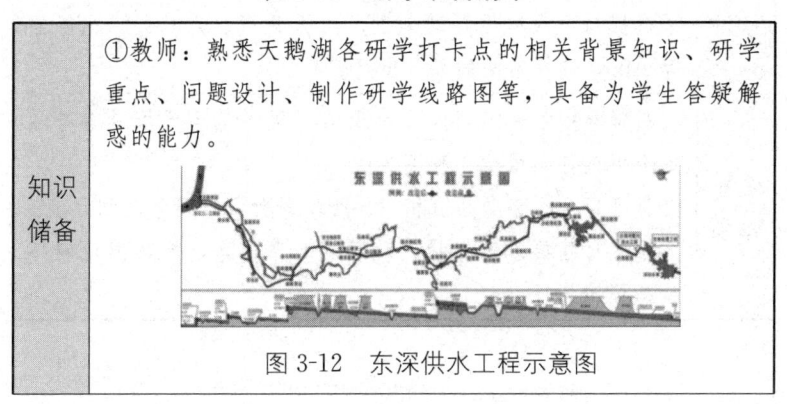

知识储备	①教师:熟悉天鹅湖各研学打卡点的相关背景知识、研学重点、问题设计、制作研学线路图等,具备为学生答疑解惑的能力。 图 3-12 东深供水工程示意图

续表

知识储备	"探访天鹅湖"研学旅行路线 图 3-13 ②学生：重点复习气候、水资源、地质地貌、自然地理环境整体性等知识并提前熟悉教师提供的关于天鹅湖的背景知识，根据需要补充相关资料。
教学条件	①教师：TDS水质检测笔、pH试纸、标本盒、袋子。 ②学生：各小组须携带指南针、卷尺、绘图纸等工具设备；手机提前下载奥维互动地图、彩云天气、六只脚、花伴侣等App；选择晴朗的天气出行。
注意事项	①教师要提前进行研学安全教育，要求学生严格遵守研学安全规范，不得擅自脱离队伍。 ②每个研学小组必须有相应的带队教师保障研学顺利开展。 ③研学过程要注意保护天鹅湖的一草一木，严禁出现破坏生态环境的行为。

(2)"探访天鹅湖"与地理历史活动

表 3-24　探访过程设计

项目	学生活动	教师活动	关联的学科课标（地理、历史）
活动流程	①以小组合作的形式查阅资料，了解东深供水工程的线路、组成和修建历史背景，提取其中的重要信息。②以小组合作的形式开展"东深供水工程知多少"知识抢答竞赛。③各小组根据历史背景编写历史话剧，要求阐明粤港供水情深的故事。④各小组在班级表演或展示录制视频，师生共同评选出最佳编剧奖和最佳演员奖、最佳导演奖等	①教师引导学生分别从地理学科和历史学科的角度去思考"东深供水是什么？""修建其的意义在哪里？"②设置与东深供水工程相关的选择题、判断题共50道，组织学生以小组合作的形式参与其中。③教师对学生撰写的历史话剧进行结果性与过程性的双向评价。	地理学科：①"培养学生对人类生活与地理环境之间关系秉持的正确价值观。"历史学科：①"能够了解中国近现代历史上重要的事件，初步养成历史时序意识和历史空间感。"②"能够搜集、分析重要的历史文献资料，学会社会调查的方法，加强对所学内容的理解与解释。"
设计意图	本活动旨在让学生了解东深供水工程的发展历史和建设天鹅湖的过程。(1)指导学生设身处地地分析，天鹅湖选址的因素。(2)理解资源分布不均对区域发展的影响以及中国现代水利工程对人类生产生活的影响感受五十余载的港粤情。通过创作历史剧渲染气氛，激发学生的求知欲，让学生带着问题投入到外出研学中，并为后续内容做铺垫。		

（3）"探访天鹅湖"与地理生物活动

表 3-25　探访过程设计

项目	学生活动	教师活动	关联的学科课标（地理、生物）
活动流程	①到视野开阔的地方观察天鹅湖的整体地貌，根据奥维互动地图中的海拔数据，尝试绘制等高线地形图或制作等高线地形模型。②观察天鹅湖水体的污染情况，并进行记录。③取水体样本，分别编号①②③，学生分别对三个样本进行TDS值和PH值检测，并记录检测结果。④选取5个采样点的5种植物，使用花伴侣App鉴别植物名称，并用照片处理软件记录其特征，如叶片大小、叶片形状、植株高度等，思考并讨论当地植物生长特征与气候、地形、水源、土壤的关系。	①教师指导学生完成结合地形图和实地观察的结果归纳山地的特征，如高度、坡度、形状等的实践探究任务。②引导学生思考水质出现污染的原因，并探索治理污染应当采取哪些措施。③教师负责分发TDS测试笔和PH溶试纸，并对使用方法进行说明，观察、指导学生使用。④帮助学生通过叶、茎花、果等形态，辨识植物类型；并根据学生的讨论结果进行补充讲解。	地理学科：①"通过观察与实地考察，区别山地、丘陵、高原、平原、盆地的形态特征。②"描述我国水资源分布的主要特征，举例说明水资源与人们生产生活的关系，认识开发利用水资源的重要意义。"生物学科：①"水、温度、空气、光等是生物生存的环境条件。②"绿色开花植物的生命周期包括种子萌发、生长、开花、结果与死亡阶段。"
设计意图	本活动旨在增强学生的地理观察能力，让学生学会运用整体性原理解释植物与自然地理环境间的关系，着重培养学生掌握科学实验的方法和技巧，提升学生的综合能力。		

(4)"探访天鹅湖"与地理音乐美术活动

表 3-26　探访过程设计

项目	学生活动	教师活动	关联的学科课标(地理、音乐、美术)
活动流程	①在研学过程中感受天鹅湖之美,并以小组合作的形式在阶梯教室合唱校歌《湖畔之上》感受华附学子的精神与情怀。②以写生的形式绘制一幅以"你眼中的天鹅湖"为主题的美术作品③以上两项为所有学生必须完成项,有余力者则可以自行完成绘制图册、制作手工作品,拍摄微电影等活动。	①音乐教师要引导学生在听觉感知的基础上学唱歌曲,重视合唱方法、音准和节奏的要求。②美术教师和音乐教师给予学生创作灵感。	音乐学科:①"学生能够主动参与不同形式的演唱活动,并运用一定的技法提高歌唱表现能力。②"将演唱教学与校园文化活动结合起来,在真实的活动情境中锻炼学生的演唱能力。美术学科:①"能积极参与校园文化建设,形成团队协作意识和探究能力。"②"能根据学校不同的需求,设计不同表现形式的作品。"
设计意图	本活动旨在让学生感受我校的校园文化,创造机会让学生独立演唱和创作具有校园文化的歌曲及美术作品,调动每一位学生参与艺术表演的积极性能增强学生在公众面前表演的自信心,也能更好地帮助学生将生活融入艺术提升社会责任感,增强热爱学校、热爱家乡的情感。		

成果展示与评价

本次活动完成之后,各学习小组需提交学习成果,包括但不限于：PPT或心得体会、针对水资源的保护方案、研学美篇或推送、活动Vlog记录等。

教师可依据以下表格内容对本次研学内容进行过程性和结果性评价。评价标准如下：

1. 过程性评价

表 3-27 过程性评价表

项目		自我评价	小组评价	教师评价	总分
研学准备	资料搜集	3分	3分	4分	10分
	物资准备	3分	3分	4分	10分
研学过程	小组合作能力	3分	3分	4分	10分
	标本采集能力	3分	3分	4分	10分
	问题分析能力	3分	3分	4分	10分
	拍摄记录能力	3分	3分	4分	10分
研学意识	环保意识	3分	3分	4分	10分
	纪律意识	3分	3分	4分	10分
	人地协调观意识	3分	3分	4分	10分
	协作意识	3分	3分	4分	10分
小计					100分

2. 结果性评价

表 3-28 结果性评价表

项目	科学性	探究性	创新性	总分
PPT或心得体会	3分	3分	4分	10分
针对水资源的保护方案	3分	3分	4分	10分
研学美篇或推送	3分	3分	4分	10分
活动Vlog记录	3分	3分	4分	10分
小计				40分

活动反思及影响

本次跨学科研学活动的学习模式以各学科核心素养和课程标准为依据，通过各类子活动的设置，不断提高学生的参与度，最

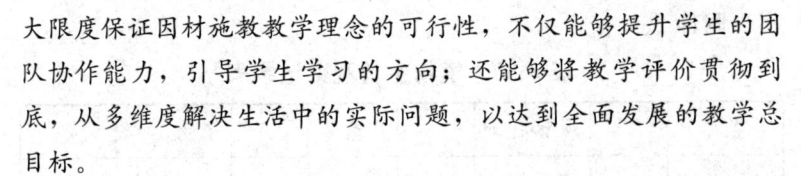

大限度保证因材施教教学理念的可行性,不仅能够提升学生的团队协作能力,引导学生学习的方向;还能够将教学评价贯彻到底,从多维度解决生活中的实际问题,以达到全面发展的教学总目标。

  本次研学活动的优势在于采用"实践—评估—开发"的方式进行:教师在实践中,对自己所面对的情景进行分析,对我校学生的学情需要做出评估,确定目标,选择相应的组织内容,决定实施与评价的方式。能够以学校为本位对学生进行教学,更符合我校学生的学情和定位需求,能够通过多学科结合的模式让我校学生的综合能力得到最大的提升。但其不足之处在于,本次研学旅行线路有一定的局限,仅围绕天鹅湖周边进行,虽覆盖学科较多,但其可推广性有限。在今后的教学过程中,不仅要以实践教育的方式达到跨学科课程学习的价值取向,还需要不断改进研学方案,从学生学习方式的习得、学习习惯的养成上去改变;从根源上解决学生负担重的问题,进而引导学生实现自身的生命价值。以增大跨学科课程研学内容的辐射范围;促进"双减"政策的落实。

附件1:

表3-29 水质检测表

打卡点5	打卡点1	打卡点2	打卡点3	打卡点4
PH值				
有无悬浮物				
TDS检测结果				
颜色浑浊度(浓—中—淡)				
有无臭味				
肉眼可见垃圾				

附件2：

表 3-30　植物生长观察记录表

名称		观察日期		观察人		植物类别	
颜色		形状		大小		叶片	
生长区域							
生长习性							
形态特征							
地理分布							
植物主要价值							
规培方式							
备注							

相关照片展示：

图 3-9 学生制作的等高线地形模型

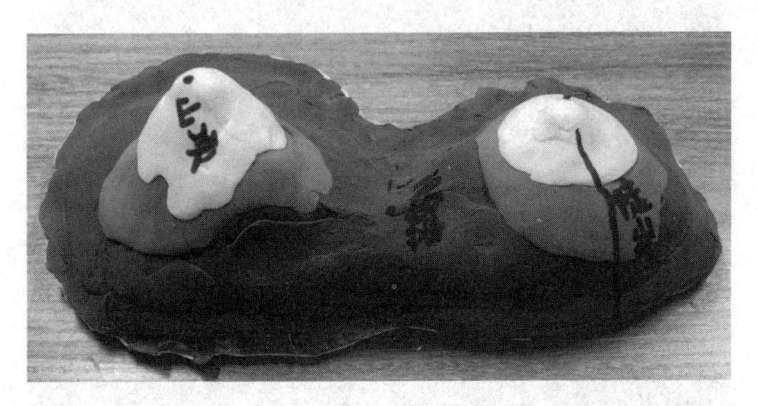

图 3-10 学生绘制的"你眼中的天鹅湖"

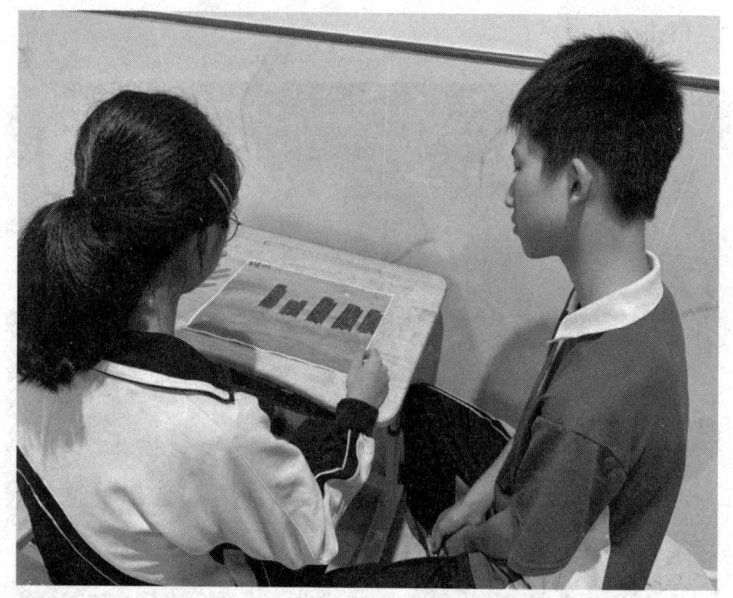

图 3-11　学生绘制水纹参数

图 3-12　学生绘制的"你眼中的天鹅湖"

第3章 学校课程体系

图 3-13 学生在阶梯教室合唱我校校歌《湖畔之上》

图 3-14 学生以小组合作的形式在天鹅湖旁观测植被种类

127

图 3-15　学生以小组合作的形式在天鹅湖旁观察水质污染情况

图 3-16　学生以小组合作的形式在开展"东深供水工程知多少"竞赛

案例 5 初中数学分层作业的设计课程

创编者 陶 冶

现今初中数学作业存在的问题

虽然新课程标准对数学知识的范围与难度上都有明确的要求，但是许多教师对于新课标中所规定的内容和难度要求仍存在"不放心"的思想，在这种思想的影响下，在升学的压力之下，数学成绩的竞争依然激烈，许多学校的数学作业依然沿袭着传统的题海模式，作业量大，作业难度高，作业内容狭窄，脱离生活。作业量大，偏、繁、难，学生不堪重负，而学生本身又存在自己完不成作业后的思想包袱，因此这样的作业导致学生作业效率低下，抄袭现象时有发生。

当然也不乏有许多优秀的教师在新课程思想引领下，对数学作业的设计进行大胆的尝试与探索，他们用自己的实际经历与智慧总结出了不少可行的经验与成果。作业分层就是解决这一问题的有效途径。

对此教师调查任教班级作业情况：

为了使研究更贴近于学生，在分层作业研究的前期，笔者对平日布置的作业中的个别题型进行了分层设计尝试，两周之后，教师对自己所任教的班级学生做了一次问卷调查活动，以了解学生作业的完成情况以及对分层作业的具体感受。调查后给出以下建议。

分层作业设计的建议

分层设计作业的依据和设计原则

第一，以每节课所学的知识点和思想方法为分类依据，围绕一个知识点设计 3—4 道题目，题目难度逐渐上升。第一题应考查与本知识点有关的最基本的内容,并要求全体学生必须掌握与巩固,如相关概念识记题、初级概念应用题、基本解题方法与思想应用题等;第二题一般也应基于考查基本概念的层面上,较第一题有一定的难度增加,根据学生的学情,要求 80%—100% 的学生完成,如概念逆用题、含参数问题分类讨论、同类型问题辨析题等;第三题之后可以在原有知识或技能的基础上做一定的拓展,并适当考虑知识的后续衔接与发展,根据学生不同学情,要求 50%—80% 的学生完成,如实际应用问题、后续概念引导与发现题、研究性课题等。

第二,作业设计的基本原则

(1) 作业设计与教学一体原则

学生作业的设计是教学的一个重要环节不能把他们人为的孤立分开,应该同课堂教学作为一个整体来通盘考虑。

(2) 作业设计遵循以人为本原则

传统教学模式下教师最关心的问题是如何提高学生的知识、技能与解题技巧,至于学生的情感、个性、价值观、性格、创造力的培养,则很少有老师把它列入关注范围。绝大部分教师只关心如何让学生通过考试,如何做才能得高分,才能取得优异的考试成绩,至于学生将来发展如何,是将来的事,与自己没多大关系。

新课程改革则在教育目标观的改革中明确提出:要由只重视知识的传授、各种能力的单项训练转向注重学生的全方面发展。强调以人为本,就是要以学生的发展为中心。因此,在数学作业的设计上,当然就应以学生的全面发展为根本出发点,变单一功能为多种功能,只有这样才能真正体现新课程改革以人为本这一原则。

(3) 作业设计因人而异的个体化原则

作业的目的、内容、方法并非对所有的学生都是相同的，每个学生对作业都有着独特的需要。因此，针对学生实际情况的不同，设计布置的作业的目的、内容、方法、方式也应因人而异。只有设计布置出个体化的作业，才能让作业真正成为学生自己的作业，才能使学生从做中有所获，才能降低学生对数学及其作业的厌烦，提高学生的学习自信心。

(4) 作业形式设计与作业完成方式多样化原则

传统教学模式下数学作业形式单一，日复一日地机械重复强化练习，既不利于学生学习兴趣的培养，也不利于学生身心健康发展。这样的作业设计，极大地抑制了学生的思维发展，与新课程标准的要求相距甚远。因此，新课程标准下数学作业设计应向作业形式多样化方面发展。在新课程标准中，学生的合作精神与合作能力是重要的培养目标之一。新课程的生成性、建构性，也要求学生必须加强合作，学会合作。因此，随着新课程改革的逐步深入，应给学生逐步设计布置更多的探究性、开放性、协作式作业，力求使作业在完成过程中需要更多学生、家长，甚至社会的密切合作才能完成。应尽量使学生将完成作业的过程，变成一个很好的与人交流、协作的过程。促使学生转变传统的"独立完成作业"观念，使学生认识到绝不是所有作业都必须独立完成，并在此基础上使学生建立协同合作完成作业观念，使学生完成作业的形式多样化。

(5) 作业设计的整合性原则

新课程改革明确提出要突破学科中心。加强学科整合并为此专门设置了综合课程。因此，数学作业的设计也应该尽量体现学科整合。

①作业量的控制

一节数学课所涉及的知识点与方法一般在3个左右,每个知识点下设计3—4个问题,总题量一般在10题左右,经过笔者长期的观察与实验发现,10个左右的作业量能够保证学生在45—60分钟之内完成,这也是学生能够承受并保证认真完成的时间量。

②对学生分层的建议

如何做到"以不同学生在学习中自然分化出的层次为依据",笔者给出三条实施建议:第一,以第一次数学检测成绩或者分班成绩作为学生的初步分层依据,要求前十名学生必须完成第三层以上问题(包括第三层问题),后十名学生必须完成第一层问题,第二层以上选做,其余的学生必须完成第二层问题,第三层以上选做。第二,每两周根据学生的作业完成态度、质量以及小测验成绩等情况,对学生进行小范围调整,提高要求或者降低要求,一般情况下,提高要求的多,降低要求的少。第三,利用评语或个别交流来增加学生的作业信心,鼓励学生多完成,并对多完成的学生进行当面批改与订正,及时点拨解题思路,这种方法能够激发他们的学习兴趣和信心,一般情况下,大部分学生都会尽力完成第三层问题,如果有个别学生偷懒,可以通过教师谈话纠正思想,并用第一条的规定来约束。

随着作业改革的推进,学生的作业态度、作业习惯、作业质量有所改善,有的同学对学习数学的信心增强,效率提高,甚至班级的学习风气也出现了一些可喜的变化。学生对作业的肯定就是对笔者研究结果的肯定,相信如此长期下去,学生的学习方法、学习心理和自信心能够产生本质的变化。八年级数学作业设计案例:

表 3-31　分层结构图解

单元主题	《勾股定理》		
课时信息	序号	课时名称	对应教材内容
	1	探索勾股定理（1）	网格图中探索勾股定理 P2—P4
	2	探索勾股定理（2）	拼图验证勾股定理 P4—P8
	3	一定是直角三角形吗？	勾股定理逆定理 P9—P12
	4	勾股定理的应用	勾股定理的实际应用 P13—P15
	5	回顾与思考	回顾与小结 P16—P19
单元说明或解析	一、课标要求解析 1. 内容要求 　　探索勾股定理及其逆定理，并能运用它们解决一些简单的实际问题。 2. 学业要求 　　（1）在直观理解和掌握图形与几何基本事实的基础上，经历得到和验证数学结论的过程，感悟具有传递性的数学逻辑，形成几何直观和推理能力； 　　（2）知道直角三角形的边角关系。 二、单元教学内容解析 图 3-20　知识网络 　　勾股定理作为重要的定理之一，它揭示了直角三角形中三边之间的数量关系，给数量关系和几何图形之间建立起了重要的桥梁作用。平面几何中的计算问题需要			

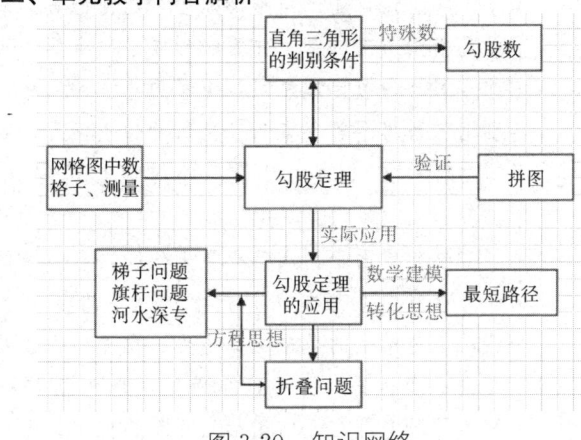

续表

用勾股定理、勾股定理逆定理知识解决，它在解析几何、三角形、四边形中有着重要的作用。学生在本章的学习中经历了观察、发现、猜想、验证的过程，学习了类比、特殊到一般、数形结合等研究问题的思想方法，发展了数学抽象、数学运算、数学推理等能力。通过本单元的学习，学生不仅能运用直角三角形的计算解决问题，还可以把生活中的实际问题转化为几何问题解决，培养了学生的观察和猜想能力。从勾股定理到逆定理，学生往往直觉判断逆定理成立。从直觉上升到逻辑严密地思考和证明，体验到证明的必要性，这是思维能力提升的表现。

三、学情分析

知识层面上，七年级已经学习了一元一次方程、整式的加减乘除，学生不仅学会了用字母表示数和求解未知数，而且掌握了两个重要的乘法公式。在几何图形中，学生认识了三角形，体会了几何语言的魅力，掌握了几何图形中的基本关系，形成了一定的推理能力。这些学习为勾股定理学习打下了思想方法基础，学生可以利用方程思想解决直角三角形的边长问题，感受到"数形结合"方法的优越性，并用代数研究几何的一般路径。

学生层面上，八年级学生已经具有一定的自主探究能力和独立思考能力，积累了一定的数学学习活动经验，但是学生的数学运算能力、推理能力、几何直观需要进一步提升。因此，在教学中应加强勾股定理的理解、勾股定理与几何图形间联系的应用练习，强化运用勾股定理及其逆定理解决生活中的实际问题。另外，勾

续表

单元作业设计思路	股定理及逆定理的证明也是本单元的学习重点，通过系列活动探究，培养学生严谨的数学态度和科学的研究态度。
	图 3-17　知识网络

	目标序号	单元作业目标描述	学习水平
单元作业设计目标	1	了解勾股定理历史，体会勾股定理的文化价值。	了解
	2	理解勾股定理的内容，并用勾股定理解决简单的计算。	理解
	3	会用数格子、拼图法、等积法等多种方法验证勾股定理。	理解
	4	理解勾股定理逆定理内容，并会用其判定直角三角形。	运用
	5	在综合实际问题情境中抽象中数学模型，解决实际问题。	运用
	6	运用数形结合思想、分类讨论思想、方程思想等数学思想解决问题。	探究

	项目	依据
单元作业设计依据	单元作业目标	《义务教育数学课程标准 2022 年版》、单元教学目标。

续表

单元作业设计依据	单元作业类型（基础性+拓展性）	《义务教育数学课程标准2022年版》《深圳市义务教育学校学科书面作业设计指引（试用）》。
	作业题目设计（选编、改编、创编）	各版本教材习题、近3年全国各省市中考题、深圳市作业设计样例、国家中小学智慧教育平台基础性作业样例。

	课时	题量		预计完成时间	作业类型
		基础	拓展		
单元作业完成时间	1	6	3	17分钟	基础性+拓展性
	2	6	3	18分钟	基础性+拓展性
	3	6	3	18分钟	基础性+拓展性
	4	5	2	20分钟	基础性+拓展性
	5	6	3	19分钟	基础性+拓展性
	注：此处作业指的是每课时的课后作业，完成时间指的是基础性（必做）作业。				

单元作业实施完成方式

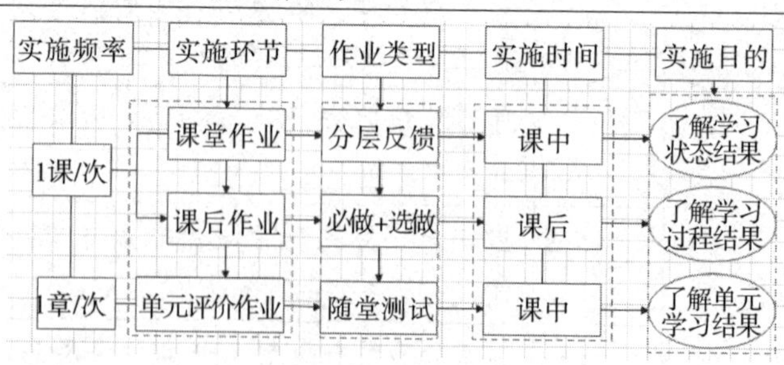

实施频率 | 实施环节 | 作业类型 | 实施时间 | 实施目的

1课/次：课堂作业 → 分层反馈 → 课中 → 了解学习状态结果

1课/次：课后作业 → 必做+选做 → 课后 → 了解学习过程结果

1章/次：单元评价作业 → 随堂测试 → 课中 → 了解单元学习结果

图3-18 知识网络

	评价指标	等级			备注
		A	B	C	
单元作业评价设计	答案的准确性				A等：答案正确，过程正确。B等：答案正确，过程有问题。

续表

单元作业评价设计					C等：答案不准确，有过程不完整；答案不准确，过程错误或无过程。
	答案的规范性				A等：答案正确，过程规范。 B等：答案正确，过程不完整、不规范。 C等：答案错误，过程不规范或无过程。
	解法的新颖性				A等：答案正确，解法独特、有创意。 B等：答案不完整或错误，思路有创新之处。 C等：答案思路不清晰，过程复杂或无过程。
	综合评价等级				AAA、AAB综合评价为A等；ABB、BBB、AAC综合评价为B等；其余情况综合评价为C等。
单元作业设计特色说明	1. 作业目标明确，落实"双减"，全方位覆盖不同学生的作业需求； 2. 作业结构合理，难易搭配，全面提升学生数学学科素养； 3. 作业环节多样，课中课后双管齐下，实现作业功能的最大化； 4. 作业情景丰富，充分挖掘史料、生活情境，提高数学知识的应用能力； 5. 作业依据可靠，对准目标遴选、改编、原创题目，避免机械、重复作业。				

续表

分层反馈	(创编)深圳欢乐谷的"大摆锤"游乐项目，游客乘坐时，"大摆锤"可以看作在空中做圆周运动．当"大摆锤"在空中某一位置时，此时"大摆锤"与水平面的垂直距离是6米，从圆心水平出发到垂线的距离是8米，则"大摆锤"的长度为（　　）． 图3-19 图3-20 A. 6米　　B. 8米 C. 10米　　D. 8米 **答案**：C. **解析**：由勾股定理可得$6^2+8^2=100$，则"大摆锤"的长度为10米．	**题目来源**：无 **学科素养**：☑应用意识 **设计意图**：本题以深圳欢乐谷的游乐项目"大摆锤"为背景，考查了学生对勾股定理的理解。从学生熟悉的生活情境出发，引导学生将实际问题转化为数学问题，培养学生的应用意识。学生通过解决问题从而获得成就感，体验到生活中有数学，数学源于生活。
	(改编)如图是用三块正方形纸片以顶点相连的方式设计的"毕达哥拉斯"图案．现有五种正方形纸片，面积分别是1、2、3、4、5，选取其	**题目来源**：2020年河北中考题 **学科素养**：☑推理能力

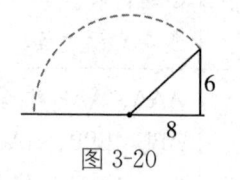

续表

中三块（可重复选取）按如图 3-21 的方式组成图案，使所围成的三角形是直角三角形，则选取的三块纸片面积和最大为（　）．

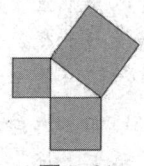

图 3-21

A．10　B．6　C．12　D．8

答案： A．

解析： 要使得所选取的正方形方块围成的三角形是三角形，那么得满足两个较小的面积之和等于最大的面积，所有可能情况为：

1、1、2，此时三块纸片面积和为 4；

1、2、3，此时三块纸片面积和为 6；

1、3、4，此时三块纸片面积和为 8；

2、2、4，此时三块纸片面积和为 8；

2、3、5，此时三块纸片面积和为 10；

1、4、5，此时三块纸片面积和为 10；

设计意图： 本题以"毕达哥拉斯"图案为背景，考查了勾股定理逆定理的运用及数形结合思想。这样不仅有利于帮助学生巩固勾股定理逆定理的内容，而且通过分析问题进一步提升学生解决问题的能力。

续表

	(选编)《九章算术》是我国古代数学名著,书中有下列问题:"今有户高多于广六尺八寸,两隅相去适一丈.问户高、广各几何?"其意思为:今有一门,高比宽多6尺8寸,门对角线距离恰好为1丈.问门高、宽各是多少?(1丈=10尺,1尺=10寸)如图,设门高AB为x尺,根据题意,可列方程是( ). 图3-22 A. $x^2 - 10^2 = (x-6.8)^2$ B. $x^2 + (x-6.8)^2 = 10^2$ C. $x^2 - (x-6.8)^2 = 10^2$ D. $x^2 + 10^2 = (x-6.8)^2$	**题目来源**:2021年岳阳中考题 **学科素养**:☑应用意识 **设计意图**:本题以九章算术计算题为题材,考查了勾股定理与方程思想。中考题以填空题形式呈现,而此题设计为选择题的目的是降低难度。由于一元二次方程学生还没学,所以对学生的要求是列而不求.这样设计是为了让学生再次感受方程式刻画现实数量关系的有效模型,增强学生的应用意识,提高学生分析问题、解决问题的能力。
	(选编)2002年8月,在北京召开的国际数学家大会会标取材于我国古代数学家赵爽的《勾股圆方图》,它是由四个全等的直角三角形与中间的小正方形拼成的一个大正方形(如图3-23),且大正方形的面积是15,小正方形的面积是3,直角三角形的较短直角	**题目来源**:2020年宁夏中考题 **学科素养**:☑推理能力 ☑几何直观 ☑运算能力 **设计意图**:本题选取国际数学大会会徽为题材,考查了完全平方公式在几何图形中的应用。考虑到本节课是单

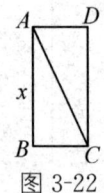

续表

| | 边为较长直角边为 b. 如果将四个全等的直角三角形按照图 3-24 的形式摆放，那么图 3-24 中最大的正方形的面积为＿＿＿．

图 3-23　　图 3-24

答案：27.
解析：由题意可得在图 3-23 中：$a^2+b^2=15$，$(b-a)^2=3$，图 3-28 中大正方形的面积为：$(a+b)^2$，
∵ $(b-a)^2=3$，
$a^2-2ab+b^2=3$，
∴ $15-2ab=3$，$2ab=12$，
∴ $(a+b)^2=a^2+2ab+b^2=15+12=27$. | 元小结课，以题带点，引导学生进一步理解勾股定理的由来，帮助学生复习勾股定理证明的拼图法，增加作业的趣味性。 |
| | (选编) 如图，圆柱形玻璃杯高为 11 cm，底面周长为 30 cm，在杯内壁离杯底 5 cm 的点 B 处有一滴蜂蜜，此时一只蚂蚁正好在杯外壁，离杯上沿 2 cm 与蜂蜜相对的点 A 处，则蚂蚁从外壁 A 处到内壁 B 处的爬行最短路线长为（杯壁厚度不计）＿＿＿． | **题目来源**：深圳市作业设计样例
学科素养：☑应用意识
☑几何直观 ☑推理能力 |

续表

	 蚂蚁A B蜂蜜 图 3-25 **答案**：17 cm. **解析**：将杯子侧面展开，作 A 关于 EF 的对称点 A'，则 $AF+BF$ 为蚂蚁从外壁 A 处到内壁 B 处的最短距离，即 $A'B$ 的长度， $\because A'B^2 = A'D^2 + BD^2$， $\therefore A'B^2 = 15^2 + (11-5+2)^2 = 289$ (cm)， $\therefore A'B = 17$ (cm)， $\therefore$ 蚂蚁从外壁 A 处到内壁 B 处的最短距离为 17 cm.	**设计意图**：本题考查立体几何最短路径问题。本题以学生熟悉的"蚂蚁吃蜂蜜"情境为例，选材上不设障碍，但题目上增设了一定的难度。A、B 处于异壁时，需要结合将军饮马知识解决问题。这样设计的目的是进一步加强学生对勾股定理的应用，引导学生进行知识迁移，让学生学有所练、学有所移。
	（改编）深圳莲花山公园有一块三角形空地将进行绿化，如图，在 $\triangle ABC$ 中，$AB=AC$，E 是 AC 上的一点，$CE=5$，$BC=13$，$BE=12$. (1) 求线段 AB 的长； (2) 取底边 BC 的中点 D，连接 AD，求线段 AD 的长. 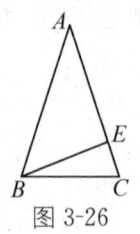 图 3-26 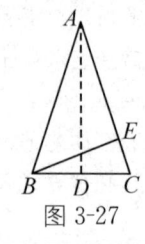 图 3-27	**题目来源**：深圳市作业设计样例 **学科素养**：☑数据观念 ☑应用意识 ☑几何直观 **设计意图**：本题从学生熟悉的情景出发，考查了勾股逆定理的应用、勾股定理与方程思想、等腰三角形性质等内容，是一道综合应用题。勾股定理在平面几何的学习中有重要的作用，勾股定理及逆定理

续表

| | 答案：(1) $\because BE=12$，$CE=5$，$BC=13$，
$\therefore BE^2+CE^2=BC^2$，
$\therefore \triangle BEC$ 是直角三角形，且 $\angle BEC=90°$，
$\therefore \angle AEB=180°-\angle BEC=90°$，
$\therefore \triangle ABE$ 是直角三角形；
设 $AE=x$，
$\because AB=AC$，
$\therefore AB=AC=x+5$，
在 $Rt\triangle ABE$ 中，$BE^2+AE^2=AB^2$，
$\therefore x^2+12^2=(x+5)^2$，
$\therefore x=11.9$，
$\therefore AB=x+5=16.9$．
(2) 取 BC 的中点 D，连接 AD，
$\because AB=AC$，D 为底边 BC 的中点，
$\therefore AD\perp BC$，
由 (1) 知 $BE\perp AC$，
$\therefore S\triangle ABC=\dfrac{1}{2}BC\times AD=\dfrac{1}{2}AC\times BE$，
$\therefore AD=\dfrac{AC\times BE}{BC}=\dfrac{16.9\times 12}{13}=15.6$．
解析：(1) 由 $BE^2+CE^2=BC^2$，可以判定 $\angle BEC=90°$； | 是解决几何计算的重要武器，这样设计有利于引起学生对勾股定理的重视，加强学生的几何直观和综合应用能力。|

143

续表

	设 $AE=x$，则 $AB=AC=5+x$，在直角 $\triangle ABE$ 中，利用勾股定理列方程，即可得到 AB 的长度. (2) 利用三角形三线合一的性质可得 $AD\perp BC$，再由等面积法可得 AD 的长度.	
作业类型	作业内容	考察维度及设计意图
基础性作业（必做）	在 Rt$\triangle ABC$ 中，若斜边 BC 的长为4，则 $AB^2+AC^2+BC^2$ 的值为（　）. A.50　B.32　C.16　D.29 **答案**：B. **解析**：在 Rt$\triangle ABC$ 中，BC 为斜边，则 $AB^2+AC^2=BC^2$，所以 $AB^2+AC^2+BC^2=2BC^2=2\times 4^2=32$.	**题目来源**：国家中小学智慧教育平台基础性作业样例 **学科素养**：☑运算能力 **设计意图**：本题考查勾股定理的理解，要求学生理解斜边与直角边，会用勾股定理求斜边，加深对勾股定理的理解、运用。
	下列结论正确的有（　）： ①在 Rt$\triangle ABC$ 中，如果两直角边分别长为6和8，那么斜边为10； ②在 $\triangle ABC$ 中，如果 $\angle A+\angle B=\angle C$，则 $\triangle ABC$ 为直角三角形； ③在 $\triangle ABC$ 中，如果 $a:b:c=1:1:\sqrt{2}$，则 $\triangle ABC$ 为直角三角形；	**题目来源**：国家中小学智慧教育平台基础性作业样例 **学科素养**：☑应用意识 **设计意图**：本题从三角形边和角两个构成要素考查直角三角形的判定条件，要求学生正确理解勾股定理、勾股逆定理、直角三角形的定义

续表

	④在△ABC中，如果满足 $AB^2+BC^2=AC^2$，那么∠C=90°. A.①②③　　B.①②④ C.②③④　　D.①②③④ **答案**：A. **解析**：根据直角三角形判定与性质逐项判断： ①在Rt△ABC中，如果两直角边长分别为6和8，那么斜边长为 $\sqrt{6^2+8^2}=10$，结论成立； ②△ABC中，根据三角形内角和等于180°得∠A+∠B+∠C=2∠C=180°，则∠C=90°，故结论成立； ③在△ABC中，如果 $a:b:c=1:1:\sqrt{2}$，那么 $a^2+b^2=c^2$，△ABC是直角三角形，结论成立； ④在△ABC中，如果满足 $AB^2+BC^2=AC^2$，那么∠B=90°，故结论不成立.	等内容。通过多结论问题的呈现方式帮助学生归纳知识，建立联系。
	(选编)如图，某港口P位于东西方向的海岸线上，甲、乙轮船同时离开港口，各自沿一固定方向航行，甲、乙轮船每小时分别航行12海里	**题目来源**：2021玉林中考 **学科素养**：☑应用意识

续表

	和16海里，1小时后两船分别位于点 A，B 处，且相距20海里，如果知道甲船沿北偏西40°方向航行，则乙船沿_____方向航行. 图3-28 **答案**：北偏东50°. **解析**：由题可知：$AP=12$，$BP=16$，$AB=20$， $\because 12^2+16^2=20^2$， $\therefore \triangle APB$ 是直角三角形， $\therefore \angle APB=90°$， 由题意知 $\angle APN=40°$， $\therefore \angle BPN=90°-\angle APN=50°$， 即乙船沿北偏东50°方向航行.	**设计意图**：本题考查勾股定理的应用以及方位角，培养学生实际问题符号化、模型化，用数学几何知识解决实际问题。题目难度虽不大，但融合了地理学科上的方位问题，学生通过解决实际问题增强学习自信心，感受学科与学科之间知识的联系性.
	(选编) 如图，在 $\triangle ABC$ 中，分别以点 A 和点 C 为圆心，大于 $\frac{1}{2}AC$ 的长为半径作弧（弧所在圆的半径都相等），两弧相交于 M、N 两点，直线 MN 分别与边 BC、AC 相交于点 D、E，连接 AD. 若 $BD=DC$，$AE=4$，$AD=5$，则 AB 的	**题目来源**：2023天津中考 **学科素养**：☑几何直观 ☑推理能力 ☑运算能力 **设计意图**：本题考查勾股定理，线段垂直平分线的性质，等腰三角形

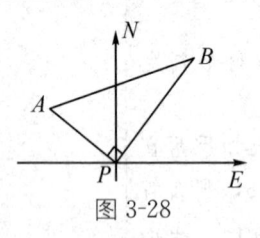

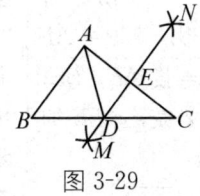

续表

| | 长为( )。
A. 9
B. 8
C. 7
D. 6

图 3-29

答案：D.
解析：由题意得：MN 是 AC 的垂直平分线，
$\therefore AC = 2AE = 8$，$DA = DC$，
$\therefore \angle DAC = \angle C$，
$\because BD = CD$，
$\therefore BD = AD$，
$\therefore \angle B = \angle BAD$，
$\because \angle B + \angle BAD + \angle C + \angle DAC = 180°$，
$\therefore 2\angle BAD + 2\angle DAC = 180°$，
$\therefore \angle BAD + \angle DAC = 90°$，
$\therefore \angle BAC = 90°$，
在 $Rt\triangle ABC$ 中，$BC = BD + CD = 2AD = 10$，
$\therefore AB^2 = BC^2 - AC^2 = 100 - 64 = 36$，
$\therefore AB = 6$. | 的性质，三角形内角和定理，涉及的知识点比较多，但难度不大，关键在于推导 $\angle BAC$ 为直角，培养数感。设计此题是为了让学生再次感受勾股定理在平面几何中的重要地位，既巩固了七年级下册三角形的相关知识，又起到了引导学生运用勾股定理求解边长的作用。 |
| | (改编)如图，是我国汉代的赵爽在注、解《周髀算经》时给出的，人们称它为"赵爽弦图"，它是由四个全等的 | **题目来源**：2023年湖北中考题
学科素养：☑运算能力
☑推理能力 |

147

续表

	直角三角形和一个小正方形组成的一个大正方形. 设图中 $AF=a$, $DF=b$, 连接 AE, BE, 若 $\triangle BEH$ 的面积是 $\triangle AFE$ 的两倍, 则 $\dfrac{b}{a}=$ _____.

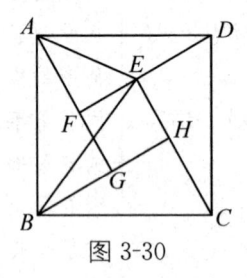

图 3-30

答案: 2.
解析: ∵图中 $AF=a$, $DF=b$, ∴$ED=AF=a$, $EH=EF=DF-DE=b-a$,
∵$\triangle BEH$ 的面积是 $\triangle AFE$ 的两倍,
∴$2\times\dfrac{1}{2}EF\cdot AF=\dfrac{1}{2}EH\cdot BH$,
∴$(b-a)a=\dfrac{1}{2}(b-a)b$,
∴$2a=b$,
∴$\dfrac{b}{a}=2.$ | **设计意图**: 本题以古代"赵爽弦图"为背景,考查了勾股定理的证明,三角形面积的表示. 本题从不同角度考查了学生对弦图的理解与认识,凸显了弦图是证明勾股定理的有效工具。学生在文化情境中感受中华文化的博大精深,渗透文化育人。 |
| | (改编) 古巴比伦时期的泥板中记载着著名的"梯子问题",即如图 3-31 所示,靠墙直立的长 25 米的梯子上端沿 | **题目来源**: 北师大版八年级上册教材习题 P18 第 11 题、人教版八年级下册 P25 例题 |

续表

	墙下移1米至A处时,请问梯子底端距离墙有多远?如图3-32所示,在此基础上,如果梯子继续下移,下端向右移动了8米至点E处,请问梯子顶端下滑的距离AD是8米吗? 其实勾股定理历史名题有很多,如折竹抵地、引葭赴岸、圆材埋壁等问题,这些名题都记载在我国古代著名的数学专著《九章算术》. 以小组为单位,请查阅资料,选择一道名题与班级同学分享. 图3-31 图3-32 **答案:**(1)由题意得$AB=25$(米),$AC=25-1=24$(米),在Rt△ABC中,由勾股定理得$AC^2+BC^2=AB^2$,即$BC^2+24^2=25^2$,所以$BC=7$(米),即梯子底端距离墙有7米; (2)梯子顶端下滑了4米.	**学科素养:**☑应用意识 ☑模型观念 ☑运算能力 **设计意图:**本题以历史命题为背景,考查学生勾股定理的应用能力。本题将生活问题抽象为数学问题,需要在理解题意的基础上两次运用勾股定理计算长度,培养学生分析问题、解决问题的能力。以"梯子问题"为载体,介绍了古代名算题,引导学生主动学习人类文明的辉煌成就,在用理性思维解决实际问题的同时感受历史文化的博大精深,增强民族自豪感,实现育人价值。

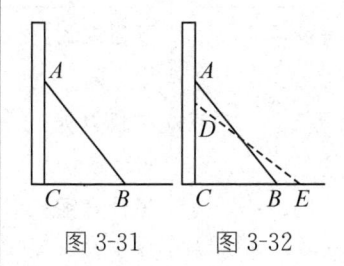

续表

	理由：∵梯子下端向右移动了8米至点E处， ∴$CE=BE+BC=7+8=15$（米）， 在$Rt\triangle CED$中，由勾股定理得$CE^2+DC^2=DE^2$，即$15^2+CD^2=25^2$，所以$CD=20$（米） $AD=AC-CD=24-20=4$（米）即梯子顶端下滑了4米. 解析：(1)在直角三角形ABC中，利用勾股定理即可求出BC的长； (2)首先求出CE的长，利用勾股定理可求出CD的长，进而得到$AD=AC-CD$的值.	
拓展性作业（选做）	(改编)勾股定理最早出现在商高的《周髀算经》："勾广三，股修四，径隅五"．观察下列勾股数：3，4，5；5，12，13；7，24，25；…，这类勾股数的特点是：勾为奇数，弦与股相差为1．若此类勾股数的勾为$2m+1$（$m\geq 1$，m为正整数），则其弦是_____（结果用含m的式子表示）． 答案：$2m^2+2m+1$． 解析：根据题意得$2m+1$为奇数，设其股是a，则弦为$a+1$，	题目来源：2022年湖北中考题 学科素养：☑推理能力 ☑运算能力 设计意图：本题以学生熟悉的勾股数为背景，考查了勾股数、勾股定理。本题从特殊到一般，引导学生发现勾股数的规律，激发学生的数学求知欲。结合历史著作探究勾股数的规律，这样有利于学生在数学学习过程中体会数

续表

	根据勾股定理得 $(2m+1)^2 + a^2 = (a+1)^2$，解得 $a = 2m^2 + 2m$，∴弦是 $a+1 = 2m^2 + 2m + 1$.	学学科蕴含的数学传统文化，拓展学生的数学视野。
	(选编) 如图，现有一张长方形纸片 $ABCD$，$AB = 4$ cm，$BC = 8$ cm，将长方形纸片沿直线 EF 翻折，使点 B 与点 D 重合，折痕分别交边 BC，AD 于点 E，F，点 A 的对应点为 A'，则折痕 DF 的长为_____. 图 3-33 **答案**：5 cm. **解析**：过点 F 作 $FH \perp BC$ 于 H，由矩形的性质可得 $AD = BC = 8$ cm，$\angle B = \angle A = \angle C = 90°$，$AD \parallel BC$，$AB = CD = 4$ cm，由折叠的性质可得 $A'D = AB = 4$ cm，$\angle A' = \angle A = 90°$，$AF = A'F$，$\angle DEF = \angle BEF$，证明 $\angle DFE = \angle DEF$，得到 $DF = DE$，设 $AF = A'F = x$ cm，则 $DF = (8-x)$ cm，由勾股定理得 $x^2 + 4^2 = (8-x)^2$，解方程求出 $AF = 3$ cm，$DF = 5$ cm.	**题目来源**：国家中小学智慧教育平台基础性作业样例 **学科素养**：☑推理能力 ☑运算能力 ☑几何直观 ☑抽象能力 **设计意图**：本题考查勾股定理与折叠问题，学生需具备一定的知识储备、推理能力才能解决问题。本题能够很好地训练学生从复杂图形中抽出基本图形，培养复杂问题简单化的思维习惯，提升几何直观。

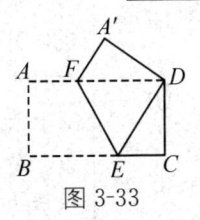

续表

	(创编) 清初数学家梅文鼎在著作《平三角举要》中,对南宋数学家秦九韶提出的计算三角形面积的"三斜求积术"给出了一个完整证明,该证明通过构建直角三角形,借助公共边作为桥梁得到结论:如图3-34,AD 是 $\triangle ABC$ 的高,则 $BD = \frac{1}{2}\left(BC + \frac{AB^2 - AC^2}{BC}\right)$. 具体推导过程如下,令 $BD = x$,则 $CD = BC - x$, 在 $Rt\triangle ABD$ 中 $AD^2 = AB^2 - BD^2 = AB^2 - x^2$, 在 $Rt\triangle ACD$ 中 $AD^2 = AC^2 - CD^2 = AC^2 - (BC - x)^2$, $\therefore AB^2 - x^2 = AC^2 - (BC - x)^2$, $\therefore x = \frac{1}{2}\left(BC + \frac{AB^2 - AC^2}{BC}\right)$. 图 3-34 请回答下列问题: (1) 如图 3-35,在 $Rt\triangle ABC$ 中,$AB = 3$,$AC = 4$,$AD \perp BC$,$BD =$ _____.	**题目来源:** 2023 年安徽中考题 **学科素养:** ☑推理能力 ☑运算能力 ☑几何直观 ☑应用意识 **设计意图:** 本题选取了 2023 年安徽中考题题材,设计了一道探究题。主要考查了勾股定理、勾股定理与方程思想、分类讨论思想等知识。本题以材料题型呈现,引导学生通过理解材料进而解决问题,提高学生问题解决的能力。第(4)问辅助线做法不唯一,体现方法的多样性。从特殊的直角三角形到锐角三角形,从图形的唯一到不唯一,问题设计层层递进,引导学生养成从特殊到一般,一般到特殊的思维习惯,引导学生用数学的思维思考世界。

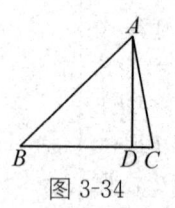

续表

(2) 如图3-36，在$\triangle ABC$中，$AB=7$，$BC=6$，$AC=5$，AD是$\triangle ABC$的高，AE平分$\triangle ABC$的周长，求AE^2的值；

(3) 在$\triangle ABC$中，$\angle B=45°$，$AC=15$，高$AD=12$，求$\triangle ABC$的面积；

(4) 在$\triangle ABC$中，$AB=20$，$AC=15$，$BC=7$，求$\triangle ABC$的面积.

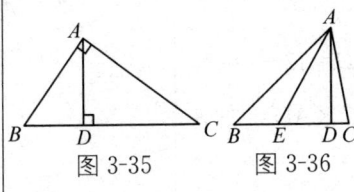

图 3-35　　图 3-36

答案：（1）$\dfrac{9}{5}$；

(2) $\because BD=\dfrac{1}{2}(BC+\dfrac{AB^2-AC^2}{BC})$，$AB=7$，$BC=6$，$AC=5$，

$\therefore BD=\dfrac{1}{2}(6+\dfrac{7^2-5^2}{6})=5$，

$\therefore CD=BC-BD=6-5=1$，

$\because AE$平分$\triangle ABC$的周长，

$\therefore AB+BE+AE=AC+CE+AE$，

$\therefore 7+BE=5+CE$，$BE+CE=6$，

$\therefore BE=2$，$CE=4$，

$\therefore DE=CE-CD=3$，

153

续表

在 Rt△ACD 中，$AD^2 = AC^2 - CD^2 = 25 - 1 = 24$，

在 Rt△ADE 中，$AE^2 = AD^2 + DE^2 = 24 + 9 = 33$.（3）分类讨论：①如图 3-37 所示，在 Rt△ABD 中，$\angle B = 45°$则△ABD 是等腰直角三角形，

∴$DB = AD = 12$，

∴$CD^2 = AC^2 - AD^2 = 225 - 144 = 81$，

∴$CD = 9$，

∴$BC = BD - CD = 12 - 9 = 3$，

∴$S_{\triangle ABC} = \frac{1}{2} BC \times AD = \frac{1}{2} \times 3 \times 12 = 18$；

②如图 3-37、3-38 所示，同理可得 $S_{\triangle ABC} = 126$；

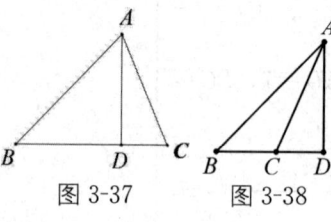

图 3-37　图 3-38

如图 3-39 所示：

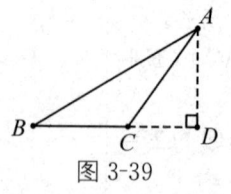

图 3-39

在 Rt△ADC 中，$AD^2 = AC^2 - DC^2$，

续表

在 Rt△ABD 中,$AD^2 = AB^2 - BD^2$,
设 $DC = x$,$DB = 7 + x$,
故 $15^2 - x^2 = 20^2 - (7+x)^2$,
解得:$x = 9$,
∴ $AD = 12$,
∴ $S_{\triangle ABC} = \frac{1}{2} BC \times AD = \frac{1}{2} \times 12 \times 7 = 42$.

解析:(1)由等面积法求得 AD 的长度,再由勾股定理得 BD 的长度。
先由 BE 平分△ABC 周长得到 BE 长度,再根据 $BD = \frac{1}{2}\left(BC + \frac{AB^2 - AC^2}{BC}\right)$ 和 $AB = 7$,$BC = 6$,$AC = 5$,可以计算出 BD 的长,再根据 EC 的长,即可计算出 ED 的长. 最后由勾股定理得 AE^2 长度. 给定两边一角,三角形可以有两种情况,分类讨论分别求得即可.
(4)根据题意可知,构建直角三角形,借直角边为桥梁,多次用勾股定理求得即可.

案例6　课程名称：小学英语自然拼读入门

创编者　小学英语科组

课程基本信息：

课程开发人：小英科组全体成员（曾淑君、陆鹫、张怡颖、王相懿、张晓欣、张晴、阳金华）

课时：约13课时

课程对象：一至三年级学生或低段拼读基础薄弱的学生。

课程开设背景

形势背景

学校贯彻国家基础教育课程改革精神，贯彻落实《教育部关于加强中小学地方课程和校本课程建设与管理的意见》精神，推进核心素养导向的课程建设。我校的校本课程开发以国家制定的课程标准为基本精神指导，在"立鸿鹄之志，成生命气象"办学使命引领下，加强学校课程领导力建设，立足以学生全面发展和个性发展为本，加快推进学校"飞翔教育"素养课程体系建设，实现国家和地方课程校本化、校本课程特色化，通过高质量学校课程体系的建设实现学校教育高质量发展。

学科背景

《义务教育英语课程标准（2022年版）》提出，英语课程要培养的学生核心素养包括语言能力、文化意识、思维品质和学习能力等方面；而英语课程内容由主题、语篇、语言知识、文化知识、语言技能和学习策略等要素构成。在语言知识中，语音和语义密不可分，语言依靠语音实现其社会交际功能。新课标对于小学阶段的语音要求如下：

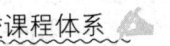

表 3-32 语音知识内容要求

类别	内容要求
一级	1. 识别并读出 26 个大、小写字母； 2. 感知字母在单词中的发音； 3. 感知简单的拼读规则，尝试借助拼读规则拼读单词； 4. 感知并模仿说英语，体会单词的重音和句子的开调与降调。
二级	1. 借助拼读规则拼读单词； 2. 使用正确的语音、语调朗读学过的对话和短文； 3. 借助句子中单词的重读表达自己的态度与情感； 4. 感知并模仿说英语，体会意群，语调与节奏； 5. 在口头表达中做到语音基本正确，语调自然，流畅。

由此可见，能够感知并运用自然拼读规则是小学生需要掌握的语言能力之一，是基础而又重要的语言技能。

教学背景

英语是一种拼音文字，它的读音和书写之间存在一定的联系。自然拼读所对应的字母组合将拼写和发音联系起来，学习自然拼读的过程就是建立书面文字中的字母或字母组合与听说层面的音素的对应关系，并把字母或字母组合按照音形对应规则拼读、拼写出来，从而做到"见词能读、听词能写"。掌握自然拼读，能大大减轻学生记忆单词的负担，对于学生的阅读与写作也能起到辅助作用。目前，我们所用的教材将自然拼读规则分散在不同年级的各个单元中，没有独立成一套清晰的体系；另一方面，很多学生自然拼读掌握不熟练，部分同学仍通过死板记忆每个字母来记单词，导致他们记忆负担加重，单词发音也不准确，从而降低了他们对英语学习的兴趣，进而影响到后续的学习。因此，成体系的自然拼读教学课程十分必要。

课程开发原则

（一）针对性原则："小学英语自然拼读（入门）"以《义务教育英语课程标准（2022年版）》为指导，以牛津沪教版英语教材为依托，立足本校学生的实际情况，针对学生的学习兴趣和需要，培养学生感知和运用自然拼读规则的能力，激发学生学习兴趣，降低学习难度，增强学生学习信心，从而深入后续学习。

（二）互补性原则："小学英语自然拼读（入门）"的开发将教材中零散的26个字母自然拼读规则梳理成相对整体的内容，避免与教材内容断层的同时与日常英语课形成互补，互相协调，共同发挥育人功能。

（三）系统性原则："小学英语自然拼读（入门）"的开发将形成包含听、说、读、写等练习的自然拼读学习体系，注重课程内部各个环节的联系与衔接，尽可能满足不同个性学生的需要。

课程目标

掌握字母A—Z的发音和书写，能够正确拼读约140个单词，能够根据拼读规则听写简单的词汇。

课程实施

（1）利用碎片时间，精简高效学习：利用课前五分钟或是早读时间开展Phonics Time学习环节，将自然拼读学习融入日常教学中；

（2）利用整块时间，夯实基础突破难点：教师可根据需要，每周用半节至一节课时间，针对学生具体情况进行自然拼读的练习，帮助学生巩固规则，突破难点，确保学生掌握学习内容；

（3）形式多样化，激发兴趣培养语感：在自然拼读教学过程中充分利用多媒体资源，通过图片、歌谣、游戏、TPR、故事等多种形式，教授自然拼读规则和字母书写，让学生在快乐中学习英语，在游戏中掌握知识；

（4）丰富课后活动，提升学习氛围：不定期开展单词拼读大赛，比赛中学生运用学过的自然拼读规则，展现"见词能读，听词能拼"的能力；在班级群中发布相关绘本的音视频，让学生进行朗读或配音，增强听读能力。

课程评价

表现性评价：表现性评价主要观察学生是否能够快速反应拼读规则，并根据拼读规则朗读单词或听写单词。

形成性评价：形成性评价包含对学生的课堂参与、小组活动和课外活动的评价，记录学生在课堂学习中是否积极踊跃、在小组活动中是否团结合作、在课外活动中是否主动活跃。

主体性评价：学生学习评价的主体包括自己、同伴、教师和家人。

Unit 1　Letter A/a

Learning Goals：

- To write letter A and letter a correctly.
- To learn the phonics of letter A/a.
- To speak easy words with letter A/a correctly.

Let's learn

　　A. Listen and repeat

图 3-40　听读 Aa

B. Listen, colour and repeat

图 3-41　听辨 Aa

C. Trace, write and say

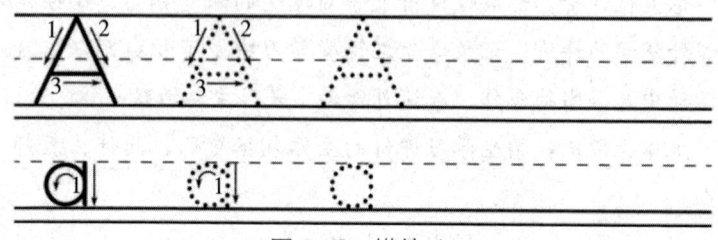

图 3-42　描绘 Aa

D. Cut, stick and say

图 3-43　拼读 a 　　　图 3-44　拼读 A

Let's write

Color The Letter

Trace The Letter

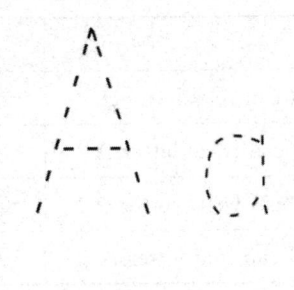

图 3-45　描绘色

Circle the items that start with the letter

Find and circle the letter

图 3-46　圈物

图 3-47　圈字母

Evaluation（此处为评价）

表 3-33　星级评价表

	Me	Teacher	Parents
I can read letter A	☆☆☆	☆☆☆	☆☆☆
I can trace letter A	☆☆☆	☆☆☆	☆☆☆
I can write letter A	☆☆☆	☆☆☆	☆☆☆
I can find letter A	☆☆☆	☆☆☆	☆☆☆

案例7　《千字文》课程

创编者　刘　琦

【课程目标】

借助启蒙识字课本《千字文》这部条理分明、通畅可诵、咏物明事的韵文为主要课程资源，通过诵读、典故解说、吟唱、书写、表演等基本方法，引导学生亲近古文，了解有关自然、社会、历史、伦理等知识，感受中华优秀传统文化。

【课程内容】

表3-34　课程内容结构

课程模块	课时安排	课程内容	核心策略
宇宙篇（天地玄黄—赖及万方）	4	"玄黄"—黄河流域 "宇宙"—王质观棋故事 "洪荒"—大禹治水故事 "律吕调阳"—黄钟大吕之说 "剑号巨阙"—巨阙剑的故事 "珠称夜光"—隋侯之珠的故事 三皇五帝、尧舜推位、凤凰图腾、白驹	诵读 典故解说 吟唱 书写
修养篇（盖此身发—好爵自縻）	4	"知过必改"—论语 述而篇 "信使可覆"—孔子"人无信不立" "墨悲丝染"—墨子 白丝染色 空谷传声、"福"字的演变、"寸阴"日晷、忠臣魏徵、曹操孝廉、黄香温席、梅兰竹菊、范仲淹家族、周召伯甘棠树、亲属关系图、孺子坠井、苏武牧羊	诵读 典故解说 吟唱 书写

续表

课程模块	课时安排	课程内容	核心策略
功名篇（都邑华夏—岩岫杳冥）	4	"东西二京"—洛阳长安 "鼓瑟吹笙"—《鹿鸣》、鼓、琴瑟乐器 汉三宫、三坟五典、钟繇隶书、"门户"意思、肥马轻裘、座右铭的来源、姜太公、伊尹、周公旦、齐桓公、商王武丁、晋文公、假途灭虢、韩非子、四大名将、大禹、雁门关、洞庭湖	诵读 典故解说 吟唱 书写
生活篇（治本于农—焉哉乎也）	6	"治本于农"—神农氏的传说 "我艺黍稷"—五谷、六谷 "聆音察理"—刘邦与蒯通和坤宠辱、张翰见机、王充《论衡》、糟糠、扇子、绢绸缎、子游弦歌、祭祀、吕布辕门射戟、嵇康抚琴、蔡伦造纸、东施效颦、铜壶滴漏、北斗七星、月的诗词	诵读 典故解说 吟唱 书写

【课程实施】

本课程通过一本蒙学读物，牵引出中华民族历史长河中的自然、社会、历史等多方面的知识典故，以及一片广阔的文化天地。

课程实施过程主要以学生的诵读韵文、识记文字，通过阅读相关的注释和典故理解全文的主要内容，以及对其中文字背后更广泛和更深入的知识进行搜集资料、交流分享、辩论研讨等。最后开展一系列的成果展示活动："千字文书法之美""千字文故事演说""千字文童声吟唱"等。

【课程评价】

学生是否能够准确熟练读诵千字文全文；

学生能否完成四个主要篇章的典故讲解作答；

学生能否熟练吟唱第一篇章；

学生能否工整美观书写全文。

《千字文》第三课

读一读

金生丽水　　玉出昆冈　　　剑号巨阙　　珠称夜光

果珍李柰　　菜重芥姜　　　海咸河淡　　鳞潜羽翔

注释：1. 巨阙（què）：越王允常命欧冶子铸造了五把宝剑，第一为巨阙，其余依次名为纯钩、湛卢、莫邪、鱼肠，全都锋利无比，是著名的兵器。

　　2. 柰（nài）：苹果的一种，花白色，果小。

说一说

金沙江里盛产黄金，昆仑山中出产玉石。

古代最有名的宝剑叫"巨阙"，最名贵的珠宝是"夜光珠"。

在水果中，最珍贵的是李和柰，在蔬菜中，人们最看重的是芥和姜。

海水是咸的，河水是淡的，各种鱼在水中潜游，各种鸟在天空中自由飞翔。

听一听

故事一：欧冶子铸剑

春秋时期，越国有一位铸剑大师，名叫欧冶子。欧冶子很小的时候，从舅舅那里学会了炼铁冶金技术，长大后慢慢尝试自己铸造一些兵器和铁锄、铁斧等农具。

逐渐地，欧冶子由一个孩童长成了身体高大健壮，而且能吃苦耐劳的青年，他的铸剑水平也突飞猛进。

欧冶子具有非凡的智慧，而且善于总结经验，冶金技术提高很快，渐渐成为远近闻名的铸剑师。

在冶炼金属的过程中，欧冶子发现了一些金属的特性：铁虽然很硬，但过于脆，容易折断；铜的柔韧性好，但太软。

于是，他开始琢磨如何能铸造出硬度和韧性兼具的兵器，就尝试着把铁、铜等金属掺杂在一起，变成合金材料。

为了寻找到理想的铸剑材料，欧冶子不辞辛苦，走遍了名山大川。

有一次，他来到了龙泉的秦溪山旁，发现了七口古井，排列成北斗七星的形状，井水清澈甘甜，是上等的好水，就把这里作为他铸剑的基地。

欧冶子又在茨山下采到了铁英，是非常理想的铸剑原料，他把铁英反复冶炼淬火，精炼提纯，制成了剑坯。

欧冶子又跋山涉水，寻找磨剑石，终于在秦溪山附近找到一个石坑，坑里寒气逼人，他跳入坑洞，采到一块坚硬而细腻的亮石，就用这块石头慢慢磨制宝剑。

经过反复试验和不断改进，欧冶子终于掌握了铸剑的奥秘，成为一代铸剑大师。

他一生中共铸造了八把名剑，分别命名为巨阙、龙渊、工布、泰阿、湛卢、胜邪、纯钧、鱼肠，这八把宝剑都是锋利异常，斩铜剁铁不费吹灰之力。

在这些名剑中，名气最大也最为锋利的是巨阙剑，巨阙剑的剑身比较短，是主要用来做刺杀的短剑。

相传，巨阙剑最初为越王勾践所有，后来经过战乱不知所踪，后世谁也没有再见过。

故事二：随侯珠

春秋时随国有断蛇丘。随侯出行，见一条大蛇被打成两段，看其蛇有些灵异，便命随行者用药救治，蛇立即能活动。此处便叫"断蛇丘"。一年以后，蛇衔明珠来报答随侯。"珠盈径寸，纯白，而夜有光明，如月之照，可以烛室，故谓之'随侯珠'，亦曰'灵蛇珠'，又曰'明月珠'。丘南有随季良（梁）大夫池。"蛇采用什么形式送明珠？民间一说是随侯乘船时，突遇风浪，一大蛇于水中衔大珠献上；另一说是深夜梦见一大蛇衔来明珠报恩，随侯醒来果见一明珠将室内照得如同白昼。

赏一赏

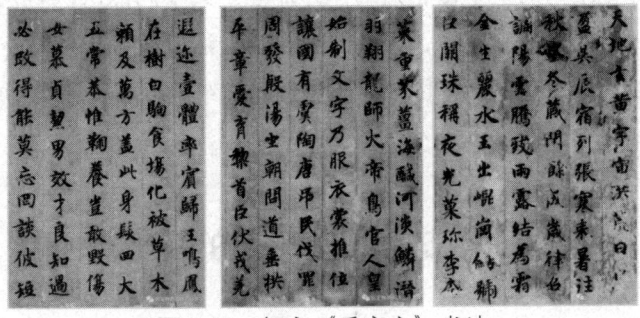

图 3-48　智永《千字文》书法

第 4 章

学校课堂形态

课堂形态通常被认为是对课堂结构的一种抽象描述。有研究者对课堂结构的要素做了归纳,并梳理出其不同的层次,认为其是由顶层的价值和理念、中层的内容和教法以及底层的时空和技术等要素构成。[1] 课堂形态实际上是课堂结构的各个要素动态运行所呈现出的状态。

第一节 课堂形态的探索

华附平湖学校的课堂形态经历了三个阶段的探索:目标易学大课堂、湖畔好课堂、"136"素养大课堂。

第一阶段:构建"目标易学"大课堂

建构背景:

2021年7月,"双减"《意见》出台后,关于中小学生减负的话题受到全社会关注。造成学生学业负担过重的原因是多方面

---

[1] 张春雷. 核心素养视角下课堂结构的审视与重构[J]. 教师教育研究,2018.30(5):66—71.

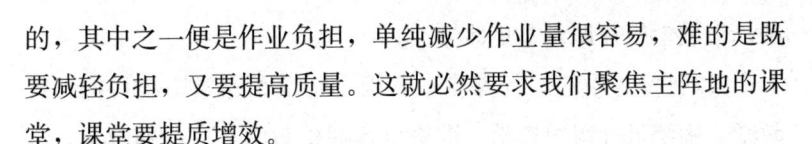

的，其中之一便是作业负担，单纯减少作业量很容易，难的是既要减轻负担，又要提高质量。这就必然要求我们聚焦主阵地的课堂，课堂要提质增效。

华南师范大学附属平湖学校是一所九年一贯制的新学校，2021年9月开办，教师队伍主要是刚毕业入职的新教师，他们一方面亟待规范培训，另一方面又要快速适应当下基于"双减"转型背景下的教育教学理念，所以我们探索构建学校特色的课堂教学形态显得尤为紧迫。

当前我国基础教育课堂教学转型的基本取向是建构学习中心课堂。走向学习中心课堂是课堂范式发展的一种历史必然，也是国内外课堂教学改革的共同之处。学习中心课堂建设实践改变了课堂教学的逻辑结构，让学生自主能动地学习。其局限是缺乏对教学目标的确立、教学内容的选择、教学结果评价、课堂文化建设等全方位的课堂观照，这无疑成为有效学习课堂形态探索的难点。

何谓"目标易学"大课堂？

1. 当下课堂教学教研现象的积弊和顽症是什么？

总体上讲，当下的课堂根本上是"以教师为中心"的课堂，学生围绕老师转，学生跟着老师学，学生以良莠不齐的大作业负担量被动应对，学习效率低下，缺乏自由度和伸展度，缺乏效能感和成就感。而不少刚入职或年轻的教师对课堂研究不深入，备课时东拼西凑，讲课时一堂课的基本结构混乱，听课时不明不白，评课时不痛不痒，课堂组织力不从心。显然，教师备课上课效率低下，听课评课流于形式，课堂管理混乱无序，教师专业成长缓慢。

2. 为何要聚焦"目标"？

有目标的人在奔跑，没有目标的人在流浪，没有目标的老师，带领学生在课堂上集体流浪。

"以目标为中心"的课堂，其根本特征是课堂围绕目标设计教学，围绕目标组织教学，围绕目标评价教学。这样的教学，其落脚点在"学"，教师的支持作用在于"导"，学与教的链接点就是"目标"。课堂在"目标—策略—评价"的框架下，学生主动学习的机制，自主、合作、探究学习的机制，拥有自由度和伸展度的学习机制，拥有效能感和成就感的学习机制，就能够产生。

没有目标的听课、评课、教研就是隔靴搔痒。听课时不明不白，雾里看花；评课时浮在表面，无聊赞美和批评，缺乏公众认同的总体方向。信马由缰，各行其是，缺乏设计、诊断与改进的有效措施；教研时自说自话，收放无据，缺乏能够互相对接、互相支持的共同语境。以目标为中心的教研，让老师的探究远离"流浪态"，进入目标中心的"聚合态"。

真正以人为本的课堂学习目标，可以整合课上与课下，以统一的学习目标监管课上与课下作业的质与量，还可以实现课堂教学与德育的融合，实质性提高学科育人的水平。

3. 怎样理解"易学"？

诚然，大道至简，但"易学"不仅仅是肤浅的"简单容易学习"之意，我们倡导的课堂"易学"有三个层次的丰富含义，即透视课堂中"简易""不易""变易"的三大基本原则。

第一，简易：是指课堂教学规律原本简朴而平易。

第二，不易：是指课堂教学规律有其必然的程序可以遵循。

第三，变易：是指课堂教学规律之变化、发展和自我否定。

具体阐释说明如下：

简易原则，课堂教学规律原本简朴而平易。我们认为有效课堂教学有三个核心元素，即目标—策略—评价。课堂教学没有目标就没有价值，策略是围绕目标而展开的，评价依据目标对策略的成效进行评估和诊断。目标是课堂教、学、研的依据，也是学校管、训、评一体化的依据。我们形象称其为课堂"核心三原色"简易图（图4-1）。课堂都是围绕目标、策略、评价这三个基本色，调制出丰富多彩的颜色来。

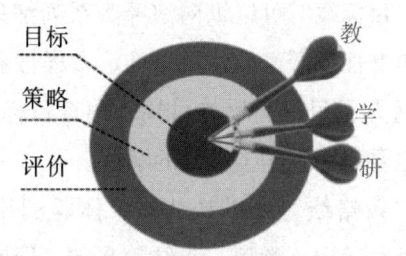

图4-1 课堂"核心三原色"简易图

不易原则，课堂教学规律有其必然的程序可以遵循。我们倡导的课堂基本思路是：依据课程标准和具体的学情来制定目标，依据细化的目标选择学习策略，依据策略实施的成效进行评价，依据评价进行学习反馈，依据反馈引领学习的调整，依据调整提升学习目标的层次。这样形成一个"目标—策略—评价—反馈—调整—新目标"的螺旋上升闭环思路图。我们形象称其为课堂"五格调色盘"不易图（图4-2）。

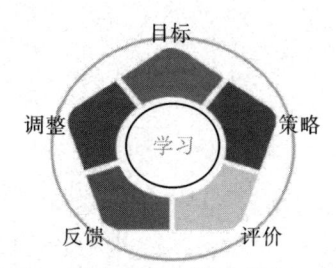

图4-2 课堂"五个调色盘"不易图

变易原则，课堂教学规律之变化、发展和自我否定。课堂教学既是科学，又是艺术。课堂要提质增效，必须尊重科学规律；课堂要创新，必须与时俱进。我们要在课堂实践中研究，在研究中实践，始终要坚持用辩证统一、普遍联系、天人合一的科学思想来观照我们的课堂。基于这样的思想观念，我们倡导用"课堂创新大画布"（图4-3）指导我们的课堂实践。

画布围绕"目标线"可以纵向演绎为系列细化学习目标，呈现学习层次的典型性、严密性、递进性、多样性和丰富性；也可以横向联系贯通办学目标、培养目标、德育目标、特色目标等。成功的目标一定要观照到学生精准的学情。

画布围绕"策略线"可以从认知、体验的维度演绎为：启发、建构、巩固、运用、测评、小结等步骤，同时展开问题、讨论、记忆、应用、检测、概括分析、习题或活动等环节。

画布围绕"评价线"可以演绎为：讨论问答、师生展示、例题解析、课堂练习、当堂测评、课后作业等多样化方式，同时必须有适合的教学资源支持：问题、学案、题库、课件、技术、支架等。

画布围绕"情态线"重视学生课堂中情感、态度、价值观的变化，达到促进学习、圆融学科育人。关涉到教师的教学语言、板书、仪表、课堂节奏、氛围、关系等。

策略 目标	启发	建构	巩固	运用	测评	小结	策略 评价
学习目标1 精准学情	问题 习题/活动	讨论 习题/活动	记忆 习题/活动	应用 习题/活动	检测 习题/活动	概括/分析 整理/综合	讨论问答 问题
学习目标2 精准学情	问题 习题/活动	讨论 习题/活动	记忆 习题/活动	应用 习题/活动	检测 习题/活动	概括/分析 整理/综合	师生展示 课件
学习目标3 精准学情	问题 习题/活动	讨论 习题/活动	记忆 习题/活动	应用 习题/活动	检测 习题/活动	概括/分析 整理/综合	例题解析 题库
学习目标4 精准学情	问题 习题/活动	讨论 习题/活动	记忆 习题/活动	应用 习题/活动	检测 习题/活动	概括/分析 整理/综合	课堂练习 学案
学习目标5 精准学情	问题 习题/活动	讨论 习题/活动	记忆 习题/活动	应用 习题/活动	检测 习题/活动	概括/分析 整理/综合	当堂测评 支架
学习目标6 精准学情	问题 习题/活动	讨论 习题/活动	记忆 习题/活动	应用 习题/活动	检测 习题/活动	概括/分析 整理/综合	课下作业
目标 情态	情感、态度、价值观变化，促进学习，学科育人。 （美的语言、板书、仪表，合适的节奏、氛围、关系）						评价 情态

图 4-3　课堂“创新大画布”变易图

4. 大课堂的“大”怎样理解?

之所以叫“大课堂”，主要考量是在建构学校课堂形态时，我们依据“双减”教育转型新形势的大理论、大逻辑、大格局，大思考，我们的课堂到底要培养什么样的人？的确课堂分数只是短时得利，得不了未来，面对当下课堂的积弊之重，我们努力将课堂学习目标把“课上”与“课下”贯通起来，监管课上课下作业的质和量，切实做到课上课下减轻学生学业负担。重新认识作业，明确作业功能，培养“完整的人”，改革作业结构，“完整地培养人”，明确作业主体，让学生主导作业过程。通过课堂学习目标，把教学与德育统合在课堂中，重视学生情感、态度、价值观的变化，促进学习在课堂中真实发生，实现学科育人目标。真正构建大逻辑、大格局的学校课堂。即贯彻科学的目标，让课堂学习有灵魂；展开灵动的策略，让课堂学习有温度；实施精准的评价，让课堂学习有深度；关注学生情感，让课堂有品质。简言之，让课堂培养完整大写的人。

第二阶段：打造湖畔好课堂

我认真看完了老师提交的视频课，又看完了在线教学老师们的回放课，持续跟进课堂教学。

老师们的视频录像课36节、在线课堂回放课318节。36节视频课我是每一节我都认真仔细地学习了，318节在线课，我每天重点听2—3节不等的课，因人而异，其他的每一节回放课我会有目的地浏览，找到我需要学习的信息。

从以上课堂掌控的有效信息来看，作为一所新学校，50%的教师是新手，学生主要是一年级、七年级起始段新生，还有三分之一的插班转学生。我们在短短的一个学期，有序控制了课堂、基本落实了各项教育教学规范，有三分之一的新老师上的课可圈可点。总体来讲，19位老师的课，虽然稚嫩，但新手身上散发出的闪光点令人惊喜。

根据学校管理常态，新学校第一年全力以赴抓好常规落实是第一要务。由外而内，先抓安全、以为德育中心推动学校文化；再抓校本课程、让学生生动发展，进而逼近学校的核心区域，即课堂建设。基于我校目前的实际情况，老师和管理团队很给力，半年时间完成了常规样态的机制平衡运行，面对新学生、新教师的扩展压力，我们必须提前启动课堂深度层面的建设工作，在实操层面建设学校的好课堂。

我们学校的工作重心为什么要快速转入课堂，聚焦课堂建设？

"中国好课堂"研究专家冯恩洪教授说，对于课堂有一个相对简单的认知：假如一个学生以小学每天上6节课，中学每天上8节课计算，每年在校时间为40个周，每周上5天课，一个学生大学前的12年教育人生，是由16800节课而构成的。从这个意义上来说，教育的细胞就是课堂。因此，关注教育的细节就是关注课堂。

就学生而言，他们的成长主要是在课堂里实现的，课堂是学生成长的舞台。学生在课堂里收获健康、积累知识、增长能力、养成责任，实现从自然人到社会人的发展。同时，课堂也是我们老师实现生命价值的平台。一个老师最具魅力、最为光辉的时刻是绽放在三尺讲台上的。让老师享受走上讲台，要求我们必须关注课堂。抓住课堂，才能抓住学生成长、成才的命脉，才能掌握学校发展的密码。

目前，我们学校的课堂生态总体上平稳，但是从学校的发展高要求来看问题，无论是新教师19人，还是有经验的教师18人，课堂亟待改革，刻不容缓。当下学校课堂最大的短板是：课堂里老师基本是以"教"为逻辑的设计，主要还是以"讲授"法占主导方式；学生大多是"被动学习"，学习基础薄弱、行为习惯差，二者不均衡。简言之：是以教为中心的被动学习的低效课堂。

那么，我们学校打造好课堂的思想、路径、方法、要求是什么？"有道无术，术尚可求；有术无道，终止于术"。从道的层面讲：我们提出了"易学大课堂"三要素，即目标、策略、评价；我们总结了学校精神的方法论，即知行合一，"事上磨"。无独有偶，七十多岁的上海建平中学老校长冯恩洪教授，他潜心研究中国好课堂几十年，七十高龄还走遍中国大江南北学校听课数以千计，他深刻指出：好课堂要解决四个根本问题，教师要知道课堂中自己的学生在哪里？要到哪里？怎么到？到了吗？这实际上与我们"易学大课堂"提出的"目标、策略、评价"相一致。

冯校长提出中国好课堂三要素：问题、合作、合适。他深刻生动地阐述：课堂由什么组成？"显而易见是问题，问题是教学的起点，问题反映学生'在这里'，学习目标反映孩子们应该到达'那里'。教师的教学设计不应只是钻研教材的结果，而要根据'在这里'和'到那里'的距离进行设计，这才是以学生发展为本的教学。不知道来自学生的问题，不知道学生在哪里，课堂只能是演绎推理的教学，只能是满堂灌的教学，必然是低效或无效的教学。"

问题怎么来？"针对学生，通过有效预习，新知识可以分成两部分，学生看得懂的新知识和学生看后起疑的新知识。看后起疑的新知识就是问题。"他如是解释。

合作是在问题基础上进行的。"面对有思维挑战性的问题，老师对学生进行分组，一个人不能解决的问题，组内合作探讨，在合作的过程中发挥学生的主观能动性。老师要适时进行角色转换，从教班变成教组，从个人教群体变成团队教团队；同时，学生也从'个学'变成'群学'。"

注入问题与合作的课堂同传统讲授式课堂有何不一样？"新的知识不应是老师教给学生，而是在老师引导下学生自己学会的。老师不应与学生争抢话语权，学生能做的事让学生自己去做，老师不替代；经过启发学生能做的事仍然让学生自己去做，这才是优秀老师的真本事。发挥学生潜能的课堂才是最精彩的课堂。"问题与合作的作用正在于此。

作为中国好课堂的第三个要素——合适是极易被忽视的一个元素。"课堂是由教材、教师、学生三个基本因素组成的。教材是相同的，学生却是有差异的。同一间教室里，有差异的学生拿着无差别的教材，这就形成了一对矛盾。让每一个有差异的学生都实现发展，课堂需要'合适'。"

以上冯校长总结的好课堂三要素：问题、合作、合适。可以具体借鉴指导我们的课堂实践。他还具体总结了一堂好课设计的五个步骤：第一步，激情导入；第二步，引导学生发现更好的问题；第三步，导学路径的设置；第四步，围绕老师的导学路径进行组内展示，组内交流，组间展示；第五步，巩固，监测反馈。

我希望我们的湖畔好课堂建设，一定要倡导践行"知行合一，天天向上""事上磨"的学校精神。第一，学校教学处要狠狠抓住"事上磨"，各学科组要有1—2名实验老师带头进行深度艰苦细致的课堂实践，每周教师集体备课、研课就紧紧围绕"课例"反思分享。学校以此建立教师评价机制，即制定"五项全能教师"评价指标：能上好课、能管好学生、能出成绩、能写文章、能主动学习分享。第二，教学处要围绕湖畔好课堂建设设计：新教师亮相课、青年教师研讨课、中年教师观摩课、骨干教师示范课，老年教师纪念课。第三，围绕好课堂建设开展系列教研活动：磨课说课、课堂研讨、命题说题、解题提升、论文指导、经验分享、技能比武等。第四，学校的德育工作也要跟进课堂，教学与德育合一。课堂是我们工作的主阵地。

不转移工作重心，学校要完成突围式发展很困难，青年教师们在学校体验不到工作成就感，很快进入职业倦怠状态，学校就没有精气神。所以，打造湖畔好课堂是一项重要而迫切的工作。

第二节 "136"素养大课堂的构建

第三阶段：构建"136"素养大课堂

1. 义务教育新课标的颁布：2022年4月21日，教育部正式颁布了《义务教育课程标准（2022年版）》，基于核心素养对课程内容进行结构化整合和呈现，反映了课程内容改革的新动向，对深化教育教学改革、促进义务教育高质量发展具有重大而深远的影响。

诚然，新课改倡导教学以促进学生素养发展为目标。因此，学科教学应该是以素养发展为导向的教学，课堂应该是素养发展的课堂。素养发展课堂突出表现为发展性、情境性、思维性、主体性和实践性等特征。学习的本质即研究，在研究的全过程中促进素养的发展。在教学目标方面，坚持核心素养发展为根本；在教学资源方面，坚持创设真实有效的情境；在教学过程方面，坚持以结构化的问题为引导；在教学组织方面，坚持构建课堂师生互为主体的关系；在教学结果方面，促进知识的迁移与应用。以此，将学生素养发展落到实处。

2. 素养时代课堂形态的重构：基于不同的价值选择，课堂形态会展现出不同的演进方向。坚持素养导向、变革育人方式是我国新一轮课程改革的方向。课堂形态的变革也应以素养取向的课堂价值追求为先导。华东师范大学教育研究所安桂清提出了探索与素养培育相适应的课堂内容形态、活动形态和时空形态的重构。素养时代课堂形态重构的至少涉及如下维度（表4-1）[1]。

课堂形态分析超越对课堂的互动实践研究，从更加具有整体性的内容、活动和时空维度探索课堂的面貌，有助于拓展并深化当前的课堂研究。

---

[1] 安桂清. 课堂形态分析及其重构：范式转换的视角[J]. 教育发展研究, 2023.（3）：51.

表 4-1　素养时代课堂形态重构维度

形态	维度	类型
内容维度	知识类型结构	内容性知识/方法性知识/价值性知识
	学习内容单位	知识点/大概念
	学习内容载体	练习/学习活动/学习任务
活动维度	学习活动	记中学/做中学、用中学、创中学
	学习支持	讲授/认知激发/社会情感支持
时空维度	时间形态	钟表时间/社会建构时间/虚拟时间
	空间形态	物理学习空间/虚拟学习空间/虚拟现实空间

3. 全脑激发的"四合一"主体教学模式的启发：广东省中学特级教师冯旭初 1994 年开始构建"四合一"主体教学模式，1997 年开始实验，2002 年立项全国教育科学"十五"规划课题，2006 年结题，2007 年获广东省第八届普通教育教学成果奖一等奖，2014 年获国家级优秀教育教学成果二等奖。

"大容量，强节奏，高效益，活全体"，是"四合一"主体教学模式的课堂教学特点。"课堂 40 分钟解决问题，不搞加班加点，学生学得高兴，素质全面发展"，是"四合一"主体教学模式实践的教学理念。教育的主阵地就是课堂，把教学目标、教学生理、教学组织、教学手段四个元素合成一个目标：素质教育。教学目标由"身体素质、心理素质、文化素质、学科素质"组成素质自我发展评估；教学生理由"象限 A、B、C、D"四个象限构成"全脑图形"；教学组织由"学生甲、乙、丙、丁"构成"互助合作小组"；教学手段由"红色 A、橙色 B、绿色 C、黄色 D"组成"信息卡"。教学过程由此展开：根据反射弧的原理，认为学习过程由定向环节、行动环节、反馈环节三个基本的环节组成。"四合一"主题教学模式把课堂教学过程概括为六个环节，即目标、参与、获得、操作、迁移、反馈。

基于学校课堂教学的探索过程：从"目标易学大课堂"到"湖畔好课堂"，从核心素养的价值要求、素养时代课堂形态重构维度、到"四合一"主体教学模式的启发，我们构建"136"素养大课堂："1"代表核心素养取向的价值（宏观）；"3"代表课堂形态的核心元素：目标、策略、评价（中观）；"6"代表课堂具体操作原则：①目标明确：依据知识类型定位大概念，让目标可见、可控、可测；②设计学习行为：明确学习任务，由练中学到做中学、用中学、创中学；③小组合作学习：帮助学生克服在对话、体验、讨论、合作、探究中的困难，创设学生向学性的支持环境，即解决问题的脚手架、积极向上的氛围；④当堂检测：讲练结合、迁移反馈；⑤关注每一秒时间的有效性、每一位学生的心理状态；⑥营造与学习相匹配的空间：户外学习空间、个人学习空间、项目学习空间等。

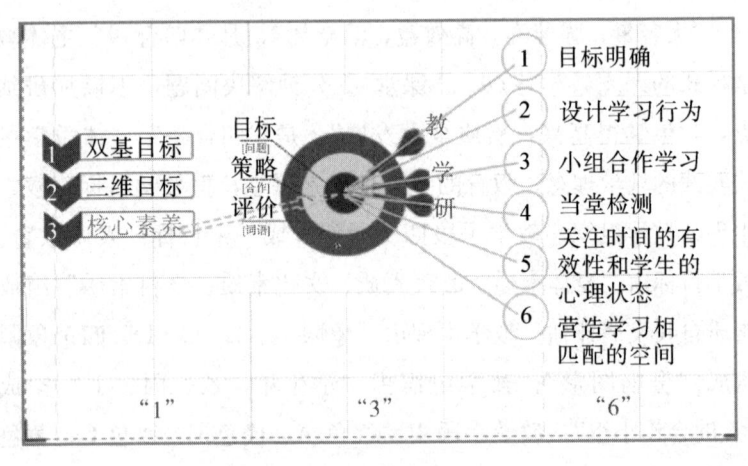

图4-4 "136"素养大课堂图解

第三节 实践性文章分享

日志1　没有目标观念的教、学、研何时休

周四、周五我听了8节课，聆听了多位一线专家的点评，总体上讲我学到了不少东西，看到了青年教师们在课堂上成长努力和智慧，但也有难言之痛，不得不说的话。特别是听课和学习过程中，有时显著地感受到老师讲课很吃力又别扭、学生听课很迷茫又找不到感觉、专家评课脱离教师本节课具体教学目标自说自话。当下在追求校内外学生课业要"双减"、课堂阵地要"高效"之际，针对这种病象，我们应当如何深究之、改变之。细究病根：都是没有目标观念的教、学、研惹的祸。下面我特以一个四年级数学《字母表示数》课例分析来简单阐释所言之意，谨与各位老师学习交流。

一、教学目标的叙述与编写不科学规范

1. 知道可以用字母表示特定的未知数。初步体会用字母表示数的作用，能够根据具体的情景用含字母的式子表示数量关系和一个量；初步理解字母的取值范围是由实际情况决定的。

2. 感受符号化思想，发展学生数感，经历把实际问题用含有字母的式子进行表达的抽象过程，培养学生的抽象概括能力，渗透函数思想。

重点： 体会用字母表示数的意义，掌握用字母表示数的方法

难点： 引导学生经历符号化的过程

显然，这位老师在"教学目标"的定位和编写中存在问题：

(1) 没有认真研究数学课程标准四年级学段内容，进行精准适切学情的定位。这节课要经历探索字母表示数的过程，体会字母表示数的必要性、简洁性、概括性，渗透函数思想。(2) 行为主体是"教师"而非"学生"。例如"发展学生数感""培养学生……"(3) 行为动词不可测量、不可评价、不具体、不明确。(4) 动词的行为条件不清楚，难以落实和评价。

二、实际教学行为策略游离教学目标

我们对这节课的基本环节展开，每一个环节的行为策略的实施情况，对照教学目标梳理可知，老师的教学行为是否游离教学目标。参考附件如下：

1. 导入新课
2. 探索新知
  2.1 情境引入 聚焦问题
  2.2 变化情境 直击难点
  2.3 再变情境 加深感知
  2.4 更多情境 学生练习
  2.5 课中小结
  2.6 练习巩固

初看一眼，课的设计似乎环节结构没有毛病，但仔细分析，是否基于教学目标又有内在学习逻辑并合乎学情呢？

教学目标

1. 知道可以用字母表示特定的未知数。初步体会用字母表示数的作用，能够根据具体情境用含字母的式子表示数量关系和一个量；初步理解字母的取值范围是由实际情况决定的。

2. 感受符号化思想，发展学生的数感。经历把实际问题用含有字母的式子进行表达的抽象过程，培养学生的抽象概括能力，渗进函数思想。

教学重难点

重点：体会用字母表示数的意义，掌握用字母表示数的方法

难点：引导学生经历符号化的过程

教学过程

1. 导入新课

（1）出示 a、b，生活中哪里见过这样的字母？

（2）出示：$a+b=b+a$，这里的 a 表示？b 表示？

（3）既然都表示数，为什么不直接用 $3+4=4+3$？用 $a+b=b+a$ 好在哪里？

$3+4=4+3$ 虽然也能表达加法交换律，但是只是表示一种情况。而 $a+b=b+a$ 可以表示无数种情况。今天这节课我们就一起来研究用字母表示数。

2. 探索新知

（1）情景引入，聚焦问题

①这个装子有（1）个乒乓球。可以用数字"1"表示……

只要里面确定有几个乒乓球，我们就能确定地用某一个数表示；

在一到三年级我们研究的都是像这样确定的数。今天我们将掀开数学学习一个全新的篇章。

②（藏起来装）这袋乒乓球有（　　）个。

生：x 个。

师：这个问题跟前面的现象一样吗？什么不一样（这个不确定有几个）？

师：事物数量是确定的、已知的，直接用一个数来表示。但现在这袋球的数量是不确定的、未知的。

把一个数量是已知的叫作已知数,这样的数叫作未知数。已知数学过了,我们重点研究未知数。看不见的,暂时不确定的数——未知数,可以用字母表示。

3. 变化情境,直击难点

(1) 一袋球有(x)个,放入3个,现在一共有( )个。

①学生独立表示。

②将不同写法写到黑板上。预设:x、y、$3x$、$x3$、$x+3$、$x+3=y$。

③学生上台解释。

④有的对有的不对,你猜谁对谁不对,为什么?四人小组讨论下。

⑤小组汇报。

预设1:x不对,不同的数要用不同的字母表示。

预设2:$3x$不对,这里不是乘法情境,没有表示出多3个。$x3$也不对。

预设3:y看不出加了3个。

认可y等单个字母的表示方法。

比较$x+3$和y,$x+3$看出了放入前和放入后的变化。

通过我们共同的努力,填入字母式,这个字母式就表示现在的个数。

4. 改变情境,加深感知。

拿出3个,恢复原来成x个。

(1) 每个2元,一共要( )元。

学生尝试、反馈,理解"$2×x$",教学简便写法"$2x$"。

5. 更多情境,学生练习。

每个重3克,一共重( )克。

平均分给 5 人,正好分完,每人( )个。

学生尝试,同桌交流;快速反馈"$3x$"和"$x\div 5$"。

6. 课中小结

引导学生观察板书,回顾学习过程。

从 x 出发,写出了四个字母式。

形成板书:未知数 —— 字母 —— 字母式(表示新的数)

假如知道了每人是分到 8 个,你知道一袋球是多少个吗?

7. 练习巩固

新设情境 —— 字母式还表示数量及关系

你知道我的年龄吗?

用 x 表示。

师:x 可以表示任意数吗?能代表 2000 吗?能代表 3 吗?0.2 呢?

师:这里的 x 指的是一定的范围(板书:范围)。

师:(出示外甥头像)给个字母表示他年龄。

师:为什么不用 x?

师:同一个问题中不同量要用不同字母。

看他的真正年龄,出示:$x-21$。

师:发现了什么?

生:师与外甥差 21 岁。

师:意思是 $x-21$ 表示的我与外甥年龄之间的什么呢?(生:关系)

原来字母式不但表示某一数量。还表示两个量之间的关系。

具体分析如下:

【游离目标环节 1】分析教师"导入新课"的环节。

导入新课:老师一开讲就出示 a、b,提问学生"生活中哪里见过这样的英文字母?"学生很快都能回答在哪里见过。

接着老师出示：$a+b=b+a$，老师提问："这里的 a 表示什么? b 表示什么?"这下学生就不知所问了! 这时老师不断提示和暗示，"这是学过的加法交换律，a/b 表示"数"，可以表示任何一个数字。"学生好像明白了"可以表示任何一个数字"。

接下来，老师说："既然都是表示数，为什么不直接用 $3+4=4+3$?"我不知道学生此时该怎样回答这个问题，我当时也不明白。接着老师又来了一个问题："用 $a+b=b+a$ 好在哪里?"自然学生是不知所云。

这时，老师解释说，$3+4=4+3$ 虽然也能表示加法的交换律，但是只是表示一种情况。而 $a+b=b+a$ 可以表示无数种情况。这就是我们这节课要研究"用字母表示数"。

我们看看，这一段展开的过程，花了几分钟时间，到底要达到什么教学目标? 本来是导入，启发学生进入构建知识体系环节，而实际教师用加法交换律公式验证字母表示数，增加了学生学习内容和思维混乱的负担。

试想，我们要落实教学目标"1"，"知道可以用字母表示特定的未知数。初步体会用字母表示数的作用"可以用新课导入这样展开。

师：先来看老师手中拿的是什么? （出示扑克牌）指名说出在扑克牌中 A、Q、J、K 分别代表什么?

师：谁还能说一下，在日常生活中，你们在哪些地方还见到过用字母表示数呢?

导入：在数学中，我们也经常要用到用字母来表示数，这节课我们就一起来学习。

这样的导入展开就紧扣教学目标，适合学情，简洁而有效。

【游离目标环节2】看来教师在"2.1情境引入聚焦问题"环节是要落实教学目标1中"知道可以用字母表示特定的未知数。初步体会用字母表示数的作用";教学目标2中"符号化思想、数感的体验"。

教师准备了一个空的袋子,告诉学生,里面是空的,0,接着老师取了一个黄色的乒乓球放进去,告诉学生袋子里有一个球,1,接着有2,3,4,5……,告诉学生这是确定的数。

接着,老师把袋子藏起来,又拿出一大袋子乒乓球,问学生有多少个?学生说"不知道","x。"老师解释说,"这袋球的数量是'不确定''未知的',可以用字母x表示。"

我们严肃认真地讲,这一环节与"数学"无关,毫无数学意义可言。更严重地说有数学概念错误的硬伤!"这袋球的数量是不确定的",显然应该是确定的(专家评课时指出了错误的说法)。

字母表示数的数学意义到底是什么?这十分重要!数学从"数"到"代数",从"数"到"形",其意义深远。可以用字母表示特定的未知数,一定是从生活中来,而且一定要用学生的生活经验来演绎,绝不是简单庸俗地用"一袋球"来聚焦!其实经典的《数青蛙》儿歌,"1只青蛙1张嘴,2只眼睛4条腿;2只青蛙2张嘴,4只眼睛4条腿;3只青蛙3张嘴,6只眼睛12条腿……";还有经典的"猜年龄"游戏等。这样的生活数学能回答"字母表示数"的必要性、简洁性、概括性的真实数学意义,即n只青蛙,$2n$只眼睛,$4n$条腿。同时能体验到字母式中蕴含的数量关系。数感与符号化的思想体验融入其中,这才是数学。

所以,这位老师将丰富的数学意义简化到"一袋球"就很抽象,让学生不知所云。教师本想"引入情境、聚焦问题",可实际上"抽象情境、粗暴问题"。

【目标游离环节3】教师在"2.2变化情境、直击难点"这个环节要落实教学目标1中"能够根据具体的情景用含字母的式子表示数量关系和一个量；初步理解字母的取值范围是由实际情况决定的"；教学目标2中"渗透函数思想"。

因为以上教学环节的失败，导致这个环节的教学混乱。老师设计如下：一袋球有（）个，放入3个，现在一共有（）个。

学生面对教师手上拿着的一袋"未知数量"的球，问学生有多少个？学生都不知所措，在教师的暗示下，学生说 a 个，在教师的帮助下，说 x 个，接着教师又放入3个球进入袋子，问学生现在一共有多少个？老师按照"教"的成人思维设计，以为学生很顺利会回答：$x+3$ 个，问题是学生早就被老师的思维带偏了！上面已经告诉学生：字母 a 可以表示任何一个数字呀！老师加不加球，没关系，反正用 x 没问题，可是老师强调又加了3个球，学生怎么也明白不了老师要说什么，更加为难的是，上面老师将丰富的数学的数量关系抽象了，学生很难知道 x 和3是什么关系！

所以，老师就不得不把学生带入"胡乱猜测"的无意义教学之中。预设了 x、y、$3x$、$x3$、$x+3$、$x+3=y$，学生还真的猜写了这些无意义的式子，接着老师花了大量时间让学生讨论，通过诱导性语言让学生一个个排除，得出 $x+3$ 的正确结论。

可以说，这节课上到这儿，基本已经"崩盘了"。这怎么也跟教学目标中"经历把实际问题用含有字母的式子进行表达的抽象过程，培养学生的抽象概括能力，渗透函数思想"的内容无法联系上，远离了教学目标，没有数学意义。函数思想没有渗透的载体，体现不了关系基础，这节课的数学"经历"和数学"抽象概括"没有落脚点。

至于，这节课，后面的教学环节"2.3 再变情境、加深感知；2.4 更多情境、学生练习；2.5 课中小结；2.6 练习巩固"。我个人认为与教师的"教"关系不大，基本是学生的经验理解，硬拽着往前走。聪明的学生不知其所以然但是能做题，基础薄弱的学生就稀里糊涂。即使做对了题，也是不能运用知识。

三、这节课老师的"学"与"研"

可以说这节课，老师肯定在备课中花费了不少心血！但课堂上显然教师上得很吃力，学生也学得云里雾里，学习效果肯定好不了。那我们的听课老师和主讲老师肯定想知道其得失何在？可是，我们的专家评课环节，仍然是传统的"自说自话"，是按照专家的喜好进行选择性点评，3个优点，2个不足之类。这种不痛不痒的话能解决问题吗？主讲老师到底能从中扎实地学到了什么？明白了什么？

如果这样，专家评课脱离了主讲老师的设计意图、教学目标，只是谈了自己感觉良好的优点，自己认为的不足之处，真的能解决问题吗？专家还开了一个很有诱惑性的"药方"，说有机会听听他怎样上这节课，他已经上这节公开课几十遍了！我听了很不是滋味，好像有个胃痛病人，此时已经痛不欲生，而医生却告诉病人现在忍一忍，不着急，过一段时间，带病人去看看他治好的几十个肺癌、鼻癌、淋巴癌的病人，欣赏他高明的医术。

写这篇文章，没有丝毫指责主讲老师和专家的不是，我也没有那个资格，但诚心诚意想让我们华附平湖教师感受到目标教学的要害，努力提升自己专业成长水平，切实提高我们的课堂教学质效。

于天鹅湖畔
2021年11月27日

日志 2　谈谈"学习目标"的定制与教学落实

—— 以一节数学课《平行四边形面积》为例

各位老师好！我们本周二下午一起交流了我们学校课堂形态建设的基本思路和原则。我们都认同国内外基础教育的大势是：构建学习中心课堂，传统的以"教"为中心的课堂不适应现代社会培养人才的需求。怎样构建真正高效的学习中心课堂，这还有很长的路要走，但过往探索的教育实践告诉我们，"学习目标""学习策略""学习评价"是构建学习中心课堂的三个核心要素。而"学习目标"是首要的核心要素。没有目标地学习，一切都是处于"流浪"状态，就无从谈起学习的"有效"与"价值"。怎样科学定位学习目标和教学落实，是我们每位教师要用心思考和研究的。下面，我结合课例谈谈自己的看法，供各位老师借鉴。

一、怎样定位好一节课的"学习目标"？要切实做好三个"研究"

1. 研究学习内容
2. 研究学情
3. 研究课程标准

我们先看看吴玉凡老师《平行四边形面积》的教学设计（部分）。

表 4-2　《探索活动：平行四边形的面积》

授课科目：数学	授课教师：吴玉凡
授课年级：五年级	课时：2个课时

续表

学情分析： 　　五（1）班的学生整体水平呈现两极化，数学基础薄弱的同学大致有四五名，这一节课的基础是长方形的面积公式、割补法以及如何找出平行四边形的底和对应的高，其中割补法和找底和高就是本单元第一、二课的内容，要把前面的基础夯实，才能确保他们这节课能跟上节奏。在讲解时，要注意单独提问他们，以便掌握他们的学习情况。
教学内容分析： 　　这是五年级上册第四单元第三课的内容。在此之前，学生已经学习过长方形、正方形的面积公式，学习了如何在平行四边形中找底和对应的高。这节课的主要内容就是探索平行四边形的面积，重点是让学生经历探索面积的过程，验证猜想的方法主要有数格子、割补法。本节内容的易混淆点是计算平行四边形的面积公式是用"底×高"还是"底×邻边"，易错点是"底×高"中的高是对应底边上的高。在推导面积公式时，要通过让学生通过割补法，将平行四边形转化为长方形，再将旧知转化为新知，观察转化后的长方形的长和宽分别对应平行四边形的哪一部分，推导出准确的面积公式。
教学目标： 　　1. 经历平行四边形面积猜想与验证的探究活动，体验数方格及割补法在探究中的应用，获得成功探索问题的体验。 　　2. 掌握平行四边形面积计算公式，并能正确计算平行四边形的面积。 　　3. 能运用平行四边形面积计算公式解决相关的实际问题。

　　我们粗略一看，是可以的。

　　1. "学情分析"就是"研究学情"：班上学生整体水平呈现两极化，数学基础薄弱的同学大致有四五名。

2."教学内容分析"就是"研究学习内容":这节课的主要内容就是探索平行四边形的面积,重点是让学生经历探索面积的过程,验证猜想的方法主要有数格子、割补法。作为新教师的亮相课,做到这样已经很不错了!

3.关于"课程标准"的研究,很难从吴老师的文字描述中看得到。文字描述中看不到,并不等于吴老师没有研究课程标准。通常我们可以在这几个场合了解到:其一,评课时,主讲老师要先"说课",这时她必须要谈自己对这节课设计的基本思想和理路,对标课程标准的思考和理解就是绕不开的核心内容。凡是赛课、教师竞聘讲课、职称晋升讲课、专家示范课等,都必须经过这一关!其水平和格局的高下立见。其二,教师做教学反思。如果反思不进行课堂的"上位"思考,很难说反思有意义价值。其三,课堂教学质量分析。寻找教学质量低效的原因时,就会寻根至此。

关于"学习目标"的描述,吴老师用的是"教学目标"。这两种概念的内涵是不一样的,"学习目标"是以学生的"学"为本的,主体是学生,而"教学目标"是以"教"为主,教师为主体的。这是两种不同的逻辑体系。即"学习目标"描述的是以"学"为逻辑展开的课堂结构,"教学目标"是以"教"为逻辑展开的课堂结构。例如:"让学生掌握平行四边形面积计算公式","会使用平行四边形面积计算公式",前者是"教学目标"的话语,后者是"学习目标"的话语。体现了两种不同的深层观念。

二、怎样落实"学习目标"?

关键在于"目标导学"的设计写了目标是第一步,但落实是很重要的一个环节。落实环节是检验这个"学习目标"真伪的唯一途径。这分两种情况说,首先,如果"学习目标"是没有经过讲课老师用心思考，只是"应景"的敷衍，是一种形式摆设，那就不谈了，因为进入课堂状态时，讲课老师心中没有目标，只是跟着感觉走，跟着自己的所谓经验上课，纯属于随意了。另一种情况是，讲课老师努力思考了，定位了"学习目标"，实施过程中出现了问题，这很正常，但可以分析，有教学实践价值。我想和老师们谈的就是第二种情况。

怎样落实"学习目标"？我提出学校的课堂形态建设的基本思路是"目标导学"。我们的"目标导学"含义有三：一是课堂是学生的课堂，教学活动中要以学生为中心，以学生的学习为中心，这就是"目标导学"的"学"；二是教师的作用在于"导"，而不是在于灌输，这就是"目标导学"的"导"；三是在教师与学生之间，在教学与学习之间，其连接点在于"目标"。三者有机结合，就是我们所说的"目标导学"。"目标导学"的内在逻辑和话语体系是：目标、策略和评价。"目标导学"的实践路径是：学习目标的优化、呈现与达成。

接下来，我还是以吴玉凡老师这节课来交流一下教学落实的问题。

吴老师这节课使用的教学策略和展开过程如下：

1. 课前准备：学生趴在桌上两分钟（策略），以"静"的方式安心很好。

2. 新课导入：复习长方形面积引入平行四边形，提问（策略）。【2分钟】

3. 探索平行四边形面积。

①学生自主探索。师：现在每个同学手上都有一个平行四边形，请你想一想，你能知道算出它的面积吗？（有一个底边为7，高为4，邻边为5的平行四边形，单位：cm）。

学生根据图中数字式信息猜面积，列式：$7×5=35$，$4×7=28$，$4×5=20$，$7×4+5=33$，$5×7+4=39$，等等。【5分钟】

②验证猜测

方法一"割补法"：$4×7=28$ cm；

方法二"数格子"，一共有五位同学展示，四位失败。【18分钟】

③直观展示与转化：底边、邻边、高、周长、面积，观察各要素变化关系。

④用字母表示面积：$S=a×h$。

4. 练习

例题：为了方便停车，很多停车位设计成平行四边形，如图，已知这个停车位的底是4.8 m，对应的高是2.5 m，它的面积是多少？

【下课铃响】

根据以上策略展开的过程，我们来看看吴老师"学习目标"的达成情况如何。回头看吴老师的"教学目标"（学习目标）：

1. 经历平行四边形面积猜想与验证的探究活动，体验数方格及割补法在探究中的应用，获得成功探索问题的体验。

2. 掌握平行四边形面积计算公式、并能正确计算平行四边形的面积。

3. 能运用平行四边形面积计算公式解决相关的实际问题。

从形式上看，吴老师完成了目标1，目标2不能说达成了，因为只是在这节课中学生学习了一道例题练习而已，没有当堂练习和测评过程。目标3没有时间实施，因为下课了。

我们也可以看看这节课的时间有效性。这节课有15分钟是学生进行"数格子"验证，四位"数格子"同学的失败原因是什么呢？另外有3分钟是猜测平行四边形面积，其中出现了像

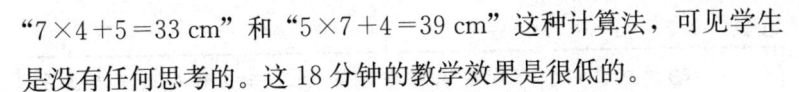

"7×4+5＝33 cm"和"5×7+4＝39 cm"这种计算法，可见学生是没有任何思考的。这18分钟的教学效果是很低的。

三、我们从这节课教学中得到什么重要启示呢？要认真研究课程标准，重视策略和评价

1. 吴老师这节课应该怎样对标"课程标准"呢？我们一起来研究一下。

人教版五年级上册数学课标解读。课程总目标：

课程目标从知识与能力、过程与方法、情感态度与价值观三个方面设计（见表4-3）。

对于《平行四边形面积》章节的教学要思考。

知识技能：经历图形（四边形）的抽象、变形、位置确定等过程，掌握平行四边形面积计算的基本知识。

数学思考：参与观察、猜想、证明平行四边形面积的数学活动中，发展孩子的推理能力，表达自己的合理想法。培养孩子独立思考，通过平行四边形面积公式与长方形面积公式的关系，体会重要的数学转化思想和思维方式。

问题解决：能解决生活中平行四边形面积的实际问题。

情感态度：积极参与数学活动，独立思考。

表4-3 目标解构

知识技能	●经历数与代数的抽象、运算与建模等过程，掌握数与代数的基础知识和基本技能。 ●经历图形的抽象、分类、性质探讨、运动、位置确定等过程，掌握图形与几何的基础知识和基本技能。 ●经历在实际问题中收集和处理数据、利用数据分析问题、获取信息的过程，掌握统计与概率的基础知识和基本技能。 ●参与综合实践活动，积累综合运用数学知识、技能和方法等解决简单问题的数学活动经验。

续表

数学思考	●建立数感、符号意识和空间观念,初步形成几何直观和运算能力,发展形象思维与抽象思维。 ●体会统计方法的意义,发展数据分析观念,感受随机现象。 ●在参与观察、实验、猜想、证明、综合实践等数学活动中,发展合情推理和演绎推理能力,清晰地表达自己的想法。 ●学会独立思考,体会数学的基本思想和思维方式。
问题解决	●初步学会从数学的角度发现问题和提出问题,综合运用数学知识解决简单的实际问题,增强应用意识,提高实践能力。 ●获得分析问题和解决问题的一些基本方法,体验解决问题方法的多样性,发展创新意识。 ●学会与他人合作交流。 ●初步形成评价与反思的意识。
情感态度	●积极参与数学活动,对数学有好奇心和求知欲。 ●在数学学习过程中,体验获得成功的乐趣,锻炼克服困难的意志,建立自信心。 ●体会数学的特点,了解数学的价值。 ●养成认真勤奋、独立思考、合作交流、反思质疑等学习习惯,形成实事求是的科学态度。

2. 明白了数学转化思想,其实"割补法""数格子",可以将直观的"数格子"的步骤一掠而过,节约十多分钟时间,因为有"割补法"和直观变形能够充分落实目标;在学生猜面积环节,学生没有依据地用加法时,就要追问其依据和想法。

3. 要重视学生解决实际问题能力,特别是加强学生对关于平行四边形面积的生活实际问题的解决练习。

4. 特别要重视课堂和课外练习评价。课堂没有当堂练习、没有当堂测评，教学质量就没有保证。因为发现不了学生的问题，不知道学生掌握怎样。这节课下课时没有"布置课后作业"环节，一堂完整的课，最后要有"小结"和课后作业布置，这样可以看出教师对学生学习目标的课后落实，作业质量标准要与学习目标一致，特别是有层次和针对性的课后作业设计十分重要。

5. "学习目标"的科学表述。要按照学习目标标准格式叙写，即学习目标叙写五要素构成法：学习主体、学习内容、行为表征（行为动词）、学习环境（行为条件）、表现程度（行为程度）等五大要素。

例如："培养学生经历平行四边形面积猜想与验证的探究活动，获得成功探索问题的体验。"

这种表述不科学，"培养学生"的行为主体是教师，而不是学生；"经历探究""获得体验"含糊其词，教学完后难以评价"探究"、衡量"体验"到什么程度了。

正确的表述例如：学生经历自制折纸的平行四边形图形，动手用割补法拼接成了熟悉的长方形，体验明白了变形后面积不变。

学习主体（学生），学习内容（平行四边形面积），行为表征（经历动手割补拼接），学习环境（自制折纸的平行四边形图形），表现程度（体验明白）。

以语文《海燕》为例，"学习目标"的表述如下。

正例：1. 通过查阅有关资料，能说出《海燕》一课的写作背景。2. 通过运用字典、词典等工具，准确认读、写"遮、蜿"等生字。并联系上下文，能解释"翡翠、飞沫、掠起"等词语的含义。3. 能正确、流利、有感情地朗读课文，熟读全文，并能背诵课文自己感兴趣的段落。

反例：1. 认识海燕的形象，了解作品的内涵。2. 使学生掌握象征手法和对比手法的表达技巧。3. 培养学生学习海燕自信乐观、勇敢的品质和积极的人生态度。

于天鹅湖畔
2021 年 10 月 21 日

日志 3　　"易学大课堂"提升案例

—— 以李余航老师的一节小学语文课《四季》为例

一、课堂教学基本描述

授课教师：李余航　　　　　　**班级**：小学一（3）班
时间：2021 年 11 月 11 日第 2 节课　**课题**：《四季》

课前学生朗读、熟悉课文内容，集中精力准备上课。

1. 启发：老师提问，大自然"四季宝宝"，你最喜欢哪个季节，为什么？学生回答，喜欢秋天 —— 树叶、果子；喜欢冬天 —— 打雪仗、堆雪人；喜欢夏天 —— 游泳；猜猜老师喜欢什么季节？老师喜欢春天！

建构：展示春天图片 PPT，你看到了什么景物？学生回答：鸟、花、草芽。学生读《春天》：草芽尖尖，他对小鸟说："我是春天。"；老师提问：什么是草芽呢？学生理解"草芽"，理解叠词"尖尖"。读，齐读，观看视频，背诵课文《春天》内容。

巩固：还有什么东西是"尖尖"的？学生回答生活中常见的尖尖的事物（如小刀……），_____尖尖，他对小鸟说："我是春天。"学生朗读背诵课文春天的内容。

运用：教师展示图片 PPT，提问："春天除了草芽，还有哪些美丽的景物呢?"学生模仿句式：_____尖尖,他对_____说:"我是春天。"进行说话拓展练习。

检测：学生编写一句诗送给春天（图片提示：绵绵的春雨、红红的桃花、垂柳）。春雨_____,他对_____说:"我是春天。"桃花_____,她对_____说:"我是春天。"垂柳_____,她对_____说:"我是春天。"

2. 依此策略思路启发、建构、巩固、运用、检测展开，推进"夏天""秋天""冬天"的内容教学。策略在细节上略有变化。

3. 小结：学生背诵课文；

4. 学生交流画作《四季》；

5. 学生上台展示画作，用诗句说话介绍所画内容。

6. 课后作业：把今天学的《四季》这篇课文和自己编的诗歌，送给你们的爸爸妈妈。

二、教研员的基本评价

听完这节课，区教研员欧阳萍老师这样评价：作为一所刚开办的新学校，人事环境一切都是新的，李老师刚入职才两个多月，从课堂上观察，小李老师很优秀。特别是对小学一年级学生的习惯培养，很不错！课堂组织是有效的，孩子们很在乎老师的课堂评价指令。李老师的课堂教学过程流畅，从学生的课堂教学行为看，孩子们实际接受、适应了老师的教学语言，听懂老师的教学信息并跟进老师的教学节奏进行思考，非常好！

《四季》这节课，李老师通过学生读、背诵、语言拓展等环节策略展开课堂教学。这个班的孩子很聪明，对相应的叠词运用，学前知识的储备丰富，学得也很扎实。

改进建议：了解幼儿园和小学一年级学生的年龄特点。同样是识字，幼儿园小朋友对图画、声音很关注，而小学低年级学生识字时，要见字形识字，看照字形读音。根据一年级语文课程标准，朗读、识字、写字、背诵是教学重点。特别要求识字教学要扎实。尽可能关注每一个孩子，正确识每一个字、写好每一个字。孩子学得怎么样，掌握到什么情况，一定要加强课堂后期的检测，通过数据说话，掌握课堂教学效果。

为此，欧阳萍老师，还专门通过微课视频《四季》的教学案例进行分析指导。特别强调：1. 课堂要重视检测，课堂游戏是调整情绪，非检测手段。2. 利用好课堂学习单，通过检测，发现问题，反馈信息，再调整课堂的教与学。3. 重视写字的兴趣、效果，强调在语境中进行识字。写字要重视字的笔顺、笔画，由字到词，扩充词汇，融入写字文化。4. 课堂教学语言的要求。最好不用话筒，课堂教学语言要求：声音色彩丰富、好听、美，但不一定要响亮大声。5. 课堂上，老师要增强表扬评价的多元性，同时教师要走下讲台，走入学生中，观察学生。

三、"易学大课堂"的提升分析

根据常规的课堂教学评价路径和方法，毫无疑问教研员是一线最专业的人士。教研员首先都是经验丰富的一线教师，有实践基础，其次才是专业研究人员，追求理论视野。当下基础教研和教研无法突破低效的困境，其原因还是缺乏智慧工具。基于此，我们学校建构自己的课堂形态时，一定要跳出这个怪圈，打造我们自己的课堂"神器"，即有自己高效的实用工具。我们构建的"易学大课堂"，依据"简易""不易""变易"三大课堂原则，建立了我们课堂的"核心三原色""五格调色盘""创新大画布"。这三种工具如何使用呢？我们不妨以上面李余航老师执教的《四季》为例，进行分析阐释。

（一）聚焦"目标"提升境界，课堂更有精神

确定一堂课的学习目标（教学目标），依据有两个：课程标

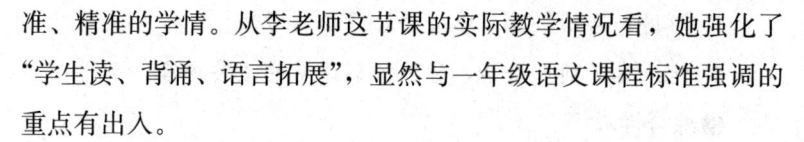

准、精准的学情。从李老师这节课的实际教学情况看,她强化了"学生读、背诵、语言拓展",显然与一年级语文课程标准强调的重点有出入。

第一学段(1~2年级)

●识字与写字

1. 喜欢学习汉字,有主动识字的愿望。

2. 认识常用汉字1600—1800个左右,其中800—1000个左右会写。

3. 掌握汉字的基本笔画和常用的偏旁部首,能按笔顺规则用硬笔写字,注意间架结构。初步感受汉字的形体美。

4. 写字姿势要正确,字要写得规范、端正、整洁,努力养成良好的写字习惯。

5. 学会汉语拼音。能读准声母、韵母、声调和整体认读音节。能准确地拼读音节,正确书写声母、韵母和音节。认识大写字母,熟记《汉语拼音字母表》。

6. 学习独立识字。能借助汉语拼音认读汉字,用音序查字法查字典(部首)。

●阅读

1. 学习用普通话正确、流利、有感情地朗读课文。学习默读。

2. 结合上下文和生活实际了解课文中词句的意思,在阅读中积累词语。借助读物中的图画阅读。

●写话

1. 对写话有兴趣,写自己想说的话。(写想象中的事物,写出自己对周围事物的认识和感想)

●口语交际

1. 学讲普通话，逐步养成讲普通话的习惯。
2. 能认真听别人讲话，努力了解讲话的主要内容。

●综合性学习

1. 对周围事物有好奇心，能就感兴趣的内容提出问题，结合课内外阅读，共同讨论。
2. 结合语文学习，观察大自然，用口头或图文等方式表达自己的观察所得。

识字和写字在这节课中明显不足，教研员欧燕萍老师所点评建议的内容基本就是这个意思，学习目标的定位不准。如果在目标中强化了这个基础，这节小学一年级语文课就是更高的境界。否则，实效性就要打折扣。无论"拓展"环节学生发挥得再好，都是没有底气的，缺失课堂精神的。

课堂的核心三原色，即"目标""策略""评价"，其中"目标"是第一位的，三者贯通一致，"目标"是底色，课堂这三个核心元素可以演绎多彩多姿的课堂世界，但缺失或偏离了核心元素之一，整个课堂就营养不良。

(二)重视"反馈"实现高效，课堂更有灵气

所谓"五格调色盘课"，就是目标、策略、评价、反馈、调整的内在闭环。在课堂教学过程实践中，最宝贵的、最能实现高效的关键环节是"反馈"，因为"反馈"是建立在"评价"的基础上，同时又开启了课堂的目标"调整"环节，当课堂中出现了状况，就是课堂"生成"的黄金时机，没有"调整"智慧，也许就成了课堂的"死地"。例如，李老师提问"你看到了什么景物"时，学生回答说，我看到了"海鸥"。我感觉李老师简单地"滑"过去了，其实老师展示的背景画面，可以用孩子的眼光来肯定"海鸥"的，也可以默认蓝色是大海的；还有李老师在追问，"__

_____尖尖"，学生回答"刀片"，而李老师肯定了，这里应该否定，"刀片"不是"尖尖的"，而是"薄薄的"。这是围绕练习目标的变式，即 AA 式叠词。我在听课中，有位老师讲《画》中的生字"不"的笔顺时，学生发现了错误，老师应该怎么办才对呢？我认为他也缺失了"调整"思维和智慧。

　　这节课是大自然"四个宝宝"：春、夏、秋、冬，如果"春天""夏天"的策略展开很充分，学生掌握得很好时，老师完全可以调整，不按照备课设计的计划走，节省时间，通过游戏或练习，灵活变通的。

　　课堂结构的预设逻辑，本质上是以"教"为逻辑，还是以"学"为逻辑设计，十分关键，但在课堂实践中，肯定是通过"调整"来完成的，否则课堂就很生硬，不仅没有教学效果，而且学生别扭，整个课堂没有灵气。

　　（三）关注"情态"培养全面，课堂更有品质

　　我们的课堂"创新大画布"就像一个给人全身体检的机器，能发现你什么部位有毛病，并告诉你该怎样治疗。一堂课用这个"课堂画布"比照，跟机器给人体检一样。

　　李老师这节课，用"课堂画布"审视：其一，目标偏离了课程标准。其二，精准的学情不到位。课堂上要关注每一个学生，课堂检测的时间偏少，每一个环节到底学生掌握率是多少，数据不清楚。其三，课堂情态提升空间大。教师的课堂语言，放弃话筒，仪表，板书，学生观察，课堂节奏、氛围等。

于天鹅湖畔
2021 年 11 月 15 日

日志 4　　再谈"学习目标"

各位老师好，新的一周又开始了，我还是想借机再谈"学习目标"，希望每位老师在课堂实践中用心研究学习目标，实现高质量课堂的理想！面对高质量教育发展的新形势，我们别无选择。

这项重要的任务，我们必须三步走：第一步，人人上课有目标，没有目标不上课；第二步，目标的陈述形式是良性的，有行为（可见）、有过程（可控）、有结果（可测）；第三步，是基于大概念视域下的学习目标，非知识和技能性的学习目标。

第一步，我们必须坚持有目标，坚持备课备目标，上课前告诉学生学习目标。没有目标不讲课。

第二步，目标的陈述形式是良性的。为此，我提供一些良性的陈述性案例，仅供参考：

例一、教学课文：《小壁虎借尾巴》（小学二年级下学期语文课）

学习目标：

1. 拼音：

利用拼音读准生字的音；能看着课后练习中的拼音读出并写出句子。

2. 字词：

（1）能写、默写课文中 12 个生字和 16 个词，并能说出这些字词在课文中所指的意思；

（2）能口头解释"摇着尾巴""甩着尾巴"和"摆着尾巴"三个带下划线动词的不同含义。

3. 句式：

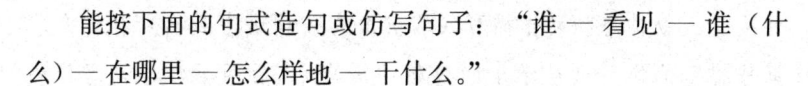

能按下面的句式造句或仿写句子:"谁 — 看见 — 谁(什么) — 在哪里 — 怎么样地 — 干什么。"

4. 课文理解:

(1) 能独立找出课文中分别描写鱼、牛、燕子尾巴作用的句子;

(2) 找出并说出课文第3、4、5段在形式和内容上的异同点。

5. 课文朗读和背诵:

能流利朗读全文并能背诵课文第3、4、5段。

评析:单篇课文学习目标宜用两个维度进行陈述,第一个维度涉及语文单篇课文学习结果的内容:字、词、句、篇(小学低年级还有拼音);另一维度涉及学生的行为表现:听、说、读、写作、造句、解释、说明等。如掌握词语这一项的内容,可以从认读句子、解释词义等行为中表现出来。

例二、教学课题:神态与动作描写训练(初中一年级下学期语文课)

学习目标:

1. 能从学过的课文中找出对人物神态与动作描写的词语。

2. 能大体上分析所提供的材料中对人物神态、动作描写的作用。

3. 能正确修改学生习作中一些人物神态、动作描写上的不妥之处。

4. 能根据所给的材料比较形象地续写一段描写神态、动作的文字。

评析:此处是语文单项能力目标。目标反映语文读、写结合的原则。前两个目标是阅读教学目标,反映学生结合课文理解了

205

什么是人物神态和动作描写（从找出有关词语中看出）和神态与动作描写的作用（从学生的分析中看出）；后两个目标是写作教学目标，把从课文中习得的神态与动作描写方法运用于修改作文和续写一段文章。目标定位适当，具体，可以观察和测量。

例三、教学课题：朗读技能中的"重音"指导学习目标

1. 提供带有重音符号和其他符号的句子，能指出重音符号。

2. 能根据所要表达的思想感情给课文中的一些句子标上重音符号；对已学过的课文中的句子标上适当的重音符号，并根据重音定义陈述理由。

3. 能用"加大音量，延长音节"的方法，正确读出已加上重音符号的句子。

评析：这一案例完全可以作为"评价目标"。

例四、教学课题：长方形的面积（小学四年级下学期数学课）

学习目标：

1. 能借助透明方格胶片或带有方格的面积图，说明长方形面积等于它的长乘宽的理由。

2. 对给予的长方形图形和实物，能正确计算它们的面积。

例五、教学课题：力的图示（初中二年级物理课）

教学目标：

1. 能说出力的三要素。

2. 对提供的实例，能用力的三要素来分析力的作用效果。

3. 对提供的实例，能用力的图示法正确作出力的图示。

评析：目标1是知识目标，目标2和目标3是力的性质概念的运用目标。通过"说出""分析"和"作图"三个行为动词，目标变得可以观察和测量。

例六、教学课题：（中国）地形特点（初中二年级第一学期地理课）学习目标：

1. 能用自己的话说出中国地形三大特点及其影响：

（1）地势由西向东变化特点及其对河流的影响；

（2）沿海大陆架分布特点及其对经济的影响；

（3）地形类型分布特点及其对经济的影响。

2. 对给予的某一纬度地形剖面图，能填写不同剖面所代表的地形类型。

3. 能说出"山地"和"山区"两个术语含义的异同。

评析：本课题重点是地理知识教学。通过"用自己的话说出""填图"和"说明术语含义的异同"，使目标具体，可以测量，而且表明学生理解了所学地理知识。

例七、教学课题：Which Book is more interesting（初中一年级下学期英语课）教学目标：

1. 语音：

（1）给予 lit/i/－let/e/，pick/i/－peak/i:/等词的读音，学生能正确区分[i]与[e]，[i]与[i:]的读音；

（2）给予 differen(t)kinds of books，have you，it is，ete(c)tive 等词或词组，学生能用失去爆破和连读方法正确朗读；

（3）给予/ˈfiu:tʃa/，/ˈstɔ:ri/等 10 个词的音标，学生能根据音标写出单词。

2. 生词和词组：

能正确读、听、默写生词表中 13 个生词和词组。

3. 词法：

对教师或课文中所提供的多音节和双音节形容词，学生能正确写出或说出它们的比较级和最高级。

4. 句型：

会用英文说类似如下含有多音节和双音节形容词的比较级和最高级的句子：（1）Detective stories are more interesting than children's stories. （2）Detective stories are the most interesting stories of all. （3）会说含有 some, others, prefer, to 这样的词语搭配 fit 的句子。

5. 课文：

能正确、流利地朗读课文，并能将它们译成汉语。

评析：英语单篇课文教学目标与语文单篇课文学习目标类似，可以仿照语文目标陈述法陈述目标。一维是教学内容，即语音、词语、词法、句型和篇；另一维是听、说、读、写。此处的目标都是具体的、可以观察和测量的。本课目标的重点是"会说"含有比较级和最高级的句子，反映了把外语作为一种交际工具来学的观点。

例八、教学课题：犯罪的概念与特征（初中二年级政治课）

学习目标：

1. 学生能用自己的话陈述犯罪的概念及其三个基本特征。

2. 对给予违法和犯罪的案例，学生能识别违法和犯罪行为并能陈述其理由。

评析："违法"和"犯罪"是两个易混淆的法律概念。学生在学习"违法"概念之后学习"犯罪"概念。这里的目标1表明学生理解了"犯罪"行为的本质特征，目标2表明学生运用学习过的"违法"和"犯罪"概念来分析违法和犯罪行为并能将这两类行为加以区分。这两个目标都是可以观察和测量的。目标陈述本身暗示了测量方法。测量目标1的方法是让学生口头或用笔陈述；测量目标2的方法是学生辨别正反例子。

3. 通过新课标的学习，要拟写基于大概念视域下的学习目标，即素养目标（这是有难度和挑战性的）。

大概念是素养目标的内核，是教师在知识教学中落实学生素养发展的重要抓手。大概念教学的目标设计必须紧紧围绕学科大概念，指向学生核心素养的发展。然而，当前的大概念教学的学习目标研制比较粗放，具体表现在教学目标无关大概念，漠视知识结构，游离课程标准，难以开展评价。这种学习目标的研制必须以大概念统领各学科教学目标，紧紧围绕大概念，通过大概念，进而建构大概念。

与传统教学的学习目标研制的不同之处在于，大概念视域下教学的学习目标需要紧紧围绕学科大概念，以大概念统领教学过程。其一，厘清大概念——教学目标要基于课程标准与教材。其二，彰显大概念——教学目标要具体而有层级。其三，激活大概念——教学目标要落实到实际问题。其四，建构大概念——教学目标要注重单元整体设计。

希望老师们分几步走，一步一步地推进，不要急躁，先易后难，实用为要。

于天鹅湖畔

2023 年 2 月 26 日

日志 5　　湖畔好课堂案例分析

这段时间，我一直跟进课堂，观察思考我们好课堂的建设问题。一（2）班，七（4）班的建设近期有显著的进步！我也努力与各学科老师进行课堂实践的探索，通过系列文章进行总结分享，期待我们的工作越来越务实有效。今天，我与谈慧美老师一起分享一节数学课。

一、湖畔好课堂建设的基本指导思想是什么

其一，坚持落实"双减"（《中共中央办公厅　国务院办公厅关于进一步减轻义务教育阶段学生作业负担和校外培训负担的意见》）精神，努力提质增效。

其二，坚持践行《义务教育课程方案和课程标准（2022年版）》精神内核与实践逻辑。《义务教育课程方案和课程标准（2022版）》是新时代我国基础教育改革的重要成就，在立德树人根本任务的指引下，充分体现出对"人的成长"的回归，其"三有"（有理想、有本领、有担当）培养目标构建了清晰的素养框架。"新课标"体现了素养本位的课程取向，以课程内容结构化为核心，加强综合课程建设，带来了学习时空的重要改变；确立了以学科实践为中心的新型育人方式，以学科基本思想、基本结构为基础，引领学生像学科专家一样思考和实践；走向素养导向的学业质量评价体系，建立了基于学习进阶的学业质量评价结构。

其三，坚持以人为本，知行合一。充分尊重华南师范大学附属平湖学校的学生、老师的个性特点，从学校教育教学的实际出发，知行合一。

二、湖畔好课堂建设的核心元素、基本原则是什么

湖畔好课堂的核心三元素：目标、策略、评价；基于好课堂的核心元素我们坚持探索实施科学有效的课堂原则：1. 基于目标的问题导向原则；2. 基于策略的主动学习原则；3. 基于评价的课堂精准反馈原则。

三、湖畔好课堂案例分析

学科：数学

课题:"一线三垂直"探究学习

授课教师:谈慧美

班级:七(4)班

时间:2022年5月16日第一节课

【目标】 通过本例题的学习,探究"一线三垂直"解题思路、条件特点,及其题型改编方法。

目标如何问题化:1. 这道题有几种解题思路?2. 观察这道题有何特点?3. 如何改编此类型题目?

【策略】 选择被动学习(1—4)还是主动学习(5—7)策略。

1. 听讲(学生听,老师讲;效率5%)

2. 阅读(老师板书,学生看;效率10%)

3. 视听结合(听老师讲,PPT;效率20%)

4. 示范演示(老师示范演示,学生听看;效率30%)

5. 分组讨论(学生分组,师生间讨论;效率50%)

6. 实践练习(学生练习,实践应用;效率75%)

7. 相互教并快速使用(学生互教,及时使用;效率90%)

【评价】 我们可以这样理解:目标是课堂上要把学生带到哪里去?策略是学生怎样去?评价是到了哪里,离目的地还有多远?可见,课堂上教师的评价:及时评价、精准评价、多元评价对推动课堂的进程十分关键。

教学过程如下:

活动一:全体同学先独立思考解题思路

师:同学们,关于三角形全等知识我们已经学了几种方法,这节课我们主要来解决一道题,同学们请看题,因为是重点题型,请同学们把题目抄到笔记本上,做好笔记,然后先独立思考,写一写解题思路过程。

例题： 如图 4-5

已知： 在 $\triangle ABC$ 中，$\angle BAC = 90°$，$AB = AC$，直线 m 经过点 A，$BD \perp$ 直线 m，$CE \perp$ 直线 m，垂足分别为点 D、E，试说明.

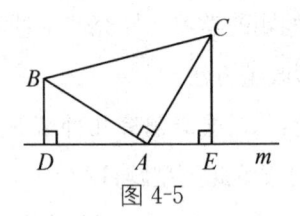

图 4-5

(1) $\triangle BDA \cong \triangle AEC$；

(2) $DE = BD + CE$；

(3) 通过本题改编一道题目。

师生活动： 学生独立思考，教师巡堂了解情况解惑启发。

设计意图： 提供学生独立思考的时间空间，同学们进入课堂思考氛围中，养成独立学习，自学的思维习惯。

活动二：分组讨论，思维与思维碰撞，智慧与智慧交锋

师：有部分同学已经有了思路，有些同学还一筹莫展，大家是需要再思考一会还是互相讨论？

（学生继续讨论）

师生活动： 学生互相讨论，教师也加入讨论，同时提示一些未参与讨论的同学积极参与讨论。

图 4-6 学习 A 小组   图 4-7 学习 B 小组   图 4-8 学习 C 小组

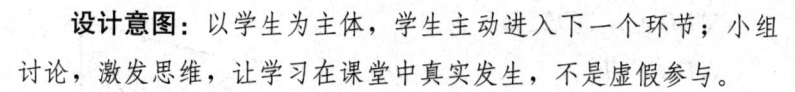

设计意图：以学生为主体，学生主动进入下一个环节；小组讨论，激发思维，让学习在课堂中真实发生，不是虚假参与。

小组代表上台分享，讲授解题思路。

（1）贾少涵同学上台分享，讲授解题思路如下：

证明：根据"猪脚"模型

$\angle 1 + \angle 2 = \angle BAC = 90°$

$\because CE \perp m$

$\therefore \angle CEA = 90°$

$\therefore \angle 3 + \angle 2 = 90°$

$\therefore \angle 1 = \angle 3$

$\because BD \perp m$

$\therefore \angle ADB = 90°$

$\therefore \angle ADB = \angle CEA$

在 $\triangle ABF$ 和 $\triangle CEA$ 中

$\begin{cases} \angle 1 = \angle 3 \\ \angle ADB = \angle CEA \\ AB = AC \end{cases}$

$\therefore \triangle ABF \cong \triangle CEA$（AAS）

图 4-9

师：同学们听懂了贾少涵同学讲解的解题思路吗？有没有什么问题要提问他呢？

学生甲：讲得太清楚了！没有问题。

师：既然同学们没有问题，老师想问贾少涵一个问题，关于"猪脚"模型的表述结论，老师说过在解答题中不能直接拿来用，你能说明一下为什么吗？

贾少涵同学反应迅速：只需要添加一条辅助线就行。

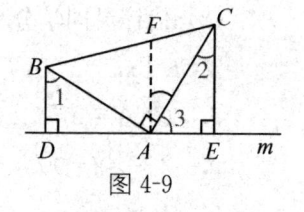

过 A 作 $AF /\!/ BD$，$\therefore \angle 1 = \angle 4$

213

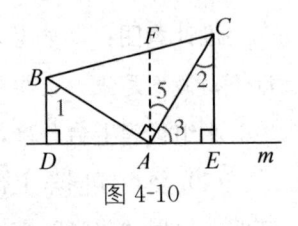

∵ $BD \perp m$, $CE \perp m$

∴ $BD \parallel CE$

∴ $\angle 2 = \angle 5$

∵ $\angle 4 + \angle 5 = \angle BAC = 90°$

∴ $\angle 1 + \angle 2 = 90°$

图 4-10

师：贾少涵补充得很好，还有没有同学有其他思路？

师：好的，有同学举手啦，现在请代梓灵同学上台分享讲授。

（2）代梓灵同学分享讲授思路如下：

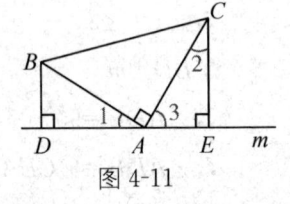

∵ $CE \perp m$

∴ $\angle CEA = 90°$

∴ $\angle 3 + \angle 2 = 90°$

∵ $\angle BAC = 90°$

∴ $\angle 1 + \angle 3 = 90°$

∴ $\angle 1 = \angle 2$

∵ $BD \perp m$

∴ $\angle ADB = 90°$

∴ $\angle ADB = \angle CEA$ 在△ABF 和△CEA 中

$$\begin{cases} \angle ADB = \angle CEA \\ \angle 1 = \angle 2 \\ AB = AC \end{cases}$$

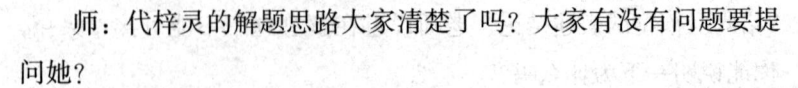

∴ △ABF≌△CEA（AAS）

图 4-11

师：代梓灵的解题思路大家清楚了吗？大家有没有问题要提问她？

生：清楚了，没有问题。

师：既然大家没有问题，那么我想请问大家一个问题？

师：大家知道这两位同学的思路是怎么想出来的吗？为什么这么想？

请学生一起回答老师的问题。

师：他们运用了几何证明的逆向思维，从结论出发，要证明两个三角相等，其目的是要干什么？

生：就是要找三个相等的量，相等的角或者相同的边。

师：正确。请你继续深入分析。

生：要证明△ABD 和△CAE 全等，题目已经有一组对应边 AB＝AC，其他两个对应边大家可以找。

师：是否容易证明相等？

生：不容易，也可以先找对应角相等，比较容易的是两个直角已经对应相等，接下来可以找找∠BAD＝∠ACE 或者∠DBA＝∠EAC。

师：∠BAD 和∠ACE 怎么相等呢？

生：可以找与他们相关的条件，可以探索发现他们都和∠CAE 互余，根据同角的余角相等，它们必然相等，其他两角也是如此。

图 4-12　教师小结　　图 4-13　学生小结

师：好的，那题目的第二问能证明吗？

生：现在，很清楚，一眼就能看出来的！

设计意图： 层层深入，师生共同探索。

贾少涵同学的思路是在本节课设计之外的创造性成果，利用学生的智慧启发学生的智慧而生成的。

活动三：题目改编

师：这个问题对同学们来说可能比较难，但是对提升学习素养很重要，老师先提供一下思路，例如改编一下已知题目中的条件，例如证明两个三角形全等，$AB=AC$ 这两个边相等能不能改成别的边吗？

生：这样啊，那可以改为 $BD=AE$，还可以改为 $AD=CE$。

师：非常好，还可以改编角，大家可以试一下，例如把 $\angle BAC=90°$ 这个条件改为 $\angle BAD=\angle ACE$ 可以吗？

生：可以。

师：嗯，总结一下这道题的图形特征，大家观察一下这个图里面有几个直角，这些直角的顶点位置有什么特征？

生：有三个直角顶点，三个直角顶点都在同一条直线上。

师：对！这就是我们今天主要要学的一个题型"一线三垂直"，大家课下可以找类似的题目进行练习。

设计意图：改编题目，启发学生创造思维，老师点评，启发引导，形成闭环。真正提升学生数学学科思维素养。

【至此，课堂已经用时30分钟】

当堂检测：

（1）利用8分钟进行当堂检测练习。根据练习结果，精准反馈学生课堂学习掌握的实际情况。为课后作业设计提供科学精准的数据支撑。

（2）思考拓展：本堂课例中改编角的条件，还可以进一步启发同学思考，如果三个直角改成三个相等的角，题目

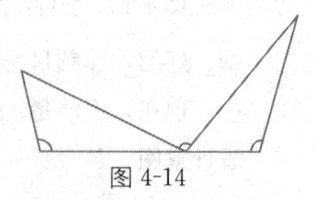

图 4-14

的结论是否仍然成立?如右图所示:

四、结论:湖畔好课堂案例思考

课堂微观性层面的思考:

1. 湖畔好课堂的关键:"主动学习"和"有效学习"。主动性要解决师生的思想态度问题。七(4)班师生的思想态度基本端正,学校开展了各个层面的工作,进行动员、学习、要求。班风、学风、教风等有了切实的改变。有效性要解决课堂主动学习的效果问题,围绕目标、策略、评价开展课堂教学。谈老师这堂课,就是依据课堂三元素设计落实。

2. 果断放弃被动学习(听讲、阅读、视听结合、示范演示)策略,大胆实行主动学习(分组讨论、实践练习、互教并迅速使用)策略,同时跟进课堂评价。谈老师在这节课中坚持落实得很实。而我们还有不少老师放不下被动学习的种种策略,不相信学生,不敢分组讨论,不能很好地统一学生思想,端正其态度,不能争取班干部支持,好的班风学风建立不起来。

3. "双减"出台、新课标的修订,我们不进则退。当下核心素养作为课程实施的导向,使情境化学习成为撬动课堂教学改革的支点。传统的课堂教学中,存在虚假的参与者或学习的"边缘人"。课程实施以核心素养为导向,是课程教学向"人"的回归,必然要杜绝课堂中虚假的参与者或学习的"边缘人"现象,因此最好的方式就是将其卷入情境化学习之中。而情境化学习作为培养学生核心素养的必由之路,正是撬动课堂教学改革的支点。我希望学校的每一位老师都行动起来,转变观念,与时俱进,知行合一跟上教育的新步伐。

4. 接下来,学校要跟进课堂的小组科学建设问题,课堂精准反馈方法策略,作业分层设计等。加强自主探索和专家引领相结合。

教育宏观性层面的思考：

1. "提质增效"是"双减"永恒的主题。教育教学质量是一所学校的生命线。抓质量是我们学校时刻不能放松的核心工作。

2. 理解义务教育新课标（2022）的精神内核和实践逻辑，不仅有助于更好地理解新的课程方案和课程标准，也有助于更加深入地将新课标要求落到课堂实处。回归到"人"是义务教育课标修订的旨归。

3. 课堂是学校教育的主阵地，好课堂建设是我们学校工作鲜明的工作旗帜。基于"人的成长"，我们要将师德师风、校风、班风、学风、教风的建设前置于"好课堂"的建设。因为精神世界、能力体系以及社会责任，构建了人生成长的三个重要素养领域。德育为先，是湖畔好课堂的重要原则之一。

于天鹅湖畔
2022 年 5 月 22 日

日志 6　　核心素养导向的教学方式探究

一、精准把握核心素养的要义

（一）核心素养的背景内涵

谈"核心素养"，我们先得了解"素养"。其实，世界各国早在 20 多年前，就开始讨论如何培育"有素养的人"。"素养"这个词作为教育概念，近些年一直是一个时髦的概念。

细究起素养 competence，它不是一个教育术语，而是来自哲学、社会学、心理学、和政治经济学领域的一个术语，也没有一个独立的概念框架。从英译中来看，有学者认为译成"素养"有些勉强，译为"胜任力或竞争力"概念也许更合适。华东师范大学崔允漷教授认为当下在课程视域下要真正理解"素养"，还是一件很难的事。人们把 competence 作为教育概念，也从来也没有停止过反对的声音。[1]

党的十八大以来，我们把立德树人作为教育根本任务，并且采取了重大举措。2016 年 9 月发布了中国学生发展的核心素养框架，2017 年研制发布了《普通高中课程标准》学科核心素养，2022 年 4 月，义务教育课程方案和课程标准（2022 年版）发布，方案的一个重要特征就是"素养导向"，即"聚焦核心素养，面向未来"。

我们要准确理解核心素养的内涵，必须全面了解和把握其形成的时代背景。"核心素养"这个概念来源于西方，英文词是"Key Competencies"。"核心素养"的别称即"21 世纪素养"（21st century competences）或"21 世纪技能"（21st century skills）。

"核心素养"最早出现在经济合作与发展组织（OECD）和欧盟理事会（European Commission）的研究报告中。

世界上研究核心素养影响最大的是美国，2002 年美国联邦教育部成立了"21 世纪素养合作组织"，出台了《21 世纪素养框架》（Framework for 21st Century Learning），2007 年发布了更新版本。在美国影响下，新加坡 2010 年颁布了"21 世纪素养"。随后日本国立教育政策研究所于 2013 年发布了题为《培养适应社会变化的素质与能力的教育课程编制的基本原理》的报告，提出了日本的"21 世纪能力"。

世界上不同国际组织、专业机构、不同的国家、地区，他们

---

[1] 褚宏启. 核心素养的概念和本质[J]. 华东师范大学学报，2016，(1).

都是制定了各自核心素养的框架,当然,也达成了一些共识。通常可化约为四大素养:协作(collaboration)、交往(communication)、创造性(creativity)、批判性思维(critical thinking)。这就是享誉世界的"21世纪4C's"。美国著名经济学家列维(Frank Levy)和莫奈(Richard Murnane)规纳为"复杂交往"与"专家思维"两大核心素养群。

怎样把握核心素养的本质?中国教育发展战略学会副会长褚宏启教授认为,需要关注四点:是"关键素养",不是"全面素养"。要反映"个体需求",还要反映"社会需要"。是"高级素养",不是"低级素养",更不是"基础素养"。要反映"全球化"的要求,更要体现"本土性"的要求。

2016年9月,中国学生发展核心素养框架公布,这是落实立德树人根本任务的一项重要举措,也是适应世界教育改革发展必然趋势、提升中国教育国际竞争力的迫切需要。核心素养成为当下教育改革有效教育目标,也为教学方式转型指明了方向。

(二)核心素养的传承与创新

众所周知,2001年我国基础教育新课程改革的一个显著的标志就是从"双基"走向"三维目标",肯定地讲,这是一个不小的进步。从"一维(双基)"到"三维"的"量变",同时强调三维整合内在的"质变",即在过程中掌握方法,获取知识,形成能力,培养情感态度和价值观。三维目标真正有效地让素质教育在课堂落地有了抓手。三维目标较之于双基,可以说有继承更有超越。那么,当下核心素养较之于三维目标同样也是有传承更有创新。

从三维目标走向核心素养,福建师范大学余文森教授认为:传承更多地体现在"内涵上",而超越更多地体现在"性质上"。

核心素养实际上其主要构成的必备品格和关键能力就是三维目标内容的提炼和整合，把知识、技能和过程、方法提炼为能力，把情感态度价值观提炼为品格。

从三维目标走向核心素养，我认为创新集中表现在性质的三个方面：关注人、能成人、会做事。

其一，关注人。核心素养的发展变迁过程基本上体现了从知识本位、学科本位到以人为本的转变。这一点，余文森[①]教授的分析很深刻。他说"双基是外在的，主要是从学科的视角来刻画课程与教学的内容和要求。素养是内在的，是从人的视角来界定课程与教学的内容和要求。三维目标是由外在走向内在的中间环节，三维目标里面既有外在又有内在的东西"。三维目标的不足之处是缺乏对教育内在性、人本性、整体性和终极性的关注。另外缺乏对关键的素质要求进行清晰的描述和科学的界定。这一点也一直让人诟病不断。核心素养则是素养系统中具有根本性和统摄性的成分，是人成为人之根本。

其二，能成人。教育即"使人成为人"，核心素养锚定了成为人的"必备品格"。人之为人的必备品格关涉到人与自我的关系：自律（自制），人与他人的关系：尊重（公德），人与事的关系：认真（责任）。罗曼·罗兰曾说："没有伟大的品格，就没有伟大的人，甚至也没有伟大的艺术家，伟大的行动者"。一名记者曾采访一位诺贝尔奖获得者，问："您在哪所大学学到了您认为最重要的东西？"他平静地回答："在幼儿园。"他接着说："我一直按照幼儿园的老师教的去做的。"

核心素养指向的人是具有"21世纪素养"的人，有其鲜明时

---

① 余文森. 从三维目标走向核心素养[J]. 华东师范大学学报（教育科学版），2016，(1).

代性特征。最浓缩的概括即"专家思维""复杂交往"。

其三,会做事。即会做事的人。核心素养鲜明地提出了"关键能力"。通常讲的三大关键能力,阅读(输入)、思考(加工)、表达(输出)能力。

面向21世纪的时代新人,核心素养是高级能力,"复杂交往"的能力。高级能力就是像专家一样去思考。机器能替代的死记硬背、机械操作的能力等都不在"高级能力"之列,显然,是要懂得"复杂交往"的,会做事的。

二、深度探究教学方式的转变

(一)教学方式是什么

上文简略梳理了核心素养形成的时代背景、主要内涵、变迁过程中的传承与创新。意在探讨核心素养视域下的教学方式转变特点及实践效用。那么,教学方式是什么。

实话讲,过去很长时间人们既不注意对教学方式的研究,也不经常使用教学方式定义,到现在我们仍然找不到关于教学方式的权威性定义。近些年人们对教学方式的概念描述不少,但也是在应用层面各说各话、莫衷一是。笔者比较赞同温恒福[①]的阐释,其研究分析把教学方式理解为,"教师和学生在教学过程中,为了完成教学任务,实现教学目的,采取的基本行为和教学活动在整体结构上表现出来的特征,既包括外显的行为,也包括相关的思维方式和态度。"那么,转变教学方式就是要改变那些无益于学生健康成长、不适应时代发展需要的教学行为和相应的思维方式与态度,调适师生教学活动的整体结构,使教学活动能够更有效地促进学生的发展和教师的专业提升,让素养真正落地。

---

① 温恒福. 论教学方式的改变[J]. 中国教育学刊, 2002, (6).

(二) 核心素养的驱动与变革

核心素养目标的提出，是对三维目标教学的发展继承与超越创新。主要在性质方面，核心素养从"人性能力""专家思维""复杂交往"三个方面展开超越与创新。这也是核心素养本身所带来的驱动与转变力，从而推动教学方式的深度演进。

1. 人性能力

"人性能力"即建立在人性、情感、道德与责任基础上的能力。所以素养作为能力，当然是道德的、负责任的。"人性能力……其中便包括'道德'。"核心素养就人性能力而言，其本质是"道德创造性"，也契合中国儒家智慧传统。因此，核心素养观念有可能融通中国文化传统，同时沟通信息时代，进而为当下构建信息时代的课程体系创造一片新的天地，从而丰富教学方式转变的时代内涵。

学科本位的目标重在关注外在的知识、技能，也关注知识形成的过程与方法，但有些为了方法而方法；人本位的素养目标重在关注教育的内在性、人本性、整体性和终极性。核心素养是培养全面发展的人、"有理想、有本领、有担当"的人。严格讲素养是一种复杂心理结构，通过"心灵"(mind)原则，将知识、技能、认知、情感、创造性与德性融为一体。

就教学方式而言，它既包括外显的行为，也包括相关的思维方式和态度。人性能力关涉态度问题尤为重要。

2. 专家思维[①]

"专家思维"也可以说是"高级能力"，人面对复杂的问题情境时，明智而富有创造性地进行判断、决策和行动。

---

① 郑青岳. 从大概念角度看专家思维的特点[J]. 中学物理，2020. (11).

简言之,即"21世纪关键素养",是因应信息时代需要而诞生的"新能力"。用欧盟的说法,它是"新基本技能",当然,是高级能力,也是专家思维。思维方式是教学方式的重要意涵,教学方式的转变体现专家思维,这是素养时代教育的重要特征之一。

专家和新手在许多方面存在明显的不同,其中一个重要的差异是,新手侧重运用小概念思维,而专家则善于运用大概念思维。专家运用大概念思维具体表现在:能精准把握知识间的内在联系;更高层次地概括知识;用大观点来进行问题思考;提出一般性的问题;特别关注解决问题的思想与通则。大概念是专家认知结构和思维方式的鲜明特征,也是专家解决问题的利器。

3. 复杂交往[①]

我们知道,核心素养的内涵是基于信息时代"基本技能",去追求发展与超越的,故创新能力和复杂交往能力显然是其重要内涵之一,这是由核心素养的时代性、综合性、跨领域性与复杂性所决定的。

核心素养导向的教学方式,必然走向深度调整,21世纪教育信息化的不断发展,必然重构师生交往的角色及方式。长期以来,教学交往始终受缚于主体性等简单思维规限,并未因为信息技术的植入有新的认知和范式的转向,反而不断消解教学交往的关系性、非线性、自组织性等内在复杂特质,使之陷入教条化危机。核心素养导向的教学方式呼吁:培养"自观察"思维、回归"生活化"理念,从而使复杂认识成为可能的范式,冲破传统教学交往、简单知识传递的藩篱,以应对教育信息化的多元挑战。

---

① 刘芳. 教育信息化下教学交往范式的"复杂"转向[J]. 江苏高教, 2018, (3).

(三) 核心素养导向的新型教学方式

1. 人性能力的教学方式

转变教学方式就是要改变那些无益于学生健康成长、不适应时代发展需要的教学行为和相应的思维方式与态度，我认为当务之急是态度的改变。

长久以来，无论是学的方式，还是教的方式，我们都深刻地认识到也不断地强调要转变方式，然而反观课堂教学的实际现状，却收效甚微，其深层的原因何在？尽管原因诸多复杂，但我以为最根本的是教学方式中人性能力的缺失。教育是培养人的活动。我认为培养人首先是相信人！"我是人，人的一切特性我无所不有"这是人文主义者的信仰；先贤王阳明曰"圣人之道，悟性自足，不假外求"；康德讲"人是目的，而不是手段"；萨特提出"存在先于本质"。所以，雅斯贝尔斯在《什么是教育》中写道："教育的本质是一棵树摇动另一棵树，一朵云推动另一朵云，一个灵魂召唤另一个灵魂。"

教育的本质是"鼓舞、激励、唤醒"，好的教育显然不是外在的"传授"。"真正的教育乃是深入我们的心灵、长久地留存在我们的记忆之中，并且催人向善的事物。"

"人性能力"下教学方式转变先关注"人"，而不是"法"，首在理想教育，有理想了，才好学本领，才有担当。唤醒人，立足师生的自我主动成长。要优先成人的"必备的品格"，其次是成事的"关键能力"。

基于人性能力的教学方式：重视谈心、交心，"教师即活在师生关系中"，教师每天尽量多地与学生在一起，而不是花海量的时间备课；学会尊重与信任。人的行为的改变必先转变观念和态度。尊重教学规律、学生的人格和自己的职业，相信学生的良好愿望和自己的能力。学会商量和对话,"对话"是后现代主义的概念,商量是中国式的平等沟通,都旨在凸显学生的主体地位。学会观察和发现,现代教师必须用心观察学生,细心发现学生的需求和情绪,这是"因材施教"的前提。学会表扬与激励,表扬比批评更能调动学生的积极性。学会宽容和沉默,一个不能宽容学生的教师,就不能真正地理解学生和爱学生。沉默是一种高水平的艺术,无为而有为,沉默是金。学会科学的学习方式,规避体力消耗型学习方式,要讲知识学习的效益,更要讲成长的效益,要学得好,还要成长得好,生活得愉快幸福。

身为 21 世纪的师生,能否完成素养教育时代的教学方式的转型,归根究底是其人生理想问题,是其工作、学习、态度和水平的问题。唯有不断超越、开拓和创新,核心素养的教育理想才能真正落地。

2. 专家思维的教学方式

核心素养催生我国课程和教学体系全面走进新形态,推动课程目标、内容、教学、学习和评价方式进行全方位结构变革。我国基础教育正在走向"大观念(概念)课程与教学",探索并创新了专家思维的系列教学方式:大观念(概念)的提炼、大单元设计、大任务策划、大问题萃取、大情境和大项目教学等等。这些有效的教学方式能够帮助学生解决真实情境中的复杂问题,其核心都是"专家思维",也是"大观念(概念)"的教学实践探索。学生领悟了学科大观念,形成了"专家思维能力",才能成为新时代"负责任的创造者"。

当下世界都提倡为素养而教,未来人要做人工智能做不到的事。这就是要"创造性地解决真实问题",亟待一线教师转变教学方式。诚然,上一轮教改取得了不小成效,集中表现在教学方法方式更加多样化。新形势下，教改的注意力要从"教学方法"转移聚焦到"核心素养目标"上来。否则，无论用什么教学方法方式都是低效的。大概念可以帮助我们校准素养目标。

大单元和大概念是互为关联的存在，大概念的教学要借助大单元教学进行落实，大单元教学要围绕大概念来组织。大概念教学是基于目标角度来强调，而大单元教学是基于教学组织角度来衡量的。《义务教育课程方案（2022年版）》强调知识"结构化"，但大单元教学不是"大容量"，不是把教材中更多的内容堆砌在一起，而是指"大视野"，就是站在素养的立场来进行教学。

大概念教学与项目式学习、真实性问题情境、跨学科主题学习、表现性评价等内涵是相通的，本质上讲都是核心素养下教学方式转型的产物。

刘徽[①]教授研究认为："提取大概念有8条路径，其中4条是自上而下的，即课程标准、教材分析、专家思维、概念派生；4条是自下而上的，即生活价值、知能目标、学习难点和评价标准。当然，实际教学中大概念的提取可能会同时用到几种路径。"

大观念（概念）既是专家认知结构和思维方式的鲜明特征，也是专家解决问题的利器。在课堂教学方式中具体表现在：其一，把握知识间的内在联系，善于融通。知识的学习是有规律的，循序渐进的，知识内容有内在逻辑的，新手往往只看到它们表面的差异，容易将知识割裂开来，而专家却能够透过不同知识表面的差异，寻找其内在的相似性、统一性，以及彼此之间的必然联系。其二，对知识进行上位的提炼，抵近本质。新手的提炼知识通常会受到具体情境的束缚，停留在较低的层次，而专家会突破束缚，进行高层次的提炼。结论越抽象，概念也就变得越

[①] 刘徽. 大概念教学[M]. 北京：教育科学出版社，2020. 103.

大，越接近事物深层的本质，知识的迁移就越有效。其三，关注问题解决的原理，深度分类。对于问题的解决，新手比较关注外在特点，拘泥于表面特征的分类，关注各类解法上的细微差异，专家则会高位审视众多问题，透过表面差异，洞察其共同的特征，化繁为简。

大概念是反映专家思维方式的概念，它具有生活价值。也可以说，专家思维的形成即能理解运用大概念，而小概念常常反映了所教只是专家的结论而已。

3. 复杂交往的教学方式

上文所述享誉世界的"21世纪4C"四大素养，其中"协作（collaboration）、交往（communication）"即是非认知性的"复杂交往"；而"创造性（creativity），批判性思维（critical thinking）"即是认知性的"专家思维"。

交往教学观，自20世纪80年代被提出以来，其研究始终束缚于知识论及主体性等简单思维制约。核心素养导向的深度变革带给我们新型教学方式，比如围绕协作、交往的学习行为设计系列方式："深度学习""真实性学习""高阶能力""项目化学习""任务群学习""真实问题情境""小组合作学习""跨学科统整""STEM教育""单元整体教学""教学评一体化""线上线下混合式学习"等等。

深度学习的目标是使学生获得成为一个具有创造力、与人关联的、参与合作的终生问题解决者的能力和倾向。深度学习和真实性学习内涵是相通的，核心都在于"真实性"，通过教育培育学生解决现实世界中问题的素养。高阶能力主要是指创新能力、问题求解能力、决策力和批判性思维能力。项目化学习（PBL）是运用复杂、真实的生活项目——项目必须真实，紧密联系课程，共同促进和提供学习经验。任务群教学，是一种新型的群文语文教学模式，强调以"议题"为基本载体，以问题为导向，通过设置议题、选取文本、进行阅读和研讨分析来完成阅读教学。真实问题情景，即将真实存在的问题，设计成为与基础学习相关的任务或挑战。学生在情景化的教学脉络中探究和理解知识的发生、发展、建构，形成解决实际问题和综合学习的能力。小组合作学习，以小组为基本形式，系统利用教学活动，深度展开动态因素间的互动，促进学生深度学习。跨学科统整，即要以学科和现实问题为依托，超出学科研究视野，关注复杂问题的全面认识与解决；STEM教育，即多学科融合。单元整体教学是指教师依据课程标准，设定主题，对教学资源进行深入统合和重组，建构基于单元结构的大概念。教学评一体化就是将教师的教、学生的学、评价反馈统一起来，强调教学聚焦教学目标、教学过程、多元评价。线上线下混合式教学有三种模式：互补型，线上学习知识技能，线下互动活动，进行问题解决等；翻转型，线上提供丰富学习资源，方便学生自学，线下针对个别辅导；合作型，线上为相关内容配备最优教师，线下指导评价。

对这些新型教学方式进一步分析可知：简化、规律对于"拟态环境"中的课堂教学交往活动是非常有限的，因其教学具有一定的"人"性、人为性、动态生成性；我们要培养"自观察"思维。师生应该有对认识进行进一步认识的自觉性，把对自我的认知整合在综合认知之中。我们要回归"生活化"理念。教育的复杂性正在于其生成性，并且这种生成是不断发展的。教师根据教学情境、教学对象不断调整交往方法与内容。简言之，核心素养导向的师生交往要在不断反思中随着时间推移保持可持续发展，形成自组织模态，与开放的信息时代新世界相遇和对话。

（三）教学方式变革的实践效果

我们对核心素养的要义进行了历史梳理，核心素养导向的新型教学方式进行了多方位探究。要真正发挥教学方式的实际效用，显然，任何教学方式、方法都必须与教学目标、教学内容、教学评价、特定的校情和学情等，综合起来一起进行考察。只有在具体的学校课堂形态实践中，才能更好地检验教学方式的实际效果。

笔者身为基础教育学科老师、学校校长，深耕课堂教学30多年。特别是近几年，不断探索核心素养如何在课堂教学实践中落地。实践中我们探索提出了学校"136"素养大课堂。实践证明，在我校课堂教学形态的实践探索中，教育教学质量的提升显著。核心素养导向的教学方式变革，为立德树人、培养全面发展的时代新人提供了有效保障。

于天鹅湖畔

2024年3月2日

日志7　聚焦"大概念"也谈"大单元"设计

怎样让林炜婷老师的生物课：《人体内废物的排出》教学设计（第一课时）改进成以核心素养为导向的教学设计呢？

【部分内容详见如下】

课程标准：

（1）描述泌尿系统的结构和功能。

（2）概述尿液的形成和排出过程。

（3）描述其他排泄过程。

知识目标：

（1）描述泌尿系统的组成。

（2）概述尿液的形成过程。

（3）自主学习，提高获取知识的能力，提高根据数据进行科学推测的能力。

(4) 学会根据尿常规化验结果初步判断身体的健康状况。

教学重点：

(1) 掌握泌尿系统的组成。

(2) 概述尿液的形成过程。

教学难点：

尿的形成过程

首先，我们要从《生物学课程标准》中找到相应教学内容的"学业质量描述"内容。

学业质量描述

基于真实的生物学问题情景，描述生物学现象或与生物有关的特征。运用生物学的结构与功能观、物质与能量观、进化与适应观、生态观等生命观念解释产生特定生物学现象的原因，分析生物学的发展趋势及对社会产生的影响，针对生物学相关议题进行科学论证与合理决策，并尝试探究生命活动过程、人体健康、生物与环境等方面的问题。在这一过程中，能够初步形成从不同生命观念的视角认识和分析生物学问题的意识，初步形成基于证据、逻辑分析和解决问题的科学思维方式，形成科学态度和健康意识，并具有一定的责任担当。

在与健康和疾病相关的问题情境中，识别人体结构，描述其发生的变化；根据生理指标等方面的检测结果，运用结构与功能观、生物与环境的关系等知识进行分析，推测产生特定病症的可能原因；从机体生理功能稳定、经济成本、社会伦理、环境保护等方面考虑，尝试提出可能的疾病预防或治疗方案；形成健康生活的态度和行为习惯，学会对自己的健康负责；鉴别与疾病治理、营养健康有关的传言或伪科学，主动传播生命安全与健康生活的观念和知识。

一、我们要聚焦内容要求的"大概念"

概念5（本章节第五个概念）就是大概念。其他是重要概念、次位概念。

【内容要求】

概念5（本章节第五个概念）人体的结构与功能相适应，各系统协调统一，共同完成复杂的生命活动

5.1 人体通过消化系统从外界获取生命活动所需的营养物质

5.1.1 水、无机盐，糖类、蛋白质、脂质和维生素是人体生命活动所需的主要营养物质

5.1.2 消化系统由消化道和消化腺组成

5.1.3 消化系统能够将食物消化，并通过吸收将营养物质转运到血液中

5.1.4 不合理的饮食习惯和饮食结构可能导致营养不良或肥胖

5.1.5 食品安全对人体健康至关重要，良好的饮食、卫生等习惯对人体健康有积极的影响

5.2 人体通过循环系统进行体内的物质运输

二、以"大概念"进行"大单元"设计

"大单元"设计的思路如下：

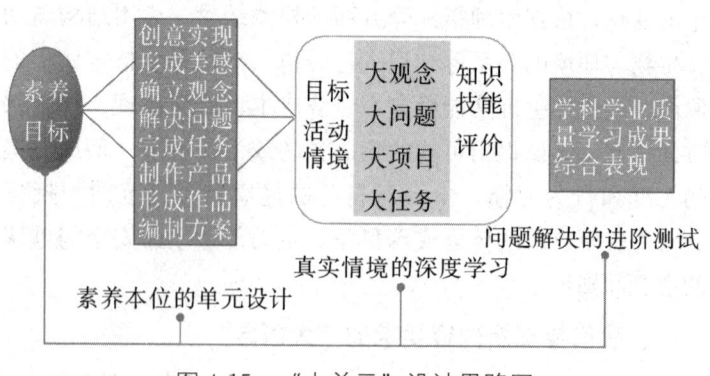

图 4-15 "大单元"设计思路图

"大单元"的设计内容应该包含如下内容:

概念5（本章节第五个概念）人体的结构与功能相适应，各系统协调统一，共同完成复杂的生命活动。

5.1 人体通过消化系统从外界获取生命活动所需的营养物质。

5.1.1 水、无机盐，糖类、蛋白质、脂质和维生素是人体生命活动所需的主要营养物质。

5.1.2 消化系统由消化道和消化腺组成。

5.1.3 消化系统能够将食物消化，并通过吸收将营养物质转运到血液中。

5.1.4 不合理的饮食习惯和饮食结构可能导致营养不良或肥胖。

5.1.5 食品安全对人体健康至关重要，良好的饮食、卫生等习惯对人体健康有积极的影响。

5.2 人体通过循环系统进行体内的物质运输。

5.2.1 血液循环系统包括心脏、血管和血液。

5.2.2 血液循环包括体循环和肺循环，其功能是运输氧气、二氧化碳、营养物质，代谢废物和激素等物质。

5.3 人体通过呼吸系统与外界进行气体交换。

5.3.1 呼吸系统由呼吸道和肺构成，其主要功能是从大气中摄取代谢所需要的氧气，排出代谢产生的二氧化碳。

5.3.2 呼吸运动可以实现肺与外界的气体交换。

5.3.3 肺泡与周围毛细血管内的血液、毛细血管内的血流与组织细胞进行气体交接。

5.4 人体主要通过泌尿系排出代谢废物和多余的水。

5.4.1 泌尿系统包括肾脏、输尿管，膀胱和尿道等结构。

5.4.2 血液经过肾小球和肾小囊的滤过作用及肾小管的重

吸收作用形成尿液。

5.4.3 人体可以通过汗腺排出部分尿素、无机盐和水等物质。

5.5 人体各系统在神经系统和内分泌系统的调节下，相互联系和协调，共同完成各项生命活动，以适应机体内外环境的变化。

5.5.1 神经系统由脑、脊髓及与他们相连的神经构成。

5.5.2 反射是神经调节的基本方式，反射弧是反射的结构基础。

5.5.3 人体的运动是在神经系统支配下，由肌肉牵拉着骨围绕关节进行的。

5.5.4 人体通过眼、耳等感觉器官获取外界信息，科学用眼和用耳能够保护眼和耳的健康。

5.5.5 甲状腺激素、胰岛素等激素参与人体生命活动的调节。

5.5.6 性激素能促进生殖器官的发育，对第二性征的发育和维持具有重要作用。

5.5.7 人在青春期会出现一些显著的生理变化，如身高和体重迅速增加、出现第二性征、各项生理功能增强等。

5.5.8 青春期的卫生保健和良好的心理状态有利于青少年健康成长。

三、传统的教学是把课堂教学分解成一堂又一堂的课。

我们在新课标颁布之前上的课如下。

知识目标：

（1）描述泌尿系统的组成。

（2）概述尿液的形成过程。

(3) 自主学习，提高获取知识的能力，提高根据数据进行科学推测的能力。

(4) 学会根据尿常规化验结果初步判断身体的健康状况。

教学重点：

(1) 掌握泌尿系统的组成。

(2) 概述尿液的形成过程。

教学难点：

存在的八大问题如下图所示：

> ●存在八大问题
>
> 1. 立场：教师，而不是学生
> 2. 单位：课时（时间），而不是学习
> 3. 取向：知识分解（点），而不是整合（经验）
> 4. 目标：双基，而不是素养；三维变成三类
> 5. 重心：T-S信息传递，而不是S信息加工
> 6. 关注：教学，而不是评价
> 7. 用户：领导或同事，而不是学生
> 8. 矛盾：目标主语是学生，过程主语是教师

图 4-16 传统教学问题汇总

以上是我提出的分析思路，供大家体验学习。特别感谢林炜婷老师的课例。

于天鹅湖畔
2024 年 6 月 3 日

日志 8 聚焦"大概念"例谈"大单元"设计

怎样让林炜婷老师的生物课：《人体内废物的排出》教学设

计（第一课时）改进成以核心素养为导向的教学设计呢？

既然是案例，我们就是要通过这个例子，把我们学到的成果来学以致用。前面我分享了三篇文章，核心要点如下：

综上所述，素养的特性是：就结构而言，知识在人的外层、能力在人的中层、素养在人的内层。也就是说，素养跟人的关系最紧密。知识、能力一般只能停留在人的认知领域，而素养则进入人的情意、精神，乃至于人的血液、神经和人的整个生命融为一体，变成人的一种天性、习惯、气质、性格，所以它会在一切场合，一切活动中自然流露、表现出来，这是素养最本质的特点。

我们的三大关键能力是怎样呢？阅读（输入）能力、思考（加工）能力、表达（输出）能力，这是最关键的能力。我们必备的三种核心品格是怎样呢？人与自我的关系：自律（自制），人与他人的关系：尊重（公德），人与事情的关系：认真（责任）。

从"双基"到"三维目标"，再到"核心素养"，其内在变迁的逻辑是：由学科本位到人本位的转变。可以描述如下："双基"（外在/学科）、"三维目标"（外+内/中间）、"核心素养"（内在/人）任何学科都包含了：知识（表层）、方法（深层）、价值（内核）。

三维目标的不足之处：其一，缺乏对教育内生性、人本性、整体性和终极性的关怀。其二，对人的发展内涵，特别是关键的素质要求缺乏清晰的描述和科学的界定。较之三维目标，素养更具有内在性和终极性，是天性和习性的结合。素养完全属于人，是人的内在秉性，决定着人的取向和发展。

一、首先，我们要从《生物学课程标准》中找到相应教学内容的"核心素养目标要求""学业质量描述"内容

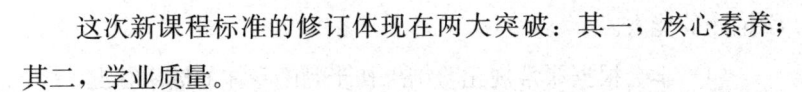

这次新课程标准的修订体现在两大突破：其一，核心素养；其二，学业质量。

因为"学业质量"反映核心素养要求。学业质量标准是以核心素养为主要维度，结合课程内容，对学生学业成就具体表现特征的整体刻画。教学、作业、命题等设计要以此为依据。

生物学课程要培养的核心素养，主要是指学生通过本课程的学习而逐步形成的正确价值观、必备品格和关键能力、是生物学课程育人价值的集中体现，主要包括生命观念、科学思维、探究实践、态度责任。应达到的目标要求：1. 掌握生物学基础知识，形成基本的生命观念。2. 初步掌握科学思维方法，具备一定的科学思维习惯和能力。3. 初步具有科学探究和跨学科实践能力，能够分析解决真实情景中的生物学问题。4. 初步确立严谨求实的科学态度，乐于探究生命的奥秘。5. 树立健康意识和社会责任感，能够强身健体和服务社会。

《人体内废物的排出》其学业质量描述为：描述泌尿系统的构成和功能，初步形成结构与功能相适应的观念。能够设计简单的实验，探究有关人体生理与健康的问题。学会根据血常规、尿常规等化验的主要结果初步判断身体健康状况。

林老师的设计，根据传统的课型要求，即知识本位的设计，林老师刚走上讲台才不到一年，有这样的设计，已经十分优秀了！很多老师工作了十多年也可能不一定比林老师的教学有效性高。

知识目标：

（1）描述泌尿系统的组成。

（2）概述尿液的形成过程。

（3）自主学习，提高获取知识的能力，提高根据数据进行科学推测的能力。

（4）学会根据尿常规化验结果初步判断身体的健康状况。

以上林老师的设计基本上是"三维目标"的要求。没有触及"核心素养"的设计水平。因为知识在人的外层、能力在人的中层、素养在人的内层。三维目标的不足之处在于缺乏对教育内生性、人本性、整体性和终极性的关怀。

知识本位的教学过于关注"知识点"，这样的教学可以称之为"细节教学"或"细节教育"。当知识不成体系时，它是无用的，只是碎片。长期接受碎片化的信息，容易使人养成用孤立眼光看问题的习惯，最终会弱化人们对复杂事物的思考能力。所以，核心素养导向的课堂教学设计是基于大概念的、大单元的设计。素养更具有内在性和终极性，是天性和习性的结合。素养完全属于人，是人的内在秉性，决定着人的取向和发展。

知识本位的设计，是以"课时"设计，以单节课的形式分解了整体性。本节教学内容局限于"泌尿"知识点，很琐碎；而大概念着眼于"人体的结构与功能相适应，各系统协调统一，共同完成复杂的生命活动。各系统包括：消化、循环、呼吸、泌尿、神经、内分泌等系统。

任何一门学科知识，狭义上包括科学事实、学科术语、学科符号、学科概念、学科命题、学科原理等（表层结构）；广义上讲学科知识还包括科学方法、科学思想、科学观念、科学精神等（深层结构），也即学科本质。例如：肾脏、输尿管、膀胱、尿道、肾小球等（知识）；泌尿系统排除代谢废物和多余的水（方法）；人体结构与功能相适应（思想）；生命观（观念）；养成健康的生活态度和行为习惯（精神）。

结论：如果我们的教学停留在学科知识的表层结构，就没有

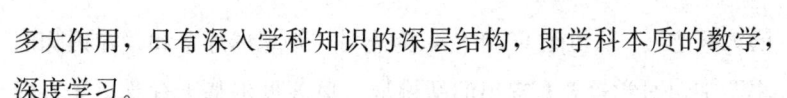

多大作用，只有深入学科知识的深层结构，即学科本质的教学，深度学习。

二、我们要聚焦内容要求的"大概念"

林炜婷老师的这节课是传统的"课时"教学设计，所以她的课时内容主要安排了"泌尿系统"的相关内容。涉及的概念就是具体的小概念：肾脏、输尿管、膀胱、肾小球、肾小囊等。

新的课标（2022版）理念提出了"大概念"，所以好多教师对这个新概念还是一头雾水，即使关注了，也没有"走心"。在这里我特别提醒我们华附平湖学校的老师一定要认真研习，非常重要！在这里我就以炜婷老师的课例通俗地讲一讲。

义务教育《生物学课程标准》2022版中明确提出了六大课程理念。其中"内容聚焦大概念"就是一个很重要的理念。生物学课程的设计和实施追求"少而精"的原则，优化课程内容体系，提炼大概念，精选学习内容，提出重点，切合初中生的认知特点，明确学习要求，力求学生有相对充裕的时间主动学习，让学生能够深刻理解和应用重要的生物学概念，发展核心素养。

问题来了，到底什么是"大概念"？这节课"泌尿系统"是不是大概念呢，显然不是。大概念不是指具体的概念，是隐秘在知识深处的底层逻辑和核心思想，是事物间的内在关系及规律的高度概括。它具有高度的概括性、抽象性、普遍性的特点。大概念有不同的层级。

其实，大概念有百年发展历史。杜威是在教育领域中较早使用大概念一词的教育家，他在研究教师的教学时发现，教学内容过分注重具体知识，因此建议教授"大概念"(Big Ideas)，使学生学习一些抽象知识。1929年，怀特海德针对当时的教学传授大量的、散点式的事实性知识的状况，也提出应教授儿童"少而重要的大概念"。20 世纪 60 年代,为应对"知识爆炸"和"知识陈旧率"加快对学校教育提出的新挑战。奥苏贝尔基于有意义学习理论,提出了"上位概念"(Subsuming Ideas);布鲁纳基于结构主义理论,认为良好的知识结构是由大概念统领的。20 世纪末,为适应社会的全球化和信息化发展趋势,OECD 倡导以发展核心素养为目标的教育改革。大概念因其对发展学生核心素养的独特价值而受到高度重视。2010 年,哈伦等人系统提出了科学教育的 14 个大概念,开启了基于学科观念的大概念研究;2013 年,美国颁布了《新一代国家科学教育标准》,第一次基于大概念研制了学校科学课程。可以看出:(1)大概念是一个学术概念,是基于"教什么"的视角解决学生所学知识的"多"而"散"问题。(2)解决"多"而"散"问题的理念是"少而精"。对"少"意蕴的诠释,反映了大概念内涵的发展。(3)大概念的教育功能进一步拓展,从知识的统摄功能(结构化功能)拓展到学生素养的发展功能。因此,2022 版课标将大概念引入课程中,更凸显大概念的学科观念内涵,更强调发挥大概念对发展学生核心素养的教育价值。

我们还是回到林炜婷老师的设计的课例上来谈谈。因为大概念教学一般是以单元为单位来组织的,但这里的单元是指围绕素养达成而组织的"集合",不是通常教材里的自然单元。在大概念教学的设计中,目标设计是重中之重,我们以往设计的目标容易过高或过低,而以大概念为核心的目标能保证达成素养。

林老师的设计是"课时"设计,所以其目标(1)、(2)显然过低,而目标(3)又空洞无法落实,目标过高。总之目标过低或过高都不能保证素养达成。

对林老师的课进行改进,那么就要聚焦"大概念"。即概念 5

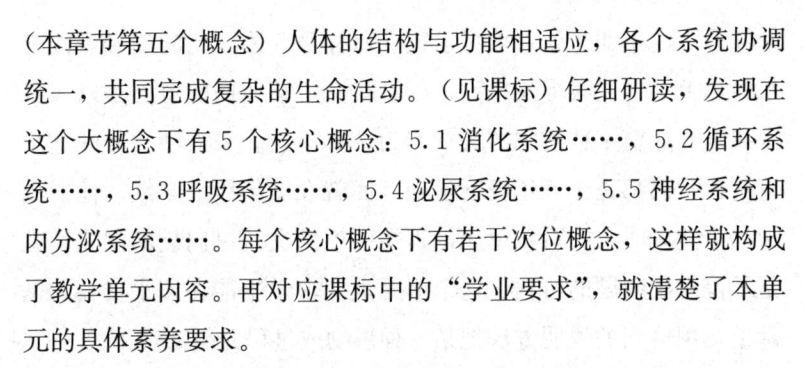

(本章节第五个概念）人体的结构与功能相适应，各个系统协调统一，共同完成复杂的生命活动。（见课标）仔细研读，发现在这个大概念下有 5 个核心概念：5.1 消化系统……，5.2 循环系统……，5.3 呼吸系统……，5.4 泌尿系统……，5.5 神经系统和内分泌系统……。每个核心概念下有若干次位概念，这样就构成了教学单元内容。再对应课标中的"学业要求"，就清楚了本单元的具体素养要求。

关于大概念与大概念教学，我想在后续内容中用具体案例与老师们进一步交流。

三、大概念与大概念教学

为什么要聚焦大概念，因为实施大概念教学是破解"知识点"教学的顽症，避免惰性知识。素养指向解决现实世界的问题，惰性知识最大的问题是，只要换个新的情景，学生就无法调用知识。

学生学习了《人体内废物的排出》，对泌尿系统的组成和尿液的形成过程很清楚，但是生活中，学生却看不懂医院尿常规、血常规的化验结果单的基本数据，不能根据化验的主要结果初步判断身体的健康状况。我们再看看其他学科的情况。

特级教师朱德江执教的一节关于"估算"的大概念教学实验课上，朱老师发了一张学习单，要求学生们以小组为单位写下问题解决的整个过程。在学生们上台进行交流时，我们发现了一个现象，那就是大部分孩子不会写"说明文"。图 4-20 是学生们写的问题解决的过程，其中很多只是简单列了算式，如标号为 1、3、6 的几份"说明文"就没有说清楚解决问题的过程。而标号 4 的"说明文"虽然有一定的写说明文的意识，但是没有想到分点论述。标号 2 和标号 5 是相对比较好的，但仔细看也存在着问题。

如标号2的第四步就直接写了数字而标号5第一句的句号后面突兀地加上了"《我爱我家》",尽管我们了解他们的意思是以《我爱我家》这篇字数适中的文章作为估算单位。朱老师执教的这个班的孩子们都处于五年级下学期。而就在五年级上学期,他们刚学过语文说明文的写作单元,其中一篇例文《风向袋的制作》就是示范解决问题的过程。这个单元也要求学生能在搜集资料的基础上,用恰当的说明方法把某一种事物或过程介绍清楚。

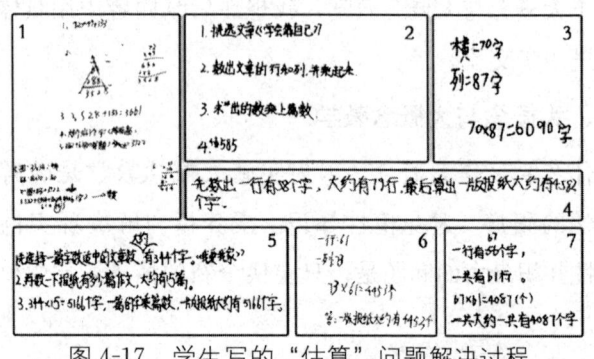

图 4-17　学生写的"估算"问题解决过程

课后,我们问小学语文教师,"说明文"单元对学生来说难吗?教师们都说,因为说明文较少涉及阅读积累,因此,学生要学好是不难的,尤其是像《风向袋的制作》这类说明文。那么,我们的孩子真的理解说明文吗?为什么真的到了需要使用说明文的情境中,他们就不会用了呢?

答案就如我们前面所言,很多孩子认为只有在语文课上的"说明文"单元才需要写说明文,只有在数学课上的"简便运算"单元才需要进行简便运算,只有在英语课上的"过去时态"单元才需要用过去时态。也就是说,学生似乎只在某个学科和单元内才显示出学会了这些知识,一旦离开这些学科和单元,这些知识似乎就很难激活。怀特海称这类知识为"惰性知识"。

从上面例子中，我们发现"惰性知识"真的很懒惰，它们只是顽固地在某个学科、某个单元，甚至某节课里"待着"。首先，惰性知识很难在单元与单元之间迁移。例如学生在小学六年的英语学习是累积性的。以"动物"这一主题为例，一年级学了动物的外形，三年级学了动物的特点，然后再接下去学怎么养宠物等等，到了六年级，理想状态是学生能说出动物的各方面知识。但是，事实上你不滚动复习旧知识，等到六年级学生就只会说六年级学的知识。其次，惰性知识很难在学校教育和现实世界之间迁移。例如，中学时几乎每个人都学过欧姆定律。然而，在日常生活中，当电池出现问题时，绝大多数人的第一反应就是送去修理，剩下为数不多的敢检查电池状况的人，都会因为害怕触电而小心翼翼地避开电池的接线柱。但实际上，根据欧姆定律，人的身体是一个巨大的电阻。即使电池漏电，能通过人体的电流也非常微弱，更何况这个电池已经没电了。这个典型的例子说明，在学校和生活之间存在着一道巨大的鸿沟，我们很难利用在学校里学到的知识来解决现实世界里的真实问题。

四、大单元设计的案例思路

这次分享是以林炜婷老师的一节设计课为例，着眼于怎样改进这节课，用案例讲比较好懂一点，避免空谈道理。但这一节课的设计是传统课时教学设计，没办法在此基础上谈大单元设计。既然是生物，就还是以生物课内容推荐一个大单元设计的生物课案例供老师们借鉴学习。无论哪一个学科，教学的观念、原理、策略是相通的。

"种下一粒花生等待开花结果"单元教学设计

进行初中生物"植物的一生"的大单元教学设计。在初中生物"植物的一生"的教学中，用"种下一粒花生等待开花结果"进行单元重构，用系统的视角研究植物体的生命活动现象和生命活动规律。

1. 系统观视角下单元主题和学习目标的确定

花生是一种学生既熟悉又陌生的植物，虽然学生都吃过花生，但对花生地上开花、在地下结果的习性，并没有亲眼见过。选择"种下一粒花生等待开花结果"作为单元主题，希望学生能够亲自种下花生，观察花生一生中所发生的变化，将学习置于真实的情境和任务驱动中。

设置单元核心问题和单元核心任务。单元核心问题：植物如何适应环境变化？单元核心任务：种下一粒花生，等待开花结果。并以培养持续理解的能力为目标：①植物体有严整有序的结构，各结构层次上均存在结构与功能的适应；②植物体是一个统一的整体；③物质与能量的变化贯穿植物的一生；④植物养育着自身及生物圈中的其他生物，是生态系统的生产者；⑤植物一生的发展变化均受环境因素影响，不同环境中的植物有适应环境的策略（图 4-18）。

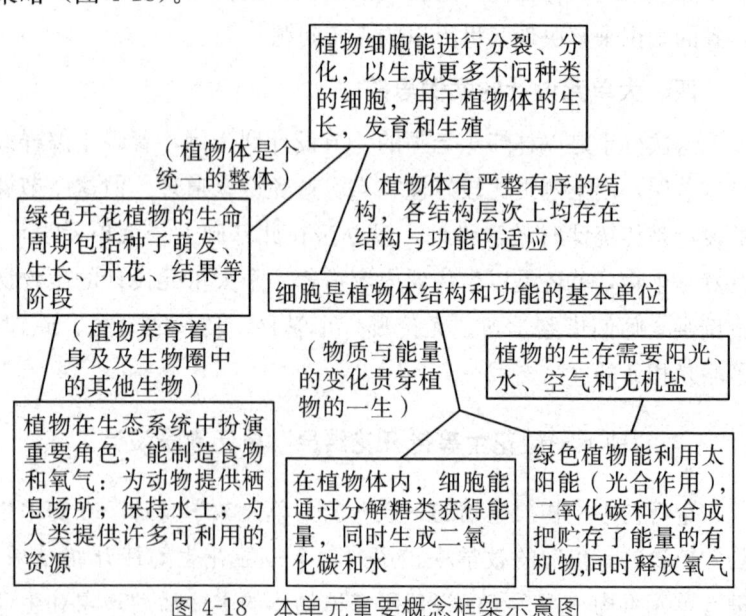

图 4-18　本单元重要概念框架示意图

2. 单元学习活动的设计

本单元的教学设计从构建"花生的植物体是一个统一整体"切入，学生从比较熟悉的器官入手，研究组成花生植物体各器官的形态、结构和功能（图 4-19）。

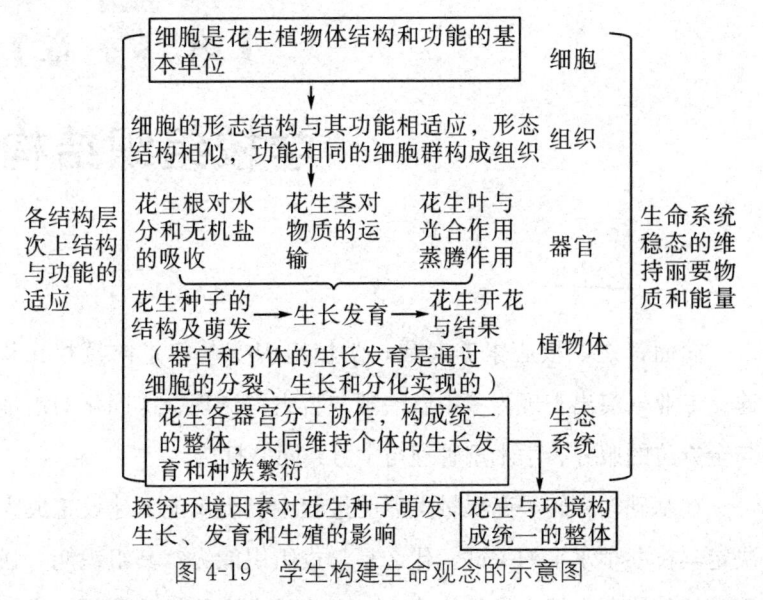

```
                  ┌─────────────────────────────────┐
                  │ 细胞是花生植物体结构和功能的基    │ 细胞
                  │ 本单位                          │
                  └───────────────┬─────────────────┘
                                  ↓
                  ┌─────────────────────────────────┐
                  │ 细胞的形志结构与其功能相适应，形态│ 组织
                  │ 结构相似，功能相同的细胞群构成组织│
                  └─────────────────────────────────┘
   各结构层  ┌──花生根对水   花生茎对   花生叶与──┐  生命系统
   次上结构  │  分和无机盐   物质的运   光合作用  │  稳态的维
   与功能的  │  的吸收       输         蒸腾作用  │ 器官  持丽要物
   适应     │                                   │  质和能量
           │   花生种子的 → 生长发育 → 花生开花  │
           │   结构及萌发              与结果    │ 植物体
           │   （器官和个体的生长发育是通过       │
           │    细胞的分裂、生长和分化实现的）    │
           │  ┌─────────────────────────────┐   │
           │  │ 花生各器官分工协作，构成统一  │   │ 生态
           │  │ 的整体，共同维持个体的生长发  │   │ 系统
           │  │ 育和种族繁衍                │   │
           └──└─────────────────────────────┘───┘
              探究环境因素对花生种子萌发、  花生与环境构
              生长、发育和生殖的影响       成统一的整体
```

图 4-19　学生构建生命观念的示意图

3. 单元学习评估设计

单元评估内容：图文并茂地用细胞构建一株植物体（任选一种被子植物）。评价标准：①应包含六大器官；②标注构成根茎叶等器官的细胞或组织的形态、结构与功能及其分布；③标注水和无机盐在植物体内吸收、运输、散失及利用的途径；④标注有机物在植物体内合成、运输、贮存、利用的途径；⑤用简要语言描述植物的一生；⑥用简要语言描述植物生长发育过程；⑦用简要语言尝试阐明植物体是一个统一的整体；⑧标注光、水、温度等非生物因素对该植物不同阶段的影响。

于天鹅湖畔

2022 年 7 月 30 日

第 5 章

学校组织结构

简而言之,核心素养时代,学校组织变革将走向授权、共建、专业,突出表现为多中心治理与自组织涌现、协同化的治理与全方位的服务、学术型管理与学习共同体打造。

在基础教育转型高质量发展的过程中,组织能力建设正成为决定学校办学水平的关键。什么是学校组织能力?其组织能力强调学校整体所发挥出来的战斗力,而不是个人能力的叠加,强调深植于组织内部的团队整体能力。组织能力固然与顶层设计、组织文化、组织氛围有关,但根本上在于学校的组织架构设计。布莱基曾说:组织得好的石头能成为建筑,组织得好的社会规则能成为宪法,组织得好的词汇能成为漂亮的文章,组织得好的想象和激情能成为优美的诗篇[1]。

当然,学校的组织能力表现在学校的管理状态中,即学校的管理境界。管理境界是管理者和被管理者对管理过程、结果、水

---

[1] 网易那些刷屏案例,到底怎么想出来的?[E B/OL]. (2019-04-12) [2023-03-20]. https://www.163.com/news/article/ECIGNRA000019HUL.html.

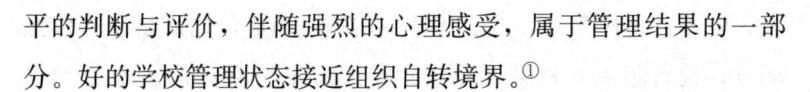

平的判断与评价，伴随强烈的心理感受，属于管理结果的一部分。好的学校管理状态接近组织自转境界。[①]

我们华附平湖学校管理团队在实践中不懈努力追求高质量的学校管理，怎样才能实现学校组织自转境界，这是我们探索的重要课题。

首先，必须引导学校管理向善。教育是向善之学，我们的教育对象是未成年的学生，教师的一言一行都具有伦理意义和育人功能，这就要求学校管理抑恶扬善，保护和培育善良。与商业管理的趋利相比，学校管理要淡化追求物质利益的诉求。管理向善意味着在规范化、制度化和通往效率的道路上，学校成员都能够不同程度地有机会参与管理，建立关键事件和例外事件的协商机制和管理办法。学校民主让管理自主，学校创造让管理增值，学校自转有章法，便可以达到组织自转的管理境界了。

其次，高质量的学校管理成就人，因为管理的本质是做人成事。正如张东娇教授对好的学校管理的描述：开阔高致，人人都是自觉自律的管理者；人性的光辉被调动，人格亮堂，善良得到回报；个体能量自主自动发挥，工作有新意；组织自转，管理自动化，凡事有制可依，执行尽责，效率和质量高；人们热爱组织，骄傲自豪，优秀人才流入率高。这时，管理者在和不在都一样，但必须承认，管理的至上境界不是根本无为，恰恰是管理者有为才成就了无为之境，达到这一境界需要管理者德才兼备和数年经营与带领。反之，我们不难理解学校一般或低效的管理就是"将就人"或"难为人"了。其表现如下：发展到极端就是祸害

---

① 张东娇. 好的学校管理原来、状态和组织本领[J]. 中国教育学刊，2023.6：10.

人，管理者强权存在，人治就是一切；组织成员屈从特征和恨意明显，权力距离心理感知糟糕；组织成员正常利益不被组织保护，工作环境不安全；组织涣散，干和不干一个样，优秀人员流失率高；善良打折，派系林立，告状吵架成为常用的解决问题方式。

最后，好的学校管理意味着优良学校文化基因的积淀和形成、传承与发展，这种深层互动才使学校有了自己与众不同的模样。

第一节 学校组织设计逻辑

组织是人们为实现一定的目标，互相协作、结合而成的集体。学校作为一个组织，其体系的设计一般要遵循从学校文化到发展规划、再到结构的逻辑。学校文化回答了我们要办一所怎样的学校，学校使命、学校愿景、育人目标、办学理念战略回答了我们将沿着怎样的发展路径办好我们理想的学校，而学校的组织结构要解决的就是战略怎样落地问题。

1. 定义学校文化

任何一所学校要想发展，都必须首先确立学校文化体系。学校组织设计的第一层逻辑便是定义学校文化。定义学校文化的核心在于确立学校使命、学校愿景、育人目标、办学理念、学校价值观。

我们华附平湖学校的使命：立鸿鹄之志，成生命气象。这就是我们学校组织存在的理由，它反映了我们华附平湖学校组织的选择，也表达了我们学校组织的承诺。我们学校愿景：办一所教育成就、学有尊严、研有价值、管有文化的家长和社会向往的理想学校。这是我们学校组织确立的宏伟目标，就像灯塔，能够照亮组织前行的方向，其内涵的价值观："教师适教，学生适学，全员适位，家庭适导，学校适所"。我们学校的核心价值观：进德修业，知行合一。即围绕进德修业，知行就是一个功夫：知道真切笃实处便是行；行到明觉精察处便是知。真知一定是真行，真行一定是真知。这就是我们学校组织的根本处事原则，决定了我们学校组织对于好与坏、对与错等问题的价值判断，是我们的信仰和组织准则。有了定位，办学就有定力；有了愿景，我们行动就有方向；有了核心价值观，我们实现学校愿的景就有了根本保障。

2. 规划学校发展

学校文化体系确立以后，我们就要明确学校发展规划。学校使命、愿景和育人目标的实现，绝不是一蹴而就的，三年两载就可以解决的，而是要通过一个又一个战略目标的实现来逐步达成。制定学校发展规划要紧紧围绕使命、愿景，基于学校当下面临的内外发展需求和机会，做出行动上的战略选择。

通过 SWOT 分析法对我们华附平湖学校进行分析梳理，学校内部的优势和劣势，学校外部的机会和挑战十分清楚：①学校突出的优势是：有合作办学优质丰富的资源，有教育思想、教育经验和求真务实、向学奋进的管理团队；②学校明显的劣势是：新学校，零起点，生源质量很不理想，组织磨合需要时间，家长社会对合作办学质量的高期待；③学校外部的机遇是：进入核心素养时代教育高质量发展的转型大洗牌；④学校外部的挑战是：新学校能不能拿出令人信服的教育质量，能不能给家长和社会亮出学校教育的新气象。

现在我们要选择学校最有优势、最有机会、最是痛点、最能产生成效的事项,作为自己的发展战略。

我们最大的痛点是:学生生源质量不好,大多分流生源素质参差不齐,新学校成熟而有经验的老师严重不足,小区家长、社会对我们合作办学有很高的期待。基于此种现状,能产生成效的事项是什么呢?当然,奇迹总是人创造的,但创造奇迹必须遵循基本的教育规律。我们唯有同心同德,凝心聚力,短时间内拿出让家长社会信服的教育成绩,以及独特的办学新气象。

根据华附平湖学校使命、愿景、育人目标、办学理念,学校制定确立"三步走"的学校发展战略,计划经过五年、三年、再一个三年的发展战略,实现从理想学校1.0版(建构雏形)到理想学校2.0版(逐步完善)、再到理想学校3.0版(达至成熟)的发展战略目标。学校第一个五年发展规划,确立了五年发展规划的五个年度主题:教师成长年、课堂建构年、课程改革年、学生发展年、文化建设年。每学年解决一个主要问题。

3. 建构组织结构

结构与功能相关,想要达成什么样的功能,就要构建什么样的结构。在分布的领导理论指导下,依据我们华附平湖学校实际情况,经过部门设置的调整,学校初步确立了如下的组织结构(图5-1)[①]。

---

① 虞强. 分布式领导视域下学校组织结构变革的行动研究——以上海S学校为例[D]. 上海:上海师范大学教育学院,2023.28—32.

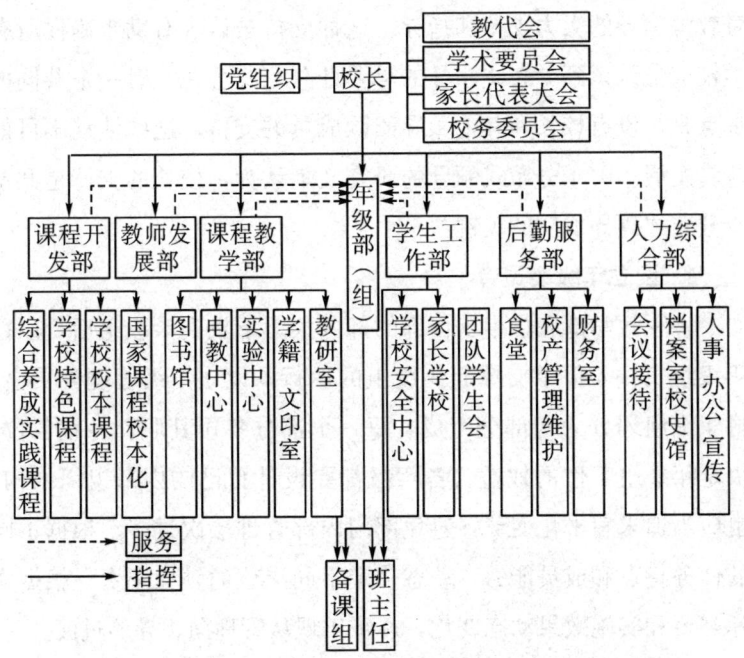

图 5-1　2023 秋·华南师范大学附属平湖学校组织结构图

第二节　提高学校组织本领

1. 校长直接领导年级部（组）

年级部（组）在原先的学校中受到教学处和德育处的双重指挥，因此年级组长的管理权限受到了较大的压缩，积极性不高。此次变革，将中层部门与中层管理部门相区分，将各年级部（组）作为学校管理的核心，作为中层管理部门，原来的中层管理部门，例如教学处、德育处等调整为中层职能部门，为年级组提供服务与指导。各年级组长直接领导为校长，对校长负责。如果没有校长和高层强有力的支持，年级部（组）改革将是困难的。在英美国家每一个案例研究学校，都得到了校长和领导团队

251

对教师领导的大力支持和指导。这种支持被认为有助于确保所有学校成员认识到分布式领导的重要性并相互合作。有一个共同的观点是，没有校长和其他领导团队成员的支持，这些活动不可能蓬勃发展。关于分布式领导的研究文献认为，校长的支持是共享或分布式领导成功的关键。

2. 设立年级委员会

课程教学部和学生工作部的部分权力下放到年级组后，以往年级组长一人很难支撑起年级组的运行，设立年级管理委员会，将年级组划分为四部分组成，每一个部分各司其职、各就各位，决定年级组工作的效益。各年级都要设计自己的内部组织结构，也应当追求扁平化变革，避免部门内部管理层次过多。根据不同的任务特点和成员能力，动态确定不同岗位的领导职责，根据实际需要和实施效果动态变化，逐步实现从管理向领导的过渡。

表 5-1　年级委员会实施方案

项目	内　容
人员结构	中层以上领导 1—2 人； 年级长 1 人，副年级长 1 人； 委员 1—3 人（由教研组长或年级的骨干教师担任）； 数据统计员 1 人（熟悉电脑操作）。
职权	各年级管理委员会是学校设立的部门之一，直接对校长室和校务委员会负责，同时协助部门执行学校的教育教学工作计划及其管理，将学校的作为一个整体，提高行政执行力。原则上，被评估的教学人员分布在各个层面，每个年级负责推荐教师或班主任，由校务委员会在量化评估的基础上进行检查与分配。年级管理委员会成员的津贴、奖惩由校务委员会提出，并提交校务委员会审议和实施。 校务委员会根据各年级的教学管理情况、周工作时间和限时制度的应用情况，每学期评选出一个"红旗年级"，学校

续表

项目	内容
职权	对"红旗年级"的教师给予一定的物质和精神奖励。 学校鼓励年级管理委员会改革和创新教学、教学和管理方法，积累经验，扩大成果。
职责	**中层以上领导**：全面关注学校各项管理事务，协助年级长管理年级事务，并定期向主管副校长与校长汇报。 **年级长**：年级长是年级的第一负责人，全面负责整个年级的进步和均衡发展。团结年级师生，增强年级凝聚力，保证整个年级组的进步和发展，使年级组均衡发展成为可能。 **副年级长**：全力协助年级组长开展本年级的各项管理工作，做好本职事务，在年级组长请假时暂时兼任年级组长职务。 **教务员**：负责与课程教学部协调年级组的教学事务； **德育员**：负责与学生工作部协调年级组德育事务； **数据统计员**：负责教学设计、教学内容、教学方法、教学效果的数据收集，每次考试成绩的汇总统计分析等数据呈现工作，为年级组提供理性分析依据。 **年级组主要职责**： 执行学校领导、校务委员会和学校各部门商定的工作，成功地与各部门和组织协调合作，确保学校的运作效率。 全面负责有关班级的教学、指导、研究、德育、卫生、安全及其管理，制订班级的工作计划并组织实施。 负责年级团队和该班教学团队的发展，负责制定和实施相应的评估和管理制度。 组织年级师生开展健康有益的文体活动，努力创建和谐、进取的班级。加强与家长委员会的联系和互动，争取他们对学校教育和管理及其行政的理解和支持。 严格执行周工作计划和限时办结制度，力争取得"红旗"成绩，定期向校务委员会汇报学年工作情况。 协调管理学校和社区为这一年分配的资源，调动教师的积极性和主动性，促进学生在这一年的学习潜力。负责年级活动的所有后勤支持任务，包括财务报告。

3. 学术委员会的成立

为了促进我校学术型学校的建设,学校决定成立学术委员会,以充分调动科研骨干群体对学校教师科研素质的培养,科研工作规划的决策发挥咨询、智囊作用,以充分调动科研骨干群体对学校科研工作的开展发挥组织、引领作用。学术委员会是学校学术工作的咨询、评审、建议机构,也是学校最高的学术事务决策机构。学术委员会一般由学校中骨干教师和学科带头人等优秀教师代表组成。为确保学术委员会的独立性,学校领导一般不在学术委员会中担任正式职务,防止学术委员会受到行政干扰。学术委员会负责学校的教育教学与课程改革方向的制定、教科研项目的立项、管理以及教师职称的评审、推荐等。

表 5-2 学术委员会履职情况分析

项目	内容
性质	学术委员会是学校学术工作的咨询、评审、建议机构。
人员结构	学术委员会通常由 9 到 13 人组成。成员是合格的特级教师、地区(市)学科带头人、骨干教师等。他们由校长、教研组按学科的比例推荐。学术委员会会长在学术委员会第一次会议上从成员中选举产生。监督与指导员由校长任命,并对他负责。
权力	了解学校的学术管理体制和有关学术事务的信息。 就学术事务请向学校相关职能部门进行咨询或查询。 就学术提案、审议、决议等应在学术会议上自由、独立地公开发表。 对学术事务及其相关学术活动提供建议和监督。 学校应给予学术委员会委员相应的津贴。 学校章程、学术委员会章程中规定的其他权力。

续表

项目	内 容
职责	审查学校的教育、研究、学科和教师发展计划,并为校长制作学术报告。完成学校教育评价工作,负责教育评价、教育工作评价和绩效的评价、激励评价。调查和诊断学校的教育状况,并参与开发学术支持系统,以提高教育质量。 在课程中确定并介绍好教学、好教案、好教材的典型案例。 甄别各方面优秀教育工作者,培养一批优秀教师,促进教师发展。参与对聘用教师的评估,例如,检查他们的成绩。 批准、审查、评估和推荐招收学生的项目和研究计划。 主导学校教材的开发,负责学校教材的审核和出版工作。 应校长室和各年级组的要求,提供学术服务,包括咨询。 为促进良好学术氛围的形成,领导、组织、协调学校的主要学术交流活动。适合学术委员会参与并能由学术委员会处理的其他事务。

4. 成立课程开发部

学校成立课程开发部负责校本课程的开发,并下设课程项目,如国家课程的校本化、学校校本课程、学校特色课程、综合养成实践课程等。课程开发部设立课程开发负责人制度,选择在这门课程领域有深厚学术基础或积极上进、愿意付出、勤奋实践的老师担任,管理的逻辑基于课程研发学术逻辑而非行政逻辑,重视课程开发负责人的学术权力,并由其自主挑选课程开发成员,成立研发小组。此门课程开发完成后,进行后一轮课程开发负责人的聘选。

表5-3 课程开发部履职情况分析

项目	内容
性质	校长室领导下开展教育科学研究及校本课程研发的学校中层职能部门。
人员结构	1. 主任一名；2. 首席负责人，包括骨干教师或在某些方面有专长教师；3. 部分一线教师。
权力	就校本课程开发项目推荐相关教师的权力； 根据工作实际需要和有关规定向学校申请拨款使用经费； 学校应给予课程开发部成员一定的津贴。
职责	确定课程目标和内容，与课程服务对象建立紧密联系，及时听取学生和相关专家的意见，准确把握课程定位； 负责本课程新教师的培训，使其具备课程教学知识与技能； 计划组织负责课程的教师对课程进行教学诊断； 全面组织起草课程指南，完成课程资源的配备，包括学习读本、自测试题、相关诊断试题等，需要在教学工作正式开展前完成。

第三节　学校组织发展的趋势

当前，教育改革正从"知识核心时代"走向"核心素养时代"。《义务教育课程方案（2022年版）》指出，要"强化课程综合性和实践性，推动育人方式变革，着力发展学生核心素养"[①]。

显然，这一轮课程改革对教师提出了前所未有的新要求，需要强大的学校组织能力作为支撑。跨学科学习、项目化学习等学

---

① 中华人民共和国教育部. 义务教育课程方案（2022年版）[S]. 北京：北京师范大学出版社，2022：2.

习形态的变革，也必将催生新的学校组织形态。教育管理者需要重新思考学校是什么、教师是什么、学生又是什么，以及有哪些多元的学习方式、教学关系如何重构、教学组织形态又该怎样等问题。学校迫切需要从结构中寻找力量，并遵循逻辑原则，探索适合自身的学校组织样态[1]。

1. 从行政管理走向学术管理

在新课标实施的背景下，教师的课程理解力、设计力、研究力都必须率先成长起来，核心素养时代的学校组织结构也必然要从行政型管理走向学术型管理。建设专业型组织、打造学习共同体，应该成为学校组织变革的价值追求。

学校既有的科层制限制了教师专业性的发挥空间，限制了教师发展自身专业能力的动力。由于缺乏顶层设计，学校教研活动多受到年级组与教务处的行政力量干预，呈现出随意化、碎片化、低效率的教研活动，教师学术研究的自主意识得不到提高。目前的教师繁重的事务性工作压缩了自主专业发展的空间。

"每天你必须专注于准备教学、教学生、检查作业、与家长交谈和评估学生。而要求的检查和紧急情况给教师的时间带来了持续的压力，使工作负担变成了苦差事了。"（A班班主任访谈）

"年级组长难就难在学校真是夹缝中生存，上有中层部门，下有一线老师；学校既要正确无误地传达学校的任务精神，又要安抚好下面怨声载道的老师和班主任们，所以千万不要当面一套背后一套，安抚是安抚，但是不要带上过多的个人情绪和想法，对上面也是这样。"（D年级组长访谈）

总之，在落实核心素养的过程中，学校开始被重新定义，学

---

[1] 赵桂霞. 从结构中寻找动力源：核心素养导向下的学校组织变革[J]. 中小学管理，2023.4：20.

习的路径正在被重新改写，组织系统也必然需要重构。核心素养时代的学校发展，必须也必然要从组织结构中寻找动力来源，并依靠强大的组织能力实现教育的高质量发展。

2. 从激活教师动力到走向授权

要想落实核心素养，学校就要充分激活教师的动力，而激活教师的关键法宝就是授权。多中心治理主张建构成员之间的共治关系，倡导的是一种多元共享、相互制衡的权力机制。同时，学校要鼓励大量自组织诞生，并将"自主、专精、目的"作为自组织创建的基本原则。通过创建新结构、新机制，学校将有效激发教师"自动自发"和"自我实现"的新动力。

我们学校任何一位教师都可以根据工作的实际需要发起一个项目，并依据程序向学校进行申报，然后由校学术委员会进行论证；项目获批后可以成立项目组，项目发起人自动成为该项目组的最高领导人，并自主招募主要成员共同完成项目实施。一个项目团队就是一个自组织，自组织围绕项目转，使得散点得以聚焦，组织在项目运营中呈现出活力，学校工作在项目的开展中更加有品质，团队也更有生命力。例如：我们学校国家课程的校本化，"1+X"模式中的"X"包含拓展课程、综合活动课程；我们学校的特色课程，"体艺育人"项目、"耕读育人"项目、"游学育人"项目；还有我们学校综合养成实践课程，学校层面、班级层面、个人层面的课程等，都可以申请项目。可以说教师们大有可为，让学校呈现多中心治理和自组织涌现的新局面。

3. 从学校集体决策到保证党的全面领导

教育高质量发展首先关涉学校办学目标和方向问题，也就是回答好"培养什么人、怎样培养人和为谁培养人"这些根本性问题。要回答好这些问题，必须改变学校领导体制和决策机制，确保党在学校工作中的全面领导地位,保证党的教育方针和政策得到全面落实。当前,中小学校要紧密结合学校办学规模和领导体制改革需要,贯彻落实党组织领导的校长负责制,因地制宜地探索多元化实施路径;同时准确理解高质量发展下的新型党政关系,从组织结构上确立党组织作为学校集体决策的中心,所有事关学校发展的重大事项均需要通过党组织会议集体作出决定,由校长和学校行政人员负责落实。

第 6 章
学校教师成长

一所新学校,教师队伍的建设是学校发展关键内容之一。没有教师的成长,就谈不上学校的发展。教师队伍的综合素质决定了学校发展的质量。

身为一线校长,我一直在思考如何把学校打造成教师持续发展的"生长场"。著名的芬兰教育学者帕斯·萨尔博格（Pasi Sahlberg）认为,要做好此项工作的关键是教师能得到持续的专业发展,能体验到极强的专业自主性和成就感,而非教师的薪酬。物质带给我们的生活需求的满足只是基础层面的,而更高层次的精神满足则离不开不断自我成长、自我磨砺而来的存在感和成就感。对于教师来说,最好的学校不一定是提供最高的薪酬,一定是提供最好的专业成长。学校开办以来,我们在教师成长过程中,围绕目标方向、资源平台、评价反馈、管理机制等方面做了以下的积极探索。

第 1 节　师德师风是青年教师成长的灵魂

师德师风建设是学校教师队伍建设的核心和灵魂,是学校

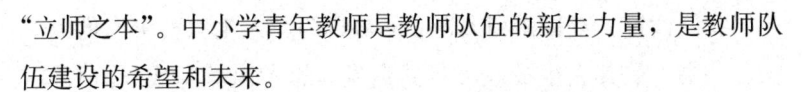

"立师之本"。中小学青年教师是教师队伍的新生力量，是教师队伍建设的希望和未来。

新时代如何发扬师道传统，如何重塑尊师重道的社会风范。当下师德建设要与时俱进地贯彻新要求，社会变化对教师的师道提出了更高的要求，教师队伍在新时代也发生了显著的变化，教师自我价值的实现发生了新的变化，同时学生的发展也对师道提出了新的要求。改革开放以来，党中央反复强调，百年大计，教育为本；教育大计，教师为本。基于此，党和国家要求学校把师德放在首位，尤其是教师队伍建设。

根据当前中小学青年教师成长存在的问题：当前部分青年教师没有把好"思想政治素养关"、没有把好"职业道德素养关"、没有把好"教书育人的能力关"。我们探索通过加强师德教育引领，提高青年教师师德素养；突出师德典型带动，激发青年教师成长内驱力；落实师德管理制度，搭建青年教师公平成长平台；营造尊师重教氛围，保障青年教师潜心从教等举措引领青年教师成长，推动青年教师队伍建设。

信念是师德之首。针对青年教师的特点，我们开展了"从爱启航，为信念而行"师德师风的系列主题活动。做好老师，要有理想信念。什么是人民教师的理想信念？吴颖民校长认为，它包括政治信念，比如中国共产党领导的中国特色社会主义是实现中华民族伟大复兴的必由之路；包括道德信念，比如人生的意义在于奉献，而不是索取；包括教育信念，比如教育家顾明远先生的四句箴言："没有爱就没有教育，没有兴趣就没有学习，教书育人在细微处，学生成长在活动中。"这就是顾老先生的教育信念。俄国教育家乌申斯基说过，人类教育最基本的途径是信念，只有信念才能影响信念。

我阅读过日本稻盛和夫先生的被称为"人生教科书"的《活法》一书，受其人生成就方程式启发，思考出教师成长方程式，即教师专业发展＝师德×师能×师勤。师德是首位的。师德是教师思想品质的集中体现，是教师行为的统帅，是做好教师的"根"与"本"，从某种意义上说，师德对于一名教师来说比教师的业务能力更重要，可见，师德是为师之魂。教师要注重自己的品行修养。"身教重于言传"，教师想教育出什么样的学生，自己首先要成为什么样的人。学生具有一定的向师性，教师的一言一行、一举一动、一颦一笑，无时无刻地在影响学生、教育学生。

ChatGPT的出现便引发社会广泛热议。教师需要思考，自己工作最不能被替代的是什么。不管是从教师职业工作、核心能力和素养，还是教育教学方法等方面思考，最不能替代的是教师工作中的情感价值。教师能够给予学生真实关系中的爱、有温度的心理和情感支持，这是师德的基础和核心，是教师不可替代性的底层逻辑。教师应强化师德修炼，做到师德师能一体化发展，才能让师德成为最硬核的专业底气，成为无可替代的人。

日志1　静夜触摸德育之心

开学以来，一直关注课堂，写了一些七零八落的文字。本周开始，也很想亲近学校的德育，和老师们一起思考德育的问题。

今天中午饭后小憩，在手机上偶尔看了一个视频，一名13岁的男孩上台演唱英文歌曲 *You Raise Me up*。主持人为了调侃上台的紧张活跃气氛，问男孩"你会用一百万美金做什么？"他回答："我是独生子，所以我想要一个伙伴。嗯，我想……是条狗"。这种从心而发的回答让台下所有听众开怀大笑，逗乐了每一个人，却也震撼了每一个人！主持人问男孩"你为什么选唱这首歌？"他回答："我难过的时候它真的帮助了我。"天下的父母和老师也许自以为给了孩子很多，没有什么不可以帮助孩子的。但是孩子真的有自己的世界，有时很烦恼很无助……在小男孩天籁之音的演绎中，同时也给我们呈现了一个儿童深邃的心灵世界。在歌声的演绎中，爸爸和妈妈也为之震颤落泪，所有艺术的本质就是一个深情的故事。

我感叹：各类学校的德育形式总有万千，但"离心者"一定"离德"。德育的本质就是"育心"。

我追问自己：天下父母心、师生情、同窗谊到底与"育心"有多远？学校的德育应该从中启悟到些许什么？

晚上我读到黎巴嫩裔美籍诗人、作家、画家纪伯伦的作品文字，被其蕴含的丰富社会性和东方精神所震撼。

你的儿女，其实不是你的儿女。

他们是生命对于自身渴望而诞生的孩子。

他们借助你来到这个世界，却非因你而来，

他们在你身旁，却并不属于你。

你可以给予他们的是你的爱，却不是你的想法，

因为他们有自己的思想。

你可以庇护的是他们的身体，却不是他们的灵魂，

因为他们的灵魂属于明天，属于你做梦也无法达到的明天。

你可以拼尽全力，变得像他们一样，却不要让他们变得和你一样，

因为生命不会后退，也不在过去停留。

你是弓，儿女是从你那里射出的箭。

当我们感受到儿女终将远去，认识到儿女其实不是我们的！

这些文字真实地敲击着我们的心。

我想,为师者,我们面对学生,其实有时学生不是我们的学生。他们是需要成长呵护来到这个学校,却非因你而来。知识其实不需要教,而其心真的需要关爱与温暖。

面对"双减"之下的学校德育,路漫漫其修远兮!这段时间我莫名地觉得雷夫老师的《第56号教室的奇迹》才是学校德育的巅峰之作,因为雷夫老师是一位触摸到德育"命门"的教育者。

和很多老师当年读这本书的感觉一样:静静地阅读,总是为书里的某个细节所感动,甚至有时会有一种恨不得马上就要去尝试一下的冲动。全书字里行间处处渗透出雷夫老师二十多年的教育经验与教育智慧。一个小小的教室,竟然如此地吸引人,致使学生愿意提早两个小时上学,而又延迟放学时间,即使毕业了仍不忘每周回到这个教室,其中究竟有着怎样的魔力?

当一名教师倾其所有精力、美德与创造力,他能为学生做什么?如果认识了美国的传奇教师雷夫·艾斯奎斯,或许便有了答案。第56号教室的孩子大多贫困,来自移民家庭,英语也不是他们的母语,这些似乎注定平凡的学生却在一个充满爱心与智慧的老师的培养下,全国测试成绩高居全美前5%,他们长大后纷纷就读于哈佛大学、斯坦福大学等顶尖大学并取得不凡成就。这一切奇迹的缔造者就是——雷夫·艾斯奎斯老师。这位心灵导师,教给学生一生受用的技巧,以及人格、信念的培养。他用简单而有效的教育方法,将理论和实践完美结合,"终身阅读""亲手劳作""以运动为本"等课程不仅可以在课堂上立刻实践,而且在家庭教育中也同样实用。此外,与铁腕管理相反,他提倡的是"没有害怕的教育"和彼此信任;与"小红花"奖励不同,他

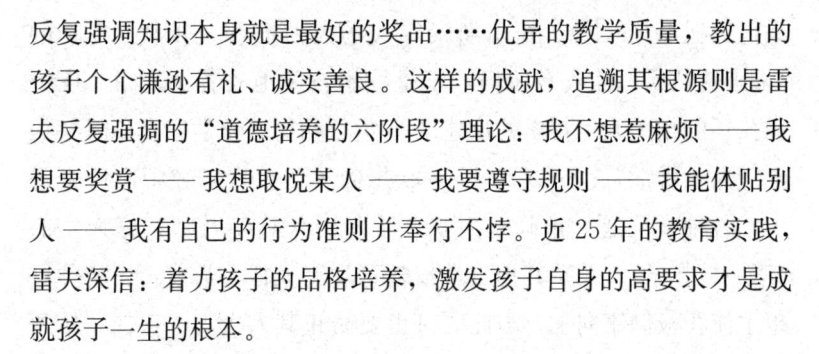

反复强调知识本身就是最好的奖品……优异的教学质量,教出的孩子个个谦逊有礼、诚实善良。这样的成就,追溯其根源则是雷夫反复强调的"道德培养的六阶段"理论:我不想惹麻烦——我想要奖赏——我想取悦某人——我要遵守规则——我能体贴别人——我有自己的行为准则并奉行不悖。近25年的教育实践,雷夫深信:着力孩子的品格培养,激发孩子自身的高要求才是成就孩子一生的根本。

写于广州
2021年12月02日

日志2　飘飘何所似　天地一沙鸥

—— 与青年教师谈湖畔人生

前几天我参加学校举办的五四青年节青年教师座谈会。活动组织形式新颖又快乐,充满了朝气与创意,内容丰富意义不凡。特别是交流互动环节,青年教师提出的各种真问题,笑谈中关涉婚姻家庭、工作事业、教育人生……本是一次轻松简短的集会,我只想真诚地表达对青年教师努力工作的感谢和敬意,为青年教师推荐阅读英国小说家毛姆的《月亮和六便士》和希阿荣博堪布所著的《次第花开》。期待青年教师在学校的发展创新实践中安心工作。可是,活动结束后,我隐约觉得心里有重要的话没说到位,只是不知从何说起。

突然暴雨,学校停课两天,又遇上周末,闲暇之余顺手读到了叔本华的《人生的智慧——如何幸福度过一生》(以下称《人生的智慧》),这是哲学家叔本华的著作《补录与拾遗》中的一个重要组成部分。正是《补录与拾遗》的发表让之前长期不被学界和大众认可的叔本华声名远扬,而《人生的智慧》这部分内容更是得到托马斯·曼、托尔斯泰等人的大力推崇。书中叔本华的"未来性特质"让我有所悟，于是我不自觉地查找了老子、庄子和孔子的相关人生哲学的论述（20世纪初德国哲学家李尔凯特提出"人生哲学"这个词），这时联想起了学校青年教师座谈会提出的各种真问题，正确人生观关乎新时代青年教师扣好人生的"第一粒扣子"，关乎其担当学校教育发展大任，当前青年教师思想主流积极健康向上，与此同时也要防止其人生观中存在"精致的利己主义""躺平"和"娱乐化"等值得注意的现象。诚然，现代人生活中所产生的真问题，实际上都源于其人生上的根本问题；也只有解决了现代人之人生的根本问题，才能进而解决现代人工作生活中的诸多问题。

我们华南师范大学附属平湖学校开办不到一年，教师大多是应届硕士毕业生，大多从重点师范院校、985高校、境外名校而来，你们思想活跃、眼界开阔、知识丰富。在一个学期的学校教育实践中，你们勤奋敬业、学习能力很强、积极上进。学校十分重视你们的专业成长、师德师风、团队建设，也时刻关注你们的学习、工作、生活。你们的表现很出色，学校发展很稳健。一方面，学校要在日常教育教学的常规建设中磨砺你们的基本功，养成教育实践的自觉；另一方面，要引领你们树立高远的教育理想，形成教育思想的自信。这就无法规避现代人之人生的根本问题。这个话题有些沉重，我不妨轻松地称之为"湖畔人生"吧。

虽然我是你们的一校之长，但我不敢跟你们奢谈人生，就我个人浅薄的阅历而言没有资格，每每遇到人生之类的大话题，我总是莫名地想起杜甫的诗句：飘飘何所似，天地一沙鸥。也许是自身生活经历的坎坷流转，或许是经历了太多生活不确定性的深层恐惧……但你们不一样，因为时代不一样，有幸来到了美丽的天鹅湖畔，我还是要用心与你们聊聊湖畔人生。

据本地老乡们讲，我们脚下这个天鹅湖畔是风水宝地，有山有水灵气俱足，她是深圳龙岗和东莞凤岗交会之处，真正的龙凤呈祥之地。远处群峰叠翠，眼前蓝天碧水辉映着现代化的商居小区，我们的校园坐落其中。庭院式的联楼建筑精巧别致，赓续百年华师薪火传承之精神，钟灵毓秀，我们湖畔教育人工作生活于斯何其幸运！

接下来，我想围绕三个古老常新的具体问题（谈名师、谈齐家、谈幸福）细说"湖畔人生"的智慧。今天就聊聊关于名师的话题。

记得学校新教师入职时，我就让每一位老师写了各自的职业目标和规划，用信封封住交给我。成为名师是老师们的共同追求。"不想当将军的士兵不是好士兵"，单从"想"这一点上讲，看来我们的老师都是好老师！习近平总书记强调，教师要成为大先生，做学生为学、为事、为人的示范，促进学生成长为全面发展的人。于漪老师讲，老师要成为新时代的大先生，必须有大视野、大胸怀、大格局、大担当、大气象。这些都是应然所需，非实然状态。现实不可能人人是名师、将军、大先生。以上的五个"大"实非易事，记得青年教师交流时提出了不少自己眼下困惑的"小"问题：怎样解决谈朋友的事情？老师在教室内坐班办公什么时候可以叫停？宿舍的网络什么时候可以开通？教师的工资调整等，当然，从关心解决教师的工作、学习和生活来讲，这是很好的具体问题。不过，我想强调的是"小"与"大"之间还是有某些必然的联系。

人民教育家于漪先生对做新时代"大先生"的八个字要求很精准"思想自信，实践自觉"。然而，这种知行合一的推动性力量又来自哪里？读完了叔本华的《人生的智慧》似有所悟，我以为要回到人性的原点找答案。法国哲学家帕斯卡说"人是一根能思想的苇草"，人只不过是一根苇草，是自然界最脆弱的东西；

但他是一根能思想的苇草。我们的全部尊严就在于思想。在空间中，宇宙囊括并吞没了我，如同一个微不足道的质点；而在思想里，我却囊括了整个宇宙于自己的脑中。猪吃饱了就去墙角睡觉了，等到饿了再嗡嗡地找食吃；人吃饱了，会思考吃饱之后更舒服的需求是什么？这是人与物的区别。

叔本华谈道："只要对生活稍作考察，我们就会发现，人类幸福的两大宿敌是痛苦和无聊。究其根源，痛苦和无聊是一对双重对立的存在，一是外部的或客观的，一是内在的或主观的。匮乏的环境和贫穷会导致痛苦；而一个人衣食无忧，那么他就会无聊。"他还指出，"人，要么孤独，要么庸俗"，"耐得住寂寞才担得起盛名"。卜易生也说："世界上最有力量的那个人是最孤独的那个人"。即思想者是孤独的。

你们刚毕业，既然选择做了教师，就不要再计较为什么当初没有选择公务员、金融从业者、律师、外企职员……因为生活是一边拥有，一边失去。来了天鹅湖畔了，做了老师，就要做合格的湖畔老师，进而做令人尊敬的湖畔名师！做名师是幸福的，也是痛苦的、孤独的，要耐得住寂寞。生源质量差异大、办学条件不完善、教学基本功不扎实、教育改革创新形式比人强、学习环境不太理想、工作环境竞争激烈等问题虽存在，但我们对这些外在因素不能过多抱怨，这些都是用来磨砺自身心性的，战胜了这些痛苦，就是我们感受幸福的过程；反之，如果我们入职这样的学校：优质的生源、一流的团队、先进的办学条件、优厚的工资待遇、舒适的学习环境、高超的教育教学技能……没有痛苦、孤独，事事如意的你就只剩无聊、庸俗了。希阿荣博堪布说，如果事事都如意，那就不叫生活了。生活就是一边失去，一边拥有。人们常说"人生不如意十之八九"，如意不过十之一二，这才是生活的真实状态。

懂了人是怎么回事、生活是怎么回事，就有悟了。王阳明说，"真知必真行"，反之，不能行的一定非真知。人民教育家于漪先生讲"思想自信，实践自觉"，她的名言：一辈子做教师，一辈子学做教师。一个人一旦选择了教师这个职业，就同时选择了高尚。九十岁高龄的于老师仍站在讲台上，她简单、纯粹。简单得很充实，纯粹得很少有功利心。其实，"实践自觉"与"思想自信"是一体的，不可分割的。我们看看当代教育家魏书生，他曾是一名工人，却写了150次报告要求做老师。他用20课时就教完了本需200课时的内容，学生成绩好得出奇。他同时担任中学语文老师、班主任、县教育局局长；他担任实验中学校长12年，直到离任，他没有办公室、办公桌，只坐在教室里，在学生课桌上办公。"教育之树"只有扎根师生实践的土壤，才能枝繁叶茂，硕果飘香。

也许有的老师会说，于漪、魏书生是特例，其实我们身边有很多真实的年轻榜样，上次来我校交流的深圳市年度优秀教师卢天宇很有说服力。可以说是知行合一，自我修炼成名师的典型。

达到思想自信，从哲学深层次上讲，还有一个问题要解决，即人主观意志的能动性和重要性。叔本华在《人生的智慧》篇里说过"说到底，人只能靠自己"，叔本华则立足于"现时"，指出世界的本原是人的生命意志，积极肯定了人的主观能动性。显然优于黑格尔"外在"精神对世界的统治思维。150年前作为宗教信仰的神、上帝，或黑格尔所言的外在客观精神的时代，叔本华大胆质疑其虚幻性，直言靠相信神、上帝或是客观外在的精神不如靠自己。其实，五百年前圣人王阳明于龙场悟道悟出："圣人之道，吾性自足"。这是警醒我们，成功向内求胜于外求。我们年轻老师立足新时代，在自我修炼成名师的过程中，要有正确的信仰，即思想自信，不能误入歧途。特别是要正确对待老子、孔子、庄子等人生哲学。面对当下青年人思想中存在的"精致利己主义""躺平"和"娱乐化"等不良现象。千万不要脱离历史时空生搬硬套老庄思想误导自己。老子批判现实人生，主张"无为"，目的仍在于救世，而庄子否定现实人生，提出"无用"，目的则在于救人。从救世到救人的转换，源于老子、庄子所处社会的发展和心态的改变。老子要求复归于"朴""婴孩"的初始状态，以取得社会和谐，庄子则在精神世界中再造"逍遥"之游。庄子的人生哲学是超世的。老子、孔子、庄子的人生哲学的价值取向不同，他们虽都力图解决人类所面临的生存困境，但老子以牺牲个体发展屈服于环境，孔子希望以道德规范来改造主体从而再造新的环境，庄子以一种"合理"的人生态度在精神世界中实现与环境的妥协。他们都没有找到真正使人类走出困境的道路，但他们所充当的社会批判和救世救人的角色，却保持了相对独立的人格和良知。对此，我们要全面了解，科学吸收，不可偏用。

总之，我们青年（联合国卫生组织划分标准为 15—44 岁的人群）教师要在天鹅湖畔扣好教育人生的"第一粒扣子"，苦练本领，积极担当起建设发展华附平湖学校的重任，知行合一，天天向上，早日成为令人尊敬的湖畔好老师。

于天鹅湖畔
2022 年 5 月 15 日

第 2 节　"五能""四实"湖畔好老师的实践引领

华附平湖学校在教师成长的建设工作中，创办伊始就提出了"五能"湖畔好老师，即能上好课、能管好学生、能出好成绩、能写好文章、能主动学习。根据学校新老师都是高学历的特点，

第6章 学校教师成长

学校要求老师做研究型好老师,适时提出了学校"四实"湖畔好教研,即湖畔好教研要求研究真实的问题,日常教学中真问题好比是大树的根。在自己日常教育教学的过程中研究,教与研要合一,不能"两张皮",事上研好比是大树的干;教研要解决真实的问题,要有实实在在的效果,好比是大树的花、叶、果;一棵树只有根深才能干壮、枝繁叶茂,当然,独树难成林,一木不是春,还需要"大生态",打造教研共同体。

日志1 "五能"湖畔好老师的修炼
—— 新老师如何上好课、管好学生

放假了,很容易安坐下来,我想从九月忙碌的工作中,梳理聚焦有价值的教育问题,以解决问题的姿态和实践叙事方式,为新老师、老教师快速成长提供有效帮助,建设好学校"青蓝工程"。

放假前刚开了简短的学校月度总结会,但有些话还想用文字理顺出来。九月是学校的开学月,新老师、新学生、新环境、新问题……尤其是新老师,今年30多位新老师加盟了我校,新老师学历高、知识储备丰富、工作热情高、想把事情做好,对未来充满了期待。平心而论,教育是科学,也是艺术。新时代教育的专业性越发凸显,这迫切需要专业的引领指导,切实加强对实践的学习总结。我们的新老师有的是非师范专业,有的是在境外学成归来的,有的所教学科专业与所学的专业不一致,有的新老师还没有经历岗前实习,特别是有的老师要任教小学低段的班级,组织教学是大难题……如何做好工作的"规范",下面我就上好课、管好学生谈点个人的看法。

1. **如何做好课堂教学的规范避免"手忙脚乱"**

常言道:"既来之,则安之。""入了这一行,就要知道行情行规"。教师的使命就是"教书育人",起步的规范就是练好教书育人的基本功。说得通俗点就是我们安身立命谋生的必备本领,或者说"看家本领"。简称"十项修炼"如下。

第一项:写字和写作基本功。写字即规范写好钢笔字、粉笔字、毛笔字,这既是教学的需要,也是教师形象的需要。你的备课笔记、听课笔记、教研活动笔记、学生作业批改、讲课黑板板书、教室文化布置等。你写的字,领导要看、学生要看、家长要看、同行要看……字是你的第一大门面!写作基本功即必须掌握各种文体写作的基本技能技巧。你要写规范的教学计划、工作总结与反思、研究课题报告、专业论文和论著等。

第二项:教学语言基本功。课堂上语言声音洪亮、吐字清晰、表达流畅、快慢结合,准确使用学科语言,并努力做到亲切自然、情感丰富、具有感染力和启发性。希望老师们定期到学校录播室录课,进行回放分析,这是一种有效的提升方法。

第三项:分析学情的基本功。面对自己所教的班级,要充分了解每一位学生的家庭地址、联系方式、家庭成员、生活状况、社会关系等基本信息,然后初步掌握每一位学生的道德纪律、学习态度、学习成绩、性格特征、兴趣爱好,并用发展的观点分析和指导。重点是身体特质的学生、心理特殊的学生,要有详细名单,要心中有数。即使是"小学科"所教的班数多,也不要怕统计麻烦。另外,必须探索了解每个班级整体情况。

第四项:解读教材基本功。认真研读任教学科的课程标准《义务教育新课程标准(2022年版)》,对标"核心素养"与"学业质量"学习研读。熟练掌握所教学科现行教材的全部内容。能弄清教材的结构特点,板块意图,章节内容,重点,难点,以及例题和习题的地位和作用。能深刻解读学科的主干知识、能力要求、思想方法、考试重点及扩展空间等。能清晰画出各个单元的知识结构图，并能把它们串联起来进行解读。

第五项：引导启发基本功。在重视核心素养的背景下，引导学生主动学习是非常突出的教学基本功。准确理解学校"三易"课堂教学原则。务必研修引导学生主动学习的技能和技巧。比如，问题引导，语言引导，实物引导，图片引导、多媒体引导等。通过引导启发做到让学生动心、动脑、动手、动口，让学生在实践中学习和体验。坚决杜绝"一言堂"现象！

第六项：利用现代教育技术基本功。在课堂上，能使多媒体教学用具与课堂教学有机结合，改变教学内容的呈现方式，增强教学的直观性和趣味性，激发学生的积极性和主动性，提高课堂教学效率。

第七项：课堂教学设计基本功。众所周知，课堂教学设计是教学基本功训练的一个重点。课堂教学中的教学目标不明确，时间分配不合理，教学程序不流畅，甚至出现一言堂现象等，都是教学设计不过关造成的。

在充分了解学生，熟练掌握教学内容的基础上，根据教学内容和学生实际，准确选择教学模式和方法，合理安排教学程序和时间。其中主要凸显以学生"学"的逻辑设计，非老师"教"的逻辑设计。师生双方根据活动的安排，设计好预设程序并充分思考生成问题及解决方案。

第八项：组织教学基本功。组织课堂教学是贯穿整个课堂的教学行为。课设计得好，讲得好，必须把课堂组织好才有效果，否则是徒劳。特别是小学低年级学生，没有组织好课堂，就没办法上课。

从创设课堂教学情境到教学过程调控直到最后的课堂结束，

都隐含着组织教学的因素。因为课堂教学行为是正在发生的事件，所以组织好课堂教学需要老师的敏锐的观察力、睿智的应变能力和高超的调控能力。

既要创建轻松和谐的学习环境，又要让学生集中精力去学习，这是很不容易的事情，需要老师们在实践中多探索和总结。有效的办法是：多观摩研究名师的课堂案例。

第九项：教学评价基本功。课堂教学过程没有评价，就等于"盲人骑瞎马乱闯"，课堂中要判断学生是否增长知识，是否掌握本领，是否受到教育，是否健康成长等。要当堂评价，有评价的课堂就心中有数。"目标、策略、评价"是我们学校课堂形态的核心三要素。阶段性独立作业评价是我校常规性的评价工具之一。

在教学评价中，评价观念的转变非常重要，应当用发展的观点去评价学生，评价课堂，评价自己和评价他人。

第十项：教育科学研究基本功。教师即研究者。这里所说的"研究"是指教育科学研究。教师要想透彻理解复杂的教育现象，或者解决工作中遇到的实际问题，就必须掌握教育科学研究的步骤和方法。我校提出的"四实"教研原则：真问题、事上研、好效果、大生态。

2. 如何管好学生减少工作中的"麻烦事"

以上"十项修炼"是针对"课堂教学"进行的修为，至于"课外""校外"的教育管理修炼也同样十分重要，即"教育过程"的修为。课堂是"教书"主阵地，但教育管理的"育人"才是根本目的。如何处理好教育管理中的麻烦事是做老师的重要核心素养。我个人的经验认为：从学生主体角度来说，包括学生身体安全健康、学生心理安全健康、学生思想品德安全健康；从学

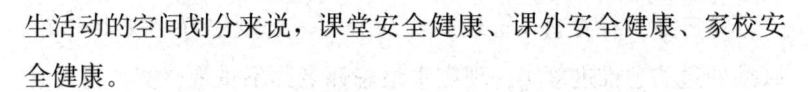

生活动的空间划分来说，课堂安全健康、课外安全健康、家校安全健康。

从某种程度上讲，"教学"的事儿大多是可以"用力"来解决的技术活儿，而"教育"却是非"用心"不可的"艺术"活儿。这就是为什么不少老师感叹"做班主任难"！教育管理学生吃力不讨好，给学生喂进的是"牛奶血"，而挤出的全是"草"啊！致使有的新老师经常遭遇管理的"无助""焦虑""崩溃"感。为此，我推荐以下九条原则：立规矩、明是非、有奖惩、建组织、成机制、有团队、懂心性、树榜样、出成果。

第一条：立规矩。"无规矩不成方圆"。无论你管理自己的课堂，还是班级或学生活动，都要有规矩。即管理制度规则。你根据所教学生心理特点，制定好课堂纪律要求、班规班约、活动要求、家校细则。必须具体，指令清晰。例如：课堂纪律，上课时间不得随便下座位，有事情先举手向老师请示。迟到进教室前必须向老师喊报告，同意后才能进教室。作业纪律，每次迟交作业或没有交作业，必须亲自向老师说明原因。班级活动要求，凡是集体列队，必须整齐，站姿挺拔……。总之，规矩要清楚明白，有了规矩，必须执行，不折不扣。管理最大忌讳就是要么没规矩，要么有规矩不落实。

第二条：明是非。在课上、课下、活动中、家里、校外，除了制度，还要有是非观念。什么是对的，什么是错的，不能含糊。例如：无论遇到什么情况，不能动手打架；不能有校园欺凌行为；未满12周岁不能骑自行车，未满16周岁不能骑电动车；禁止学生带手机进校园；不能顶撞老师父母；不能随手扔垃圾……。要给学生划红线、底线。经常讲，反复讲。别以为给学生讲过就完事了，要反复督促落实跟进，直到成为习惯。

第三条：有奖惩。管理要奖罚分明。制度也好，规矩也罢，必须通过奖惩推进落实。现实中最忌讳老师不重视落实，自己稀里糊涂，制度规矩建立时不健全，落实时随意，这样做后患无穷、麻烦事不断。

第四条：建组织。没有组织就谈不上管理。我们不少老教师缺乏管理意识，没有管理能力，关键没有重视建立组织。一个人能力再强，永远也无法代替集体，组织就是调动团队的力量。班级小组、班干部、家委会、年级部、学校各级行政等都是学生管理的保障力量。例如，建立好班级管理小组、班委会、班级家委会等组织，班上的管理就很快理顺，很多事情就会有头绪。有的老师压根儿没有组织意识，总是自己一个人在瞎忙乎，自己累得要死，手忙脚乱，课堂、班级还是一团糟！所谓的组织建设走过场，应付了事。各种组织名存实亡，摆设不起作用。

第五条：成机制。就是说班级各种组织不仅要科学规范建立起来，还要形成机制，真正发挥作用。机制就是运转功能。例如，建立班级家委会。不是老师简单地找几个家长就完事了。这样的家委会不会主动有效工作，关键是家委们不会担责的。建立组织要动员好所有家长，设计好问卷调查，了解家长的实际情况，通过谈话、投票等程序建立组织，然后，每一位家委具体的工作职责是什么，要清楚，老师还要多沟通，与家委一起学习交心。适时总结表彰工作，让家委有成就感，不懈怠。每一个组织，运转机制没有动起来，就等于组织失灵了。

第六条：有团队。无论是在课堂上，班级管理、活动中，还是家校之间……不管发生了什么事情，都要清楚，你不是一个人在战斗，要动用团队力量与智慧解决问题。例如，班上的调皮学生，班上难沟通的家长，课堂纪律很差等，你首先要想到各级组织，找小组长、班干部、班主任、级长、主任、校长、家委等，一起分析原因，寻找措施、整合教育资源力量。不要一个人闷在哪里，无助得痛苦难受。这些功夫都在平时，要讲究工作方法，建立组织后，形成有效机制，当问题出来时，就有办法解决。其实，重视并坚持了以上各条原则，问题自然会少很多的。

第七条：懂心性。即了解学生的心理规律和性格特点。管理学生就是教育人和培养人，我们老师一定要懂得3—15岁儿童成长关键期的心理特点。按照儿童成长的规律办事。不要违背规律，不要做一些吃力不讨好的事儿。老师不懂儿童心理，简单粗暴地管理，轻则是伤害，重则是悲剧。老师们课余要看一些心理学书，多观察儿童，与孩子成为好朋友。

第八条：树榜样。对于中小学的学生，我们要在管理中多鼓励表扬，榜样的力量是无穷的！我们的各种平台要发挥好展示的功能，例如，电子班牌、家长群、黑板专栏、班会、家长会等。在课堂上、班级、家校、活动中，多总结表彰，树榜样，通过榜样树标杆，榜样带动先进分子，先进分子带动中间分子，滚雪球式地推动管理升级。形成班级强大的正能量。

第九条：出成果。课堂管理、班级管理是一种艺术活儿。很有挑战性！我们要带着研究的姿态进行学习实践。你作为老师，你的课堂管好了，教学就成功了一大半，你的班级管好了，你的教学效果一定不差的。管理不仅要勤奋出力，还要用心用智慧，研究学生，相信学生。在管理实践中研究，总结，写文章，做课题。知行合一，不断出管理成果，你就会有成就感，在繁重的工作中修行，你还会有幸福感！

以上"十项修炼"解决上好课，"九条原则"解决管好学生。当然，这些都是基本的常理儿，如果做到了也很不容易，新老师对照去做，有方向和目标，不会"手忙脚乱"，不会"麻烦不断"。如果你悟性很好，很优秀，那可以看下面一篇文章《教有成就 学有尊严 研有价值》解决教育"精进"而不"倦怠"的问题。

于天鹅湖畔
2022 年 10 月 2 日

日志 2　　教有成就　　学有尊严　　研有价值

—— 谈教师工作如何持续"精进"而不"倦怠"

　　前篇文章主要是写给新教师的，因为新老师刚参加工作要做好"上课"与"管学生"的规范，难免手忙脚乱，不知所措；但老教师虽然有经验，也会面临工作"倦怠"的问题，如何"精进"的问题。所以，我也借此写了点文字，供大家参考。

　　1. 教学的灵魂：价值引导与生命的激励

　　教师观念误区：（1）我教的班学生生源太差，基础差得没法补，我一个人精力很有限。班上这么多差生，我不吃不喝也补不上他们的成绩。（2）学生很懒、不想学、身上一堆坏习惯，无可救药。当班主任管学生太累了。（3）某某学生很捣乱，性格倔，顶撞老师，我拿他没有办法，要崩溃了。

　　先听听智者的话。苏格拉底说："教育不是灌输，而是点燃火焰。"费希特说："教育不是首先着眼于实用性的，不是首先去传授知识和技能的，而是要去唤醒学生的力量。"雅斯贝尔斯说："教育是人的灵魂的教育，而非理性的知识和认识的堆积。"刘铁芳说："好的教学乃是让学生学，并从中获得美好事物的经历。"

　　身边案例分析：9 月 23 日，我和德育处蔡主任召集学校的七年级班主任、年级长等一起座谈。会上班主任陶冶老师讲到自己班上的一个案例：一天快放学的时候，陶老师布置了两道题，要求学生做完了题就可以回家了。老师的话刚说完不到两分钟，姚宇涵同学就第一个举手了，说自己题做完了。陶老师瞟了一眼姚宇涵同学，知道他的情况，他平时学习成绩基础不算好，学习习惯也不好，这么快不可能做出来。于是陶老师不客气地说："姚宇涵，你不可能做完了！如果说你已经做完了，那只有两种结果，要么是你蒙出来的，要么是你抄答案！"姚宇涵同学听了很不高兴，坚决地一口咬定自己做完了。陶老师不相信地走到他跟前说："姚宇涵，你把作业本给我看看！"陶老师看了作业本，上面只是写了两道题的结果。陶老师强调说，没有过程，这个结果肯定是你抄的！姚宇涵生气地大声说："我没有抄！"态度很不好。陶老师见势不妙，就说："我可能说得不对，但你先把过程写出来吧"。

放学后，陶老师感觉这件事情没完，姚宇涵同学平时习惯是不好，态度还很倔，有必要继续沟通。晚上，陶老师主动打电话跟姚宇涵同学的爸爸沟通，先说明了今天的情况，表明老师今天的事儿可能做得不对，希望继续了解孩子情况。孩子的爸爸向陶老师详细反映了儿子的情况，儿子的性格特点、特长和不足，希望陶老师严格要求儿子并关心鼓励他进步。第二天，姚宇涵同学态度很好，交了完整的作业，陶老师也与他谈了心，他上课也表现不错。陶老师抓住他上课表现好的契机，及时在班上表扬了他。接下来几天，据陶老师观察，姚宇涵同学不仅态度改变了，听课、作业都有新起色，像变了个人，自己开始主动思考学习了。

9月15日，我女儿同我分享了一个真实的案例。她是一位小学一年级数学老师。刚接手两个新班,担任一个班的副班主任。任教副班主任的那个班学生管理她基本搞定得了,但另外一个班的学生中有几个学生很"头痛",管理上一直搞不定。她说那天上午第三节课是她的数学课,铃声响过,刚坐下,坐在教室后排的一位同学突然大声喊:"罗老师,我要出去打水喝!"这位男同学个儿高,大块头,行为习惯很不好,上课坐不住,几乎不听讲,性格很固执又倔强,可以说他带动了周边几个同学不好好学习,是个有"影响力"的角儿!下课十分钟他不去喝水,一上课就想出去打水。根据老师的判断,他并不是真的口渴了要喝水,很大程度就是想出去遛一下。鉴于这种情况,罗老师认为如果不让他出去,这节课肯定后面的学生都不会安宁的。罗老师说:"好,这位同学你出去,打完水快回来上课啊!"

老半天过去了,只见这位同学拿着水壶慢悠悠地直接从教室的后门进去,边走边喝水,还不忘给其他同学做鬼脸儿……见状,罗老师突然停下讲课指着这位同学说:"这位同学请你从后门出去!"说了两遍,他还是不动,站在他的桌子边横着眼看着老师。"同学们,老师为什么要让他出去呢?"老师问,"进教室要向老师喊报告!"全班同学齐声回答。

"同学,听见没有,我再说一遍,请你从后门出去!"罗老师提高了声调。这位同学这时才提着水壶很不情愿地走出教室,他绕到教室前门倔强地站在门口,斜眼看着老师,就是不喊报告。罗老师放下手上的书,不打算再上课了,她觉得解决眼前的事是很重要的一课!

"同学们好,请你们帮助一下这位同学,他现在应该怎样才能进教室?"老师说。

"喊报告!罗老师好!"全班同学齐声回答。

"这位同学,听清楚没有?老师再教给你好吗?请记住,老师上课时,你要向老师喊报告,等老师同意后才进教室,这是礼貌,懂吗?"这位同学还是一脸的不高兴倔强地站在那里,就是不吭声。看来,他还是在极度的"抗拒"中。

"同学好,现在哪位同学自愿出来,到门口给这位同学做一个示范,帮帮他?"罗老师说。

只见一位小女生走出来,站在门口,举起右手敬礼:"报告!罗老师好!"

"请进!"小女生走进了教室,罗老师问,"这位同学,你清楚了吗?现在你能做吗?"只见他仍然瞪着眼睛看着老师,没有一点友好的表情。

"刚才啊,女生给这位同学做了示范,我知道他有点不好意思害羞吧。现在哪位男生愿意出来帮助他做个示范呢?"罗老师问道。

这位同学的同桌,一位男生走到教室门口做了示范。这时罗老师亲自走到教室门口,温和地问他:"这位同学,你现在会做吗?会做,请你就点个头,不会,你就摇头,好吗?"只见他既不点头,也不摇头看着教室里的同学,突然冒出两个字:"会做!"

"报告!罗老师好!"就是语气有些生硬。

"请进!"教室里响起了热烈的掌声!

这位同学回到座位后,罗老师继续讲课。这节课时间这位同学比平时安静多了,罗老师及时表扬了他。接下来几天,罗老师还有意接近他,肯定了他的进步,经常看到他的脸上开心地笑,经过细心观察,这位同学在班上还会主动帮同学和老师做点小事儿。

从以上两个案例中，我们要用心体会：教学的灵魂即价值的引导与生命的激励。

2. 活在师生关系中：教师生命的本质

教师观念误区：（1）我的运气不好，很倒霉啊！新学期班上又分进了几名问题学生，我要崩溃了！（2）不是我的教学能力不行，是学生太差。差学生习惯差，背后基本都有难缠的家长。我没有幸福感可言。（3）好学生成就好老师，好老师成就好学校，好学校成就好校长。

专家深度点拨：我们思考一个问题，先有老师还是先有学生？就实际存在而言，当然是先有老师，后有学生；但从逻辑而言，是学生让老师成为老师，学生赋予了老师作为老师的内涵。我们总是在实践过程中显现我们自身的属性，这意味着我们总是在实践对象身上显示我们自身的存在属性。作为教师，我们总是从学生身上来显明我们作为教师的品质。优秀的教师活在师生交往的优秀品质之中的。（刘铁芳）

身边案例分析：8月，教育局公布了学校转插班生录取学生名单，今年我们学校有190多名天鹅湖畔的转学生，这些生源成分复杂，差异大，来自全国各地。

开学前两天，八（2）班的班主任陈铭洁老师在家校电访工作中了解到一位特殊的转学生，由于情况很特殊，很快八年级卓级长、德育处的蔡主任、分管德育的向校长都积极跟进这件事。初步分析了相关信息和大家的反响后，我当即决定召开一个专项协调会。班主任陈老师、卓级长、蔡主任、向征副校长和作为校长的我亲自参加并主持了这个碰头会。

这位学生的基本情况是：家住天鹅湖畔花园，八年级转学，男生，由于小时候不小心摔伤了头部，在医院进行了开颅手术，因为年龄尚小头盖骨发育不完整，要等到 15 岁头骨发育好了之后再进行头骨合拢手术，所以这名男生多年来一直戴着专用的护脑"头盔"生活、学习。外力的触碰特别是意外伤害，都会给孩子带来灾难。

大家的反响：这位学生的学校生活能力还不清楚，学习情况肯定有困难，接受这位学生就读安全风险非常之大，学生报名时的填报信息家长有所隐瞒，学生的家庭情况详细信息不清，家校协调有不确定性。

学校的态度：首先我强调了学校的办学理念和价值观，我们的办学理念是"让每一位师生拥有全新的生命历程，让每一位师生成为飞翔的白天鹅"；学生观："只有差异没有差生"；家校观："与家长一起成长"。怎样让该同学走进我们学校感受到全新的生命历程？生命感是什么？这只"丑小鸭"的历练和飞翔需要的是什么？今天我们参加会议的就是关键的少数，首先思考我们能给该生什么宝贵的东西？如果我们给不起的东西，却需要老师们和同学们给可行吗？如果我们有人不去实践办学思想、学校价值观，甚至对该生有歧视感，那么八（2）班的学生会真心呵护他吗？我们要端正态度：该生不是"差生"，是"差异"，"差异"就是我们的宝贵的教育资源！八（2）班的每一位师生都要全心呵护他，让他有真正的安全感，体验到全新的生命感！让我们八（2）班的每一位师生的优秀都显现在这个特定的师生关系、同学关系之中。

工作安排：继续深入走访，了解家庭情况、前学校该生的学习生活情况、设计安排好该同学的学习生活管理方案、营造好周边班级的协同关怀、对接好家校陪读细节等。

一个月过去了，该同学的妈妈在校陪读了一个多星期就停止陪读，她说："儿子在八（2）班很安全，我很放心！"该同学由于手术影响了他的记忆力，整个身体的右侧力量很弱。他与同学交流语言反应明显迟滞，护头套是全天候佩戴，他的心理问题经过多年的累积也非一日之功，但是在他的身边有同学们默默地呵护，上课、下课、如厕、吃饭、活动……初中部没有一个同学歧视嘲笑他，没有妈妈的陪读他学习生活很平静自然。据卓级长和班主任陈铭洁老师讲，该男生学习很刻苦，对自己要求很严格，他一直在努力！早晨，有时我在校门口观察，看到他上学的从容自信表情，我就知道，我们的学校"行"！

简言之，正如刘铁芳教授所言，"作为教师，我们总是从学生身上来显明我们作为教师的品质。优秀的教师活在师生交往的优秀品质之中的。"

八（2）班的优秀、陈铭洁老师的优秀是不言而喻的！在过去的九月份中，这无疑是我们学校的一件大事，是我们学校办学的光荣！向陈铭洁老师致敬！

3. 和繁重的工作一起修行：平和喜乐地成就事业

谈到教好书的话题，有人说那是要有点情怀的；说到当名师，有人说名师教书那是超越了事业的，要有宗教般的虔诚；从教三十多年了，对此我是认同的，所以，我常常联想到"修行"的概念。

经常和各行各业的朋友聊天，不少人常常抱怨工作辛苦、事业不顺甚至讨厌上班。其实，工作中的压力和挫折，恰好是自我修行的最好机会。

当老师的，教室、办公室、校园是修行的最好场所，工作中的事事都是修行。无论你身处什么样的境遇，遇见什么样的学生、家长、职工、老师、领导，一切都是在训练你的心性。哪怕是面对一场无缘故的非议，或者填一份烦琐的问卷，抑或被家长误解、被学生顶撞，你都要在这样的事情面前，学会调适自己的内心。少一些抱怨，多一些自省；少一份烦躁，多一份从容。一切磨砺都是你修行的助缘。

想通了，当老师不就是培养人吗，我们的使命担当是与"做人"息息相关的。王阳明先生说："一切生活问题都源于'做人'这颗种子。"如果我们把握了"做人"这个根本，那么，一生就很简单，却又很丰富；根脉清晰，枝繁叶茂。反之，"做人"这一件事做不好，做其他再多的事也是没有什么用的。即"一件事点亮人生啊"！

其实，天下的人和事关系很简单，天下事本都没有任何意义的，全是人去赋予的。因为，事都是人去做的。在这个意义上讲"人是万物的尺度"。

记得我很早读过《沉思录》这本书，作者马可·奥勒留，一位伟大的帝王，他对神主宰的宇宙、自然、社会和人生展开思考，虽历经千年，但书中的箴言很让人开悟，摘录如下：

自制，在任何时候都不突发奇想；在任何情况下都要保持心情愉悦，生病时也要如此；性情稳健，做到宽严相济；面对分内之事时，切勿牢骚满腹。

每日清晨都要告诉自己：我将会遇到好管闲事者、忘恩负义者、恃强凌弱者、诡诈蒙骗者、生性嫉妒者、孤僻乖戾者。他们之所以拥有这些恶劣的品质，是因为他们不辨善恶。

那些被俗事缠身、筋疲力尽之人，是没有稳定目标、糊涂度日之人，行为上杂乱无章、心灵上胡思乱想。

有人对我行不义吗？他行与不行与我何干？他的性情是他本

人的，他的行动是他本人的。凡是宇宙本性想要给予我的，我现在都已拥有；凡是我的本性想要我做的，我现在正在做。

你要像随时都会失去生命那样，去做每一件事，说每一句话，进行每一次思考。

你须敬畏神明，心怀世人。人生短暂，在这尘世间唯一的收获便是虔诚的性情和博爱的行动。

这些从灵魂深处流淌出来的朴实文字，参透人性，传颂千年，我想对我们当下的启示仍然是深刻而深远的。

于天鹅湖畔
2022年10月6日

日志3　教而不研　是为"匠"（一）

—— 我们怎样做集体教研

何为"匠"？康熙字典解字：[说文]木工也。从匚从斤。斤，所作器也。有手艺的人：匠人、木匠、画匠、能工巧匠。灵巧，巧妙：独具匠心。具有某一方面熟练技能，但平庸板滞，缺乏独到之处：匠气。

众所周知，社会上曾有诟病老师为"教书匠"，将老师与医师比较来质疑老师的专业性。如果我们教书像木工走家串户做桌椅板凳，养家糊口，那我们就是一个熟练的技工而已。因为我们备课不研究学情，对照教参课本从网上剪辑拼凑教案，到了课堂上，目中无人一讲到底，课后让学生做练习册上的作业。如此这般，教两个班就窜两个教室门，教四个班就窜四个门。年复一年，自然匠气十足。

如何从根本上解决以上问题？简言之，"教"而要"研"，那怎样才能真正做好教研呢？教研必须贴近自己的课堂，深耕自己的课堂，一个人教研走得"快"，而一群人教研走得"远"。我想和老师们谈谈怎样借助团队教研平台做教研。

3月26日我线上参加了学校"王亚丽名师工作室"的一次教研活动。想以此为例谈点我个人学习的体会，供老师们借鉴。主要谈三点：团队教研平台如何正确定向，研伴贴近课堂如何寻找切口，自己聚焦问题如何直抵心灵。

1. 团队教研平台如何正确定向

记得王亚丽老师3月25日微信邀请我参加她的语文名师工作室活动，我答应了她一定参会并认真学习。至于本次活动的主题和安排，我事先并不清楚。

参加本次活动的老师来自本校和兄弟学校的语文老师，也是工作室成员。活动中王老师先介绍了工作室以前的研究情况以及取得的成绩，对当下工作室的工作规划做了说明，根据上级主管部门的文件精神对要开展的工作进行了布置安排，提出了工作要求。

王老师对工作室的研究进行了正确定向，做了一个专题讲座。她从"道"着眼：道生一，一生二，二生三，三生万物。讲到教育的实践、真实世界的原则。落实到语文学科教研开展的主题整合：童心绘童言、古诗词的色彩、汉字溯源等。实践中引导老师指向课堂、课题、课程、论文。同时工作室为老师提供多样化的研究平台，钉钉、腾讯会议、CCtalk等。指导老师们积极参加平台"课博会"，努力学习打造时长50分钟特色分享课。在工作室平台上探索出一条学习、分享、成长的研学道路。

在研究主题的选题上，我知道王老师的主题是"玩悟语文实践研究"。

王老师从事小学语文研究近 30 年，深耕不辍，成果颇丰，论文、课题、论著不少，特别是对"玩悟语文"的实践研究有自己深刻体悟。作为特级教师，名师工作室主持人，她不遗余力为老师们的语文教学研究"搭台""定向"，在语文教学天地中共同成长。

名师工作室的"名师"是团队的灵魂，名师的教育思想、学科洞察力、研究特长、研究风格等，会实实在在地影响着每一位成员的成长。

王亚丽老师的"玩悟语文实践研究"主题为工作室阶段性总体工作确定了正确的方向。搭起了一个很有意义的集体研究平台。

何谓"玩悟"？意思是醒悟明白，由迷惑而明白，由模糊而认清，也指对道理的认识，进入到一种清醒的或有知觉的新的状态。何谓"玩悟语文"？其独特性在哪里？"玩悟数学"也可以，数学也有"问、玩、悟、用"四部曲；"玩悟艺术"也可以，艺术学科也要经历"养、玩、悟"的过程。这就需要我们从语文学科的立场来思考，聚焦思考什么？结合语文教育实践研究什么？我们学科实践中的"迷惑""模糊"在哪里？我们的学科视野既要向后看，还要向前看，更要关注当下。回顾百年语文教育的历史，五四运动之后，我国学校语文教学几经变革，围绕语文教学目标而采取的教学方法先后经历了西化、中国化、苏联化、政治化阶段，利与弊并存。改革开放以来，随着对语文教学目标的认识日益深入、明确，语文教学进入素质化、现代化教育时期。尤其在"双减"提质增效的当下，我们提出"玩悟语文"，进行实践思考，当然是一个很有意义和价值的研究课题。借助名师工作室平台的智慧，我们集思广益，攻坚克难。

2."研伴"如何贴近课堂寻找切口

集体教研，学科同伴定向后，就要贴近自己的教学实践，寻找研究切口，即研究的角度、着眼点，宜小不宜大。这里说的"大"和"小"，是指课题研究的内容和范围，不是指课题研究的价值。当然，"大"和"小"是相对的，根据研究同伴的身份、研究经验和客观环境而定。

我们以"玩悟语文"为例，要考虑以下情况：玩悟的内容和范围是什么？首先，充分考虑自己和研伴的语文教研的优势和限制，选择自己和研伴在语文教育教学中必须解决又力所能及的问题进行研究。其次，充分考虑自己和研伴对课题研究的主观驾驭能力，选择有较多实践经验或在某一方面曾有一些研究成果而研究尚不能深入的问题进行研究。最后也要充分考虑研究的客观条件，特别是学校和科组的研究设施设备等物质条件，人文环境允许的条件等。

我认真看了一下各位研究成员初选的课题：基于"玩悟"主题，有童心绘童言研究专题、古诗词的色彩研究专题、汉字溯源研究专题等。每一个专题下会有老师选择的小课题。例如，古诗词的专题下有：借助学科融合赋能古诗词"色彩"创作实验研究；古诗词色彩思维助力儿童研究性写作实践研究；想想画面悟古诗。以上的研究切口选取都不错，但在规范表述方面还要推敲，更严谨一些就好。

诚然，小的课题涉及范围小，变量少，对研究者主客观条件要求相对低一些，比较适合在一线教课又没有研究经验的老师；如果你和"研伴"有研究经验，课题可以大一些，但也不要过大，毕竟在教育教学一线，时间、精力都有限。课题小、研究内容具体、方法易于操作、研究目的集中,这样容易解决教育教学实践一两个真实的问题,反而更容易出有较高教育价值的成果。

当然,我们要做到"小"题"大"做。这是从教育的研究价值而言的。我们可以从理论与实践的两个层面进行思考。实践层面,一定是解决自己教育教学中迫切需要解决的现实问题,例如,在"双减"背景下,怎样切实做到提质增效。从理论层面,我们应该在定向、定位时要有高位的理性考量。我们的名师工作室,本阶段是围绕"玩悟语文",我们一方面面对实践中的问题困惑,另一方面同时跟进当下语文教育研究前沿的思潮观念,与时俱进地观照自己的实践问题。

虽然我们工作室在研究"玩悟语文",但我们要关注一下语文教育研究的新动向,从中汲取研究智慧。简单列举如下:(1)"慢语文"。在"慢生活"呼声大行其道的现代生活中,"慢教育"也被渐渐提上日程。与之相呼应的"慢语文"应运而生。所谓"慢语文",其重在语文学习的过程,重在培养学生见识而非灌输知识,重在启发思维,实现自主探究和自我成长,即更突出三维目标中的过程与方法,而非追求在有限的时间内对学生进行大量的知识填充。基于此,对课堂中的每一个教学环节进行时空分配与方法设计,建立"慢语文"理念下学科教学的课堂管理机制已经迫在眉睫。(2)"诗意语文"。王崧舟为首的"诗意语文"理念较为推崇语文学科的人文价值和感性教育,注重培养学生的想象力和语言表达能力,以建构充满"诗意"的课堂教学。(3)"大语文"。"大语文"教学观是一种带有一定突破性的语文教育思想。这一思想主张以课堂教学为中心,围绕学生的日常生活进行开拓与延展,让课堂教学与学生的生活,其中包括学校生活、家庭生活以及社会生活等方面进行有机的对接,将学生所学的语文与学生的做人有机地融合在一起。借助这种方式来推进素质教育,帮助学生接受全面的整体的、有力的培养。(4)"生活语文"。生活教育思想是人民教育家陶行知先生教育思想的精华。他说:"教育必须是生活的,一切教学必须通过生活才有效。"语文课程是生活气息最浓郁的一门课程,也是对生活资源需求最旺盛的一门课程。生活语文也是解决当下语文困境的一剂良药。(5)"浅浅语文"。"浅浅地教语文"是肖培东老师的语文教学追求,这一追求产生于现实的语文教学语境,是基于对语文教学教得太花、教得太活、教得太深、教得太宽和教得太浮现状的教学思考。他说:"我读书不多,说不出什么高大上的道理,就是希望能回归踏实、纯粹,回归语文教学本真,能深入到语文教学的真髓、真谛、本源。这个世界,所有的深刻必然要积累许多的清浅,那么,从浅浅地起步,慢慢地引导学生走进文本,品味、体悟语言的深层意蕴,走向语文的深厚,这是我的教学愿望。而且,"浅浅",对我们的挑战在于,我们该怎么样教得深入浅出,浅入深出,这更是一种智慧,一种艺术。"

3. 自己聚焦问题如何直抵心灵

最后,我想谈一谈如何聚焦问题直抵心灵推进研究。教学研究关乎培养人,如果没有触及心灵,研究自然是"匠气味"太重了!不妨以我们工作室的研究专题"古诗词色彩创作实验研究"为例,与各位老师交流。我听过不少小学语文老师讲授杜甫的《绝句》:两个黄鹂鸣翠柳,一行白鹭上青天。窗含西岭千秋雪,门泊东吴万里船。老师们都重视此诗中的色彩、画面的美。首先,找出色彩的词:黄、翠、白、青等,问学生:色彩多不多啊?多;美不美啊?美。然后,请同学们拿出彩笔画一画?学生于是画了鸟儿、柳树、青天、山峰、白雪。显然,这些色彩也好、画也罢，根本就不是诗中的内容，原因就在于它有"静"无"动"，有"朴"无"灵"，有"实"无"虚"，有"形"无"神"。缺乏精神气韵的表现，给人总的印象是一具静止的、板滞的、拼凑的，没有什么美感可言。远远低于诗中的趣味，甚至破坏了诗的美感，无以感染或打动学生。

教学是科学，更是艺术。诗中的色彩、诗中的画面高于画家笔下的色彩、画面。诗中两只黄鹂鸟儿，不是大街公园的、不是马路上的，也不是笼中观赏的。它是杜甫草堂窗外的黄鹂鸟，特定环境中的意象物，着上了特定历史、人物、事件的心理色彩，作者此时的人生大美、社会历史的大喜悦都在鸟鸣柳摇之中。学生能够画出来的是鸟儿，但没有办法展示自然景物发展变化的动态美：柔软嫩弱的青翠柳条，一对黄鹂在上面飞上跃下，撒欢鸣叫。翠柳仿佛力不禁莺似的微微颤抖，左摇右晃，婀娜多姿；在青色抹底的广阔空间背景上，一行白鹭由下而上呈斜线状向远方展翅飞翔。这幅色彩鲜丽、明亮、均匀、和谐的动态画面，多么富有生机活力。

这就需要我们老师有研究的眼光，追问为什么？莱辛说："诗中的画不能产生画中的画，画中的画也不能产生诗中的画。"[①]因为"画中的画"，是线条和色彩描绘出的一片景象在空间里的铺展，是视觉所及的、物质的画；"诗中的画"，是语言文字描述出一串活动在时间里的发展，是视觉所不能及的、意象的画。莱辛的"化美为媚"，就是中国古代诗词中的化静为动。在作品中如何化静为动，是中国历代诗人孜孜不倦、终生追求的最高艺术目标。

我国历代诗人"化美为媚"的常见方法有以下几种：拟物为

---

① 莱辛. 拉奥孔[M]. 朱光潜译. 北京：人民文学出版社，1982.

人、融情于物，拟人为物，以物拟物，通感妙用，捕捉动态瞬间，描绘自然景物的发展变化，展示其动态美，锤炼动词、调整语序，展现色彩动态美。

接下来，我再谈一谈，怎样理解"千年雪""万里船"这样虚实相生、意境宏阔的妙语。我在上面谈到的："慢语文""诗意语文""大语文""生活语文""浅浅语文"等这些与时俱进的语文新理念，学习借鉴之，来丰富拓展我们的研究视野和内涵。其实，"千年雪"也许是作者杜甫看到草堂的窗外的窗花消融，展开了生活想象，沉郁勃发的感慨，着色于千年雪岭，冷峻高洁，深深浅浅，这就是诗化；"万里船"未必所见，作者多年流离漂泊在外，想念故土，门口的停泊的船，可以直到家乡，虽时空之远，万里也息息相通。这不仅仅是色彩的画，更像是童话的诗，梦境般的美妙。

简言之，教学研究，直抵心灵才有教育的生命力，才有真的价值，否则就流于表面，过于匠气了。

于天鹅湖畔
2022年4月9日

日志4　研而不做　是为"殆"（二）
—— 怎样做课题研究

前天针对怎样集体教研，我写了《教而不研　是为"匠"》，真心想我们华附平湖的老师不要做"教书匠"，只为了教而教；要做学习型、研究型教师，在美丽的湖畔工作、生活，有成长追求，日新、自新、全新，让成就感、幸福感温馨拂面，锦绣相随。

科研兴校是正道，研究型教师一定要会做有价值的教育研究。面对真问题，"事上磨""做中研"，真正到学生中去，相信只有差异，没有差生，去感受学生成长困境中的苦痛和无助，贴近校园的泥土，匍匐前行，用我们流下带咸味的汗水书写掷地有声的研究文字。

4月3日下午，我参加了王亚丽名师工作室的深圳市教育规划课题开题活动，通过这次开题的经历，我总结得失，想和老师谈谈怎样做教育课题研究。切实提高我们老师的教研素养。

我们都知道，现在学校的老师大都是刚毕业的研究生，经过了专业的研究规范学习的，再谈这个话题是不是多此一举呢？根据我本人多年的学校管理经验，非也。大学里面研究生毕业论文的确是讲究严格的学术研究规范，这个学习训练的基本功当然很有用，但走上工作岗位，研究的场域不一样，"坐而论道"根本解决不了问题，反而会产生不少负面的东西。这对我们青年教师的专业成长不利。所以，我们还要继续虚心学习如何在教学一线做研究。

王亚丽老师的课题是深圳市（成果培养类）教研规划课题，课题名称为《"五育"融合全课程视域下小学玩悟作文研究性写作探索》。开题报告的文本规范。

五位专家对王老师研究团队的报告给予了很高的评价：有高度、有厚度、有效度；有一个好概念、有一个好载体、有一个好模型、有一个好结构；有时代感、有丰富的研究积累等。特别称道的是：王亚丽特级教师深耕小学语文一线二十多年，坚持不懈，她发表的论文、出版的专著、研究的课题成果颇丰。同时专家对报告的修改提出了宝贵的指导意见。

谨此，我想就以下三个问题和老师们交流。1. 问题和课题关系。2. 课题的规范表述。3."事上磨"与"做中研"。

当然,我特别想强调"研而不做则殆"。怎样理解"殆"?我以为有三点实践意义:其一,倦怠。当我们做一件事,做着做着就很疲惫,很累,不想再做了,倦怠了。如果我们把老师只是当作养家糊口的工作,上课、改作业而已,那教研就是负担,是额外的任务,做课题写文章是为了评职称,这样做教研肯定很累,很容易倦怠,没办法做下去了。其二,危险。如果认为教研是额外任务,是负担的话,那这样的教研就是浪费时间精力,深陷其中很痛苦,影响自己的教学,很危险。你要浪费时间选不真实的假课题、平时无心无力没法研究,到了快结题时去抄袭拼凑空洞的文字,没有事实证据、没有研究逻辑,久而久之,你会丧失研究思考意识,不知不觉中成为十分平庸乏味的人,职称上不去,教学没有效果,学生管不住,问题成堆,麻烦不断。这很危险。其三,疑惑。到了这个时候,你会认为教研是形式主义的东西,科组活动已经应付敷衍成为习惯了,更不要说与时俱进阅读学科专业的理论书籍了,人一旦不学习,就庸俗了,没有格局了,反而容易嫉恨身边优秀的同事,看不起、看不惯优秀的人,格外自我清高!这样的人活得很累,很痛苦,永远也享受不到生活与工作的快乐感、幸福感,总之,如果疑惑了,就是开始怀疑人生了。

故此,我们来了天鹅湖畔,做了老师,就一往情深地爱这份职业吧,用心"事上磨"与"做中研",这是值得你一生付出的事儿。

一、问题和课题的关系

"问题即课题、教研即研究、成长即成果",这是我们十分熟悉的教研理念。当然,这种口号式的宣传本想简明地凸显问题的重要性,"问题即课题",但这种表述不严谨,经不起推敲,问题不等于课题。

首先,课题源于问题。没有问题就没有课题,有怎样的问题就有怎样的课题。大问题的课题是大课题,小问题的课题是小课题,假问题、伪问题的课题是假课题、伪课题,真问题、好问题的课题是真课题、好课题。所以,一线教师在确立课题时,就应从日常教育教学工作中存在的真实问题出发,并根据课题组的团队实力,然后选定所要开展的课题。例如,针对我校教师在专业发展中存在的问题,可以申请如下课题:《校本研修引领新教师专业过关的实践研究》《骨干教师五项全能模式校本培养的行动研究》《基于目标的问题、合作、合适的好课堂策略研究》《"双减"视域下学生作业设计和管控一体化研究》《优秀教师课堂板书的设计原则研究》等。针对学生德育管理存在的问题,可以申请如下课题:《线上线下教学情境中学生课堂自律性比较研究》《知行合一视域下学生八礼养成实践研究》等。这些问题显然是学校实践中的真问题,不是假问题、伪问题。

其次,从内容或过程来看,课题是研究问题。课题研究不仅要有问题意识,还要有研究思维。根据研究思维的逻辑,任何问题都不是单一的,而是错综复杂、数量众多的,所以教师在设计课题时要围绕研究主题、研究目标及问题之关联来选定课题的研究内容、研究方法、研究重点和创新点,从而明晰课题研究的思路、步骤、实施方案和所需要的条件。这样组织的开题报告才有内在严密的逻辑,不会是七零八落地拼凑文字。例如,《骨干教师五项全能模式校本培养的行动研究》,显然,这个课题的问题是:怎样培养学校骨干教师?主题是:教师专业成长。研究目标:合格的骨干教师。研究内容:五项全能模式"能上好课、能管好学生、能出好成绩、能写好文章、能主动分享学习"。研究方法：行动研究。研究重点：校本培养的有效策略。创新点：基于教师专业发展的，或理论创新点、或实践创新点、或方法创新点。没有创新点，就谈不上真研究，充其量是工作经验总结。

再次，从目标或结果来看，课题是解决问题。通过解决问题的过程，来提高教师解决问题的能力，来训练教师的理性思维，来生成教师教书育人的智慧，从而促进教师更好地成长，立德树人。

综上可知，课题源于问题，且课题高于问题，是有方法、有步骤地研究问题，是有效地、创新地解决问题。

这样，我们不妨再回到王老师团队的研究课题。"玩悟作文"课题提出的问题是：当前中小学作文教学"四个忽视"的问题。这是不是我们华附平湖学校小学生当下的作文真问题？其实"四个忽视"是一个全国中小学普遍性的存在，任何一种作文教研模式或方法都可以研究它，很难看出是玩悟作文研究我校学生的特有问题。再比方说：反感模式化训练，难在没东西可写，有话说不出。这是作文教学的普适性问题，也是全国中小学和大学学生、老师和家长的共同的问题。所有的作文教研课题都可以研究之。研究问题的真性在于特定的对象，要达成具体目标面临的个性化困难。

真问题是相对于教研问题的"假、大、空"而言。真教研即着眼于寻找问题、聚焦问题、分析问题、解决问题，是基于真问题的深度教研。真问题是开展真教研的关键所在。厘清教研的真问题，能让"研什么"与教育教学的实际需求更好地契合。然而，有了现实真问题不一定能将教研落到实处。在真问题导向下仍然存在假教研，即表浅化的无效教研现象。

二、课题的规范表述

王老师团队的研究课题名称为《"五育"融合全课程视域下小学玩悟作文研究性写作探索》。这个表述怎样更好地进行规范呢?我们先了解研究课题规范表述的基本知识。

课题名称需用具体明确的语句来表述。一般来说,一个好的课题名称应当能够反映出所研究课题的所有信息。

(一)课题名称中的研究信息

一个合理的课题名称应当能够反映出所研究问题的最主要的信息。这些信息包括:研究对象、研究内容、研究方法、研究手段、研究目标和结果预期等。例如:城乡接合部初中学生不良团体形成的调查研究。

1. 研究对象:学生,但是为了研究的科学和缜密,又接连对"学生"做了两重限定。一是要研究的是"初中学生",不是小学、高中或大学学生。二是将"初中学生"又加了一重限定。这里指的初中学生既不是城市的,也不是农村的,而是"城乡接合部"的,如此限定,不仅把研究对象确定得非常清楚,而且也使该课题的研究对象更为典型。这是因为在城乡接合部的这样一块不寻常的土地上办学自有它的特殊性,选择这样的地区进行研究,其现实性、必要性、可能性就十分明显了,所以该课题研究题目的确定就非常典型,很有研究价值。

2. 研究内容。初中学生不良团体形成,正是在这样的特殊地界,校外教育、家庭教育都比较薄弱,学校教育又鞭长莫及,不良团体立足的土壤比较丰厚,其形成就更方便和容易。这一研究的现实性、迫切性就不言而喻。

3. 研究方法,调查研究。在短短的研究题目的最后部分指明了研究方法 —— 调查研究法。

（二）课题名称的一般结构

课题名称的结构虽然没有固定的形式，表达方式多种多样，但在中小学教师的课题中还是有一个一般的结构模式存在。这种结构模式由以下三部分组成：1. 课题的理论依据；2. 课题的研究变量；3. 课题的研究目标。即人们常说的依据一个什么原理或理念，运用什么方法通过什么手段，完成一个什么任务达到什么目的。典型的表述为"运用什么理论，通过什么方式，达到什么目的"。

例如：运用多元智力理论促进学生个性化语文学习能力的形成课题名称表明：这项研究是运用"多元智力理论"通过"个性化语文学习"的方式，达到促进"学习能力的形成"的目的。

（三）课题名称表述的省略和变形

在课题名称表述的实际操作过程中，完整呈现相关信息的并不是多数，往往会出现省略和变形。1. 选用课题的理论支撑和研究目标作为课题名称。例如：《运用基因识字提高学生识字效率的研究》。2. 将解决问题的具体做法与研究目标组合为课题名称。例如：《运用现代信息技术探求中学数学教与学的新模式》。3. 直接以研究的目标作为课题名称。例如：《提高学生学习有效性的研究》。4. 强调研究对象的课题名称。例如：《初中学生学习困难研究》。5. 以研究的主要内容作为课题名称。例如：《小学生心理健康活动课的原理设计及应用研究》。6. 突出研究方法的课题名称。例如：《初中生自主发展的行动研究》。

（四）确定课题名称应注意以下事项

1. 课题名称宜小不宜大；2. 课题名称要有创新；3. 课题名称不能用自创的词语或一些缩略语；4. 课题名称不要使用比喻、拟人、夸张等修辞手法；5. 不能以文章题目代替研究课题；6. 较大的课题应通过子课题充分反映研究信息。

课题名称在教育科研中有十分重要的作用，它是课题研究方向的具体化。研究者要结合自己在实践中必须解决的问题，反复推敲课题名称，注意选择明确、具体的语言来表述，使其准确地反映出课题研究的内容、范围和目标，以取得更有价值的研究成果。

根据以上所述，我们思考如何改进这个研究课题的名称：《"五育"融合全课程视域下小学玩悟作文研究性写作探索》。

三、"事上磨"与"做中研"

我们学校的精神是：知行合一，天天向上。我已经做过全面的阐述。我们学校倡导和践行的知行合一：既是教育观、又是方法论。"知"与"行"的关系是"一"，不是"二"。行之明觉精察处，便是知；知之真切笃实处，便是行。若行而不能明觉精察，便是冥行，知而不能真切笃实，便是妄想。"知行合一"作为人生进德修业之"一个工夫"时所极力排除的"妄想"与"冥行"，坚持"自觉"与"笃行"的一时并在性。无论是作为一种认知方式还是修养工夫，都是身心并到而知行合一的。我们要在自己教育教学的日常事务中"磨炼"自己，教学做合一。

我们华附平湖人要面对真问题，做真教研，就必须坚持学校精神。在日常事务中"磨炼"，"做中研"，杜绝形式和空谈。来到湖畔就是华附人。磨炼五项能力：能上好课、能管好学生、能出好成绩、能写好文章、能主动分享学习。立足课堂，苦练基本功。

"事上磨"与"做中研"，我们要以深圳市年度优秀教师卢天宇为榜样。

于天鹅湖畔
2022 年 4 月 11 日

日志 5　向成熟型优秀教师学习什么
——听胡静老师《升国旗》识字课

上周一（11月29日）下午第一节课在小学一（1）班，我听了龙岗区实验学校名师胡静老师的语文课《升国旗》，由于时间不凑巧，匆忙听完课后要赶往教育局开会，很遗憾没能与胡老师当面学习交流，这几天很忙，但我一直在想应该与老师们就这节课听课体会交流分享点什么。特别是本学期入职的新老师，你们的讲台工作本周将进入一百天。你们通过实践教学已经基本适应了课堂日常节奏，感受了师生真实的交往生活，应付了学校传统教学管理常规，也见识了各类教研场面，专家讲座；该自己上的见面课、亮相课、随堂课、公开课似乎都上过了；该学习观摩同伴的新手课、师傅的示范课、名师的指导课、网上的学科视频经典课也学习了……

入职的焦虑期似乎过了，伴随着教学任务繁重，教学常规要求越来越高，继续教育学时也不少，还有学校各种繁杂的非教学事情要做。此时懈怠之情、茫然之感难免随之而来，不禁有"露从今夜白，月是故乡明"的慨叹。基于这种入职专业成长的心态，你们迫切需要懂得向成熟型的优秀老师学习，关键学习什么呢？从我个人成长体会来讲主要有以下三点。

一、对比：检视自己课堂教学设计的短板

根据我听课的记录，胡老师的整堂课教学环节如下：
课前交流【与学生三言两语的交流对话，效果亲和自然】
1. 入题：《升国旗》
2. 老师读
3. 师生合作读

301

4. 系列挑战读：由读到诵

（1—4环节用时共13分钟）

5. 随文识字

　　教授方法：①编字谜　②组词语　③生活识字

　　　　　　　④字理识字　⑤加一加　⑥换一换

6. 挑战识字

　　使用方法：①编字谜　②组词语　③生活识字

　　　　　　　④字理识字　⑤加一加　⑥换一换

7. 写字练习

8. 展示评价

（5—8环节用时共30分钟）

9. 课堂小结

结合胡老师这节课，不妨用"易学大课堂"工具来检视我们自己的课堂，至少我认为有以下短板要补一补。

【简易原则检视：目标　策略　评价】

1. 教学目标意识很强。胡老师显然对小学语文课程标准了然于胸，本节课的目标定位精准。这是一首清新自然、简洁易懂儿童诗。胡老师以识字教学为重点，读书写字结合。帮助学生在体会文字的基础上升华感情。教学目标精准性表现在，会认"升、国"等11个生字，会写"中、五、立、正"4个生字，认识"绞丝旁、国字框、走之旁"等3个偏旁。

2. 授之以渔，非授之以鱼。教学策略方法的目的性很强。例如，老师读，先教方法，师生合作读、学生挑战读，接着是用方法；随文识字，老师先教6种方法：编字谜、组词语、生活识字、字理识字、加一加、换一换，接着挑战识字，学生用这6种方法；写字环节，先用视频教方法，再让学生练字用方法。

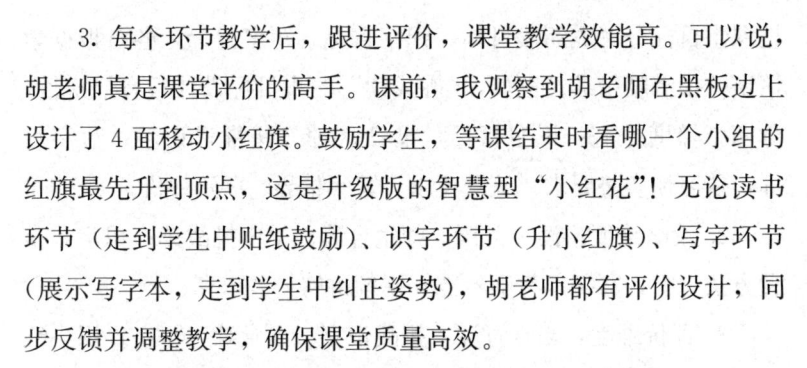

3. 每个环节教学后，跟进评价，课堂教学效能高。可以说，胡老师真是课堂评价的高手。课前，我观察到胡老师在黑板边上设计了 4 面移动小红旗。鼓励学生，等课结束时看哪一个小组的红旗最先升到顶点，这是升级版的智慧型"小红花"！无论读书环节（走到学生中贴纸鼓励）、识字环节（升小红旗）、写字环节（展示写字本，走到学生中纠正姿势），胡老师都有评价设计，同步反馈并调整教学，确保课堂质量高效。

【不易原则检视：目标　策略　评价　反馈　调整】

这节课在设计方面显示了成熟型教师把握课堂规律的深厚功力：一节课要读熟并背诵课文、随文识字、写字，重点识字教学突出、时间把控自然、环节流畅、师生情绪高涨。刚入职的新教师是很难做到，主要难度在于对课堂教学的"反馈"与"调整"。

一般新手教师设计和操作这样的课会出现"支离破碎""顾此失彼"。当然，这种能力的历练是需要长期的课堂实践阅历与玩悟。

这节课表层上涉及朗读、识字、写字，这是显性的课堂；而深层次要整合好三个模块，需要目标灵魂，这是隐性的课堂。胡老师一直围绕着培养学生热爱五星红旗、热爱祖国的这根深红的"感情"线，调动学生读书、识字、写字，不断进行教学反馈和调整。

开讲 13 分钟时间，胡老师一直与学生处于快乐读、挑战读，带着感情推进；识字时间持续 20 多分钟，胡老师仍然紧扣课文，随文识字，情境识字，文化识字，总之让学生在情感价值氛围里识字。在写字环节，让学生处于静的状态，强调规范与美。

【变易原则检视：课堂大画布】

1. 目标维度：胡老师将这节课设计成三大模块，九个环节。

把课堂目标分解成朗读目标、识字目标、写字目标，各自根据学情定位很清晰精准。例如，"挑战读"的小目标设计很有层次性，分四个梯度推进；识字目标，设计六种方法推进识字；写字目标，从习惯姿势要求、笔顺要求、写字指导、展示评价。

2. 策略维度：读，范读、师生合读、学生挑战读；识字，多种方法识字；写字，教师示范、视频讲解、展示等。

3. 评价维度：当堂背诵、挑战识字、当堂练习写字；用小红旗集体评价小组、教师走进学生中及时评价用贴纸表扬个别学生、作业展示纠正评价等。

4. 情感维度：每一个环节课堂观察发现，胡老师能让学生积极参与、开心交流。课堂重视学科育人，例如，识字"国"，联想到"回"，教师设计"孟晚舟回家"故事环节，落实学科育人；识字"旗"，通过说文解字的字理识字，落实以文化人。

5. 教学资源丰富，整合优化自然。我观察到胡老师的各种识字的字例资源丰富多样，下足了功夫。图片、图解、字形、拓展……充分调动了学生课堂学习积极性，增强了学习趣味性。

对照以上几个方面检视自己课堂，我们应该虚心学习胡老师，努力提升自己课堂的教学学科素养，补齐自己的短板。

二、追梦：感受人师课堂教学风格的魅力

见贤思齐。面对成熟型优秀老师，我们一定要有学科专业的追梦感。即感受人师课堂教学风格的魅力。何为"人师"？"人师"是既教书又育人，传道中教学生做人；反之教而不育，只是授业解惑是"经师"。成熟型优秀教师就是实践中的"人师"。

教学风格通常是指教学活动的特色，是教师教育思想、个性特点、教学智慧在教育过程中综合而独特的表现，是成熟型教师教学艺术趋于成熟的标志。常见类型有：理智型、自然型、情感

型、幽默型、技巧型等。

胡老师的风格,仅就这节课而言是情感型。胡老师讲课情绪饱满,始终把自己对语文学科文化的热爱和追求融于对学生的关爱和期望之中,充满着对学生的高度尊重和信赖。

情感型教学风格,绝不是教师课堂教学上的热情语言和热情行为,而是要浸染教师的教育思想、个性特点、教学智慧。据我观察,这堂课上胡老师的"生本教学""相信学生""关注生活世界"等教学思想很清晰,以学生为本,胡老师的每一个教学环节的设计是从学生发展出发,不是从教师自身教学的逻辑出发;"相信学生",胡老师设计了师生合读,挑战读,学生挑战识字等环节,都是建立在对学生的高度尊重和信赖之上。胡老师与学生的交流,始终关注学生的感受、反馈,从而调整自己的教学节奏、策略、方法。在此基础上彰显老师的热情和饱满情绪,老师的情感风格才有内涵,才有学科教学的专业价值。

我们每一位新入职的老师一定要沿着这样的路径去历练自己。理智型、自然型、情感型、幽默型、技巧型等,无论哪一种教学风格,都没有高下优劣之分,只要切合自己的特点,就努力去追求、去实践,时间终会给有恒心的为师者以丰厚的职业回报和生命温暖。

三、超越:用形而上的教学理论审视批判

任何行业,出现职业倦怠,归根究底是个人动力系统不足,本质上非职业本身的缺陷。"天行健,君子以自强不息",自然的运动刚强劲健,相映于此,君子处事,应像天一样,自我力求进步,刚毅坚卓,发奋图强,永不停息。

为师者,是培养人的活儿。我们没有理由倦怠。不断超越自己,"日新、自新、全新","超越"是我们华附平湖人的核心

精神。

怎样超越?

形而下,我们要把工作中的每一个平凡细节做出教育的味道,让校园的每一个角落散发教育智慧与气息。贵在工作的深入和求精。

形而上,"为学日益,为道日损"我们要重视对教育教学规律的研究,学习研究教育教学理论,努力提升自己的教育格局和境界。

听完了名师的课,我们不能停留在"羡慕",不能止于"仰望",学习的同时,要审视之。审视的方法是什么,作为入职的新手,我们一方面要务实学习别人的优点,可以模仿,可以改良,也可以创造;但另一方面,我们要有审视的勇气,当然,审视不是盲目自大,要下苦功提升自己的理论视野与品格。

面对课堂教学问题,我们必须要了解认识班级授课制,研究其高位的问题,来观照自己的当下困惑。例如,班级授课制的基本矛盾是什么?主要有两对基本矛盾:同步教学与因材施教的矛盾,学科世界与生活世界的矛盾。虽然小班教学、走班教学做了一些改良,但毕竟是有限的,当下的网络课堂和项目制学习在刻意超越班级授课制,但问题也不少。我们要明白班级授课制的优点和缺点是共生关系,克服它的缺陷也往往意味着放弃它的优点。如果我们站在这种高位上审视名师的课,心中就有方向:无论专家的课还是名师的课,其课堂教学"死穴"是存在的,只要稍稍趴一趴一两个热闹的假象,繁华背后就有问题真相,我们自身的学习研究就从这里开始,教学进步与智慧开始向你敲门了。

写于天鹅湖畔

2021 年 12 月 6 日

第3节　推动成熟型教师"第二次成长"

我们学校是一所新学校,刚毕业的青年教师占比高达80%,这三年来,我们做得多的还是青年教师的培训,比如师德师风的规范、班主任工作能力的过关、各种教育基本素养的练习、课堂教学技能的研习、专业表达的提升等,这些针对性都很强;同时,我们很重视学校中年教师的培养,虽然他们人数不多,但是学校的"中坚力量""中流砥柱"。

一、成熟型教师需要"二次成长"

这些成熟教师,在一般的学校,很容易成为一个"被忽视"的教育群体。其实,他们多是学校中层以上的行政领导,担任学校年级长和学科组长、学科骨干和带头人等等。他们确实更需要在培训中成长。他们缘何沦为"被忽视"的一群人呢?其一,学校管理者认识的局限。通常先是抱怨学校教师平均年龄大,中年教师多。还理所当然地认为中年教师比较成熟,不用培训就能胜任工作。所以,培训的重点是学校的青年教师,倾注了更多的人力、物力和财力,中年教师的培训就湮没在全体教师的培训中,没有针对性,低效又尴尬。中年教师的培训热情状态每况愈下,导致"搁浅"或"缩水"。其二,各级现行政策制度的限制。现在的各种基本功大赛、讲课比赛、骨干教师的评定、年度教师评选等,都是针对40岁以下的青年教师;很多大型的培训,尤其是中年非骨干教师常常成为校本培训的看客和听众,英雄无用武之地,久而久之被边缘化了,习惯了"人到中年万事慵"。其三,自身的主客观因素。人到中年,身体精力开始有疲惫感,家庭负担重,要照顾老人和小孩。专业职称、行政职级的晋升无望等导致中年老师专业发展的动力不足、能力不够、精力不济;甚至出现心理上的"老",意志上的"老",精神上的"老",这种"初老症"的不断蔓延、扩展,必然会给中年老师们带来负面的消极影响。

面对我们学校的中年教师群体,我深感责任之重。要寻找解决问题的"良方"必须先走出去学习。我们学校的管理团队在筹办学校期间,就十分注重针对问题进行学习和借鉴。我很快关注到济南市胜利大街小学的做法,记得王念强[①]校长谈到这个问题时的深刻洞察:成熟教师突破瓶颈实现二次成长,绝不只是简单克服"职业倦怠"。"头痛医头、脚痛医脚"的细枝末节方法,无法从根本上解决问题。必须从价值观、愿景、文化、机制等方面通盘思考整体方案,并以严密的系统支撑才能真正实现。

二、新时代教师成长的根本在课堂

随着《义务教育课程方案和课程标准(2022年版)》的颁布,作为课程实施的关键环节,教学迎来了新要求,也面临着新挑战。深入推进课堂教学改革,是保障新课标落地的重中之重,也是广大教师成长的新挑战。

教育走进了素养时代,新课标的变化对教师水平能力的巨大挑战,要求我们每一位老师全方位转型,特别是成熟型教师,不再有经验资本了,要在当下教育改革大洗牌中"从零开始":①思想性,政治素养的挑战。贯彻落实立德树人的根本目标,落实

---

① 王念强. 成熟教师二次成长[M]. 重庆:重庆出版社,2023.12.

核心素养，把培养有理想、有本领、有担当的时代新人的教育目标落实、落细。在课堂中真正改变过往的忽视课程思想性而过于重视学科性知识传授的倾向。②跨学科，综合素养和能力的挑战。课程教学要"淡化学科本位，整合课程内容"。"原则上，各门课程用不少于10%的课时设计跨学科主题学习"，跨学科体现的是课程综合化的新要求。③学段衔接，精准教学能力的挑战。各科目新课标都要求教师必须做好课程学段衔接，即幼小衔接、小升初衔接、初高衔接。对此，学校要引导教师对课程标准进行整体化理解。教师是否具备"依标教学、达标教学"的精准教学能力。④核心素养，教师终身学习能力的挑战。各科目课程标准首次将课程核心素养非常精准具体地描述为56个核心素养点。要精准落实到位，教师具备必备品格和关键能力的核心素养是关键。⑤实践应用，知识整合能力的挑战。"教育要与生产劳动相结合，与社会实际相结合"，显然，新课程标准对实践应用的要求，说明新时代课程育人的内涵和质量观已经发生了根本性改变，注重实践性、应用性、综合性、创新性，如果教师不具备知识的融合、迁移、转化能力，就很难把课程育人目标落到实处。⑥教学评一致，精准施教能力的挑战。要破解长期的"唯分数"论的魔咒，新课标明确将教师教、学生学与考试评紧密结合起来，强化三者的一致性，要求教师将过程评价、增值评价、综合评价、结果评价等结合起来。

新课标后，一所新学校如何面对教师发展的巨大挑战。我们适时提出了"聚焦课堂，回归课堂，发展教师"，学校全体教师探索性地提出了学校"136素养大课堂"。为学校成熟型教师"二次成长"提供了绝佳的机遇。

三、教师"二次成长"的决定性力量

我本人一方面非常关注国内外教师成长的最新理论和实践,同时,更看重自己学校当下教师成长中的困惑和问题,也喜欢和校长们进行深度交流与分享。上海新纪元双语学校李海林校长对此有深入的研究总结:通常一名优秀的教师的成长至少要经过两次成长过程。而第二次是起到决定性作用。教师成长中遇到的瓶颈往往是第二次成长,而不是第一次。大多数情况下,两次成长的关系不大。教师成长通常分为三个阶段,即第一次成长期、高原瓶颈期、第二次成长期。

教师成长进入高原瓶颈期的主要特征:①明显感觉自己好像进步全面受阻,自己不断在重复性开展工作,没有新意。②教学效果保持中等水平状态,无法提高,进退两难。③从身边的同事那里也学不到什么新东西,感觉他们也就是那样儿。④工作热情明显下降,偶尔也想进取和创新,但面对来自家庭和社会的压迫感很快就平庸了,然后就深感疲惫。⑤在培训学习后,开始关心新的教学理论,实践中尝试后,感觉跟实际差距太大,还是宁可相信自己的经验。

第一次成长与第二次成长的比较分析:①第一次成长是从平常的工作中自然开始的;第二次成长大多是进步受挫或外力压迫,个人的极度困惑迷茫后发生的。②第一次成长主要方式是教学行为的变化;第二次成长主要方式是教学观念、思想的根本转变。③第一次成长主要是模仿、靠经验积累;第二次成长主要是反思、用理论观照实践。④第一次成长的外部支持是同伴示范,被动学习;第二次成长的外部支持是专家指导,自主成长。

两次成长的有效性调查分析见表 6-1。

表 6-1 调查分析对比表

调查项目	第一次发展	第二次发展	调查项目	第一次发展	第二次发展
1. 听课评课	非常有效	无效	10. 由专家个别指导	一般有效	非常有效
2. 上公开课	非常有效	无效	11. 撰写论著	无效	非常有效
3. 集体备课	非常有效	无效	12. 参加校外学术组织	无效	非常有效
4. 校内师徒结对	非常有效	无效	13. 开展课题研究	无效	非常有效
5. 到大学脱产学习	一般有效	一般有效	14. 参加名师工作室培训	无效	非常有效
6. 读专业书	无效	非常有效	15. 撰写教师个人的博客	一般有效	一般有效
7. 专家组织的课例研讨	无效	非常有效	16. 制定个人发展规划	一般有效	一般有效
8. 教学反思	一般有效	非常有效	17. 参加校内外教辅编写	无效	非常有效
9. 听专家报告	一般有效	非常有效	18. 参加教学管理活动	无效	非常有效

大量的调查和数据都表明一个结论：教师二次成长是成为卓越教师的不二法则，其关键点是，读书、教学反思、课例研究、参加研讨会以及论著写作。

四、成功案例分享

成功案例一： 陈耿炎老师，来我校前是龙岗某学校一位物理老师，华南师范大学本科物理专业毕业，教龄 6 年。2021 年 9 月加盟我校，任职学校教学副主任，分管学校教学工作。三年来，他积极自主成长，先后获评深圳市骨干教师，深圳市优秀教师，龙岗区学科带头人，曾获得省级以上奖项 30 余项，获得教育部"精品课"、全国中小学实验教学说课活动二等奖、广东省基础教育教学成果奖一等奖等，著有《物理趣味创意实验 100 个——让孩子们一起玩中学》，在《中学物理教学参考》《物理教学》《中学物理》等期刊发表论文十余篇，主持参与市级以上课题近 10 项，受邀各地作专题演讲几十场次。教学、教研和管理成果颇丰，在学校影响的下带动了一大批中青年教师的健康成长。

物理课上的"温度"[①]

陈耿炎

这是一堂八年级上册的物理课——《温度》，其中几个片段让我至今回味无穷。在该课教学中，我践行"温度教育"，以学生为主体，联系现实生活、物理学科、课堂实验，利用大量活动引领学生"做中学"，同时有意识渗透物理学史，让德育落地生根，鼓励学生敢于质疑、学会思辨。

生活温度

活动引领，让学生"做中学"

课堂一开始，我便从深圳天气以及其如何影响日常穿衣入手，结合感受冷热水演示实验，引导学生得出"用器官判断温度高低并不可靠"和"发明测温工具的必要性"的结论。

于是，全班同学便带着问题"如何设计制作简易温度计"进

---

① 此文发表在《中国教师报》。

行小组实验活动。同学们利用口服液瓶、橡皮塞、粗细不同的吸管、水、酒精和煤油等材料进行实验，我顺势抛出几个问题：有什么实验现象产生呢？自制的简易温度计的原理是什么？怎么改进自制温度计呢？

在活动过程中，学生发现"液柱没有上升""实验现象不明显"等问题，我鼓励学生结合教材、选材充分讨论，并继续尝试改进，最后同学们发现：测温物质应该选用热胀冷缩更明显的煤油、酒精等液体，并选用内径更细的吸管，整体膨胀效果会更明显。

紧接着，小叶提出问题："这种温度计只能定性比较温度，无法定量准确地测量温度。"小燕同学随声附和："对呀，这是因为自制温度计缺少单位和刻度。"小巫同学机灵地回答："所以，我们得规定一下温度量化的相关标准。"在七嘴八舌的讨论声中，师生达成了共识，进一步完善了温度计。

我又抛出问题："如果要将这支温度计投放到市场，还需要改进完善哪些结构呢？"同学们联想到生活的温度计，纷纷回答："玻璃泡要小一些""为了便于携带，玻璃管不能太长""玻璃管要封闭，不然有时候测温液体会流出来"……

课堂最后，我还让学生利用实验室温度计测出桌面上冷水和热水的温度，并通过学生自评、互评、师评等方式了解学生的真实学习情况。

通过一系列紧贴现实生活的活动，我水到渠成地引出了温度计的原理、结构，因为有了生活温度，学生的活动体验感强，学生的观察对比、归纳分析、质疑肯定、合作交流等综合能力也在潜移默化中得到有效培养。

学科温度

渗透物理学史，让德育落地生根

授课过程中，我有意识地去渗透关于温度计的物理学史，并通过微课视频介绍一个个物理历史故事，带领学生挖掘故事的深层内涵，让学生感受到物理学科的温度。

当学生发现用煤油或酒精作为测温物质（比起用水）实验效果更明显的时候，我播放了第一个视频：1593年，意大利著名科学家伽利略发明了世界上第一支气体温度计。学生恍然大悟：原来一开始真的有气体温度计。于是，我和学生一起分析空气作为测温物质的缺陷。紧接着，我播放了第二个视频：1632年，法国医生、化学家兼物理学家詹·雷伊选择水作为测温物质，发明了第二支温度计，结果缺点是：玻璃管管口没有密封，会因水的蒸发而带来误差。不久后，1654年，阿拉贡国王费尔南多二世发明了第三支温度计——以酒精作为测温物质，并用蜡将装有红色酒精的玻璃管口封住，制成了世界上第一支不受外界气压影响的温度计。在介绍水银和酒精作为测温物质时，我继续播放第三个视频：1709年，德国科学家华伦海特发明了酒精温度计，1714年他制成了世界上第一支实用的水银温度计。在介绍体温计为何要设计缩口结构时，我播放了第四个视频：1612年，意大利帕多瓦大学医学教授桑克托留斯发明了形状像蛇的气体温度计，上端的玻璃泡放在病人的口中，管子下端放入一个盛水的容器，查看水柱便可知道人体体温的变化，这是世界上最早的体温计。1867年，伦敦医生奥尔巴特制成细小便利的体温计，从此体温计才为医学界所普遍采用。

总结时，我跟同学们说：一只小小的温度计更新迭代，不仅

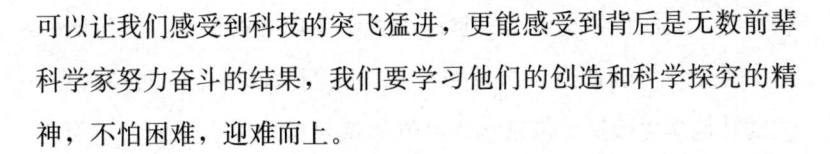

可以让我们感受到科技的突飞猛进，更能感受到背后是无数前辈科学家努力奋斗的结果，我们要学习他们的创造和科学探究的精神，不怕困难，迎难而上。

个体温度

敢于质疑，鼓励学生学会思辨

在讲到水银温度计的结构时，小睿质疑："既然水银有毒，我们为什么非得用水银这种物质呢？为什么不跟温度计一样，选用煤油或者选用最常见的液体水呢？"面对小睿的问题，我及时肯定并表扬："你提出了一个非常好的问题，那这背后的原因是什么呢？"

紧接着，学生纷纷提出各种问题，"生活中经常把温度的单位说成了度，这是不规范的""体温计为什么要设计锁口结构呢？""水银既然有毒，我们以后多用现在市场上常见的电子体温计可以吗？""现代电子温度计的原理又是什么呢？"

我点评道："或许不久的将来，水银温度计要退出历史舞台，但在此之前，它为我们人类身体健康做出了巨大贡献。特别是在疫情期间，温度计发挥了巨大作用。"

课堂总结时，我出示了近一百多年来全球年平均气温的变化图线以及从 2000 年以来冰川的融化情况，同学们惊讶地发现：原来平时不起眼的温度长时间范围内影响这么大。最后，我布置了一道家庭实践性作业：通过团队合作，查阅相关资料，了解我们所在城市的温度变化情况，提出自己的改良建议，并形成相关方案，提交给相关部门。

课后学生反馈：要是每节课都这么上就好了。学生的正向反馈说明，关注个体温度是一堂课深入学生内心的根本。学生的每一次质疑，可能都是一次教育契机，我们应以学生的质疑为点，鼓励其他学生质疑，带领学生共同解决疑问，由点及面，进而培养学生的思辨能力。

随着新课标的颁布，核心素养导向的课堂教学逐步深入每位教师心中，而《温度》这节课践行着"温度教育"，使得学生更加喜欢学习，更加热爱物理。让温度在每节物理课中相随相融！

成功案例二：郑虹老师，来我校前是新疆乌鲁木齐某校体育教师，陕西师范大学体育教育硕士毕业，教龄10年。2021年9月加盟我校，学校党支部委员、年级长、体育科教研组长。三年来，她积极自主发展，融入二次成长，参加深圳市青年教师基本功大赛荣获一等奖，参加广东省青年教师基本功大赛荣获一等奖，《跨栏跑》一课在全国十四城市录像课中荣获一等奖；在《体育教学》等刊物发表论文多篇，开发学校轮转体育大课间课程、以体育人特色课程等。华南师范大学体育学院特聘专家，受邀各地专题演讲指导几十场次，带动了学校中青年教师的积极发展。

水平四《跨栏跑技术》教学设计案

郑 虹

（深圳市录像课一等奖）

学校：华附平湖学校　年级：八年级　单元：第三课次　人数：40人　教师：郑虹

表 6-2　教学设计结构

学习目标	1. 能说出跨栏跑时摆动腿和起跨腿的技术要点；能连续跨越 2 个及以上的栏架并在比赛中合理运用；发展上下肢力量、核心部位力量和耐力等素质。 2. 通过跨栏课的学习敢于克服心理障碍，主动参与实践运动，养成良好的锻炼习惯；在小组学练配合中，学会调控自己的情绪，保持良好的心态，积极乐观、情绪稳定地完成练习与比赛。 3. 通过本课的学习养成积极进取、勇敢顽强、不怕困难和坚持到底的精神以及团队意识；形成遵守规则、诚信自律、公平竞争的体育道德，体现出自尊自信、文明礼貌和正确的胜负观。
重点难点	重点：掌握摆动腿抬、伸、压，起跨腿蹬、展、拉技术要点； 难点：过栏时上下肢协调配合。
教学流程	摆动腿技术→起跨腿技术→2 人走栏练习→2 人连续跨越两个栏架练习→10 分钟趣味比赛→10 分钟体能练习。
场地器材	栏架 40 个、音响 1 台、标志碟和雪糕筒各 4 个、体操垫 4 张。
安全预案	1. 课前了解学生的身体情况，做好上课准备，合理布置安全的上课场地。 2. 在教与学的过程中，进行安全教育，组织学生有序练习，保持合理间距，确保运动安全。

结构	时间	次数	学习内容	教法	学法	组织与队形
准备部分	1′		一、课堂常规 1. 体委整队、报告人数、师生问好。 2. 检查服装，询问学生健康状况，安排见习生。	1. 教师阐明本课学习内容，启发引导学生构建学习目标。 2. 提出学习、评价、安全要求。	1. 配合教师规范完成常规练习内容。 2. 依据教师讲解的学习任务与学习要求，自我构建学习目标。	图 6-1 组织：四列横队

续表

			3. 介绍本课内容，布置学练任务。	3. 教师用激励语言调动学生学习兴趣。要求：声音洪亮，语言简练。	要求：①精神饱满，共同营造良好的学习氛围并做好学习准备。	
准备部分	6′	2	二、准备活动 1. 一般性准备活动。 (1) 慢跑； 2. 专项性准备活动。 (1) 高抬腿练习； (2) 后蹬跑练习； (3) 抬伸练习； (4) 跑钻练习； (5) 跨跳练习。 3. 游戏：寻找最佳搭档。 4. 静态拉伸。 (1) 分腿拉伸练习； (2) 开髋练习； (3) 跨栏坐练习。	1. 教师提出练习路线和要求。 2. 音乐伴奏下教师口令指导学生练习，适时语言和动作提示。 3. 在教师的口令指导下，学生反应迅速并快速找到自己的搭档。 4. 教师领做静态拉伸，要求学生喊出"123"节拍。	1. 认真听教师的要求。 2. 按教师提示路线和练习要求做好每组动作，达到热身效果。 要求：①跑动积极，动作到位。②跟随音乐节奏，听教师指挥。 3. 听教师指令，迅速找到自己的搭档。 4. 跟随教师提示，喊出"123"的节奏积极进行跨栏做拉伸。	图 6-2 组织：5人一组在8个小场地区域绕栏架进行高抬腿、后蹬跑、垫步跳、跑钻练习。 图 6-3 组织：2人一组静态拉伸。

续表

			一、学习跨栏跑技术 1. 跨栏跑技术动作要点：摆动腿抬、伸、压，起跨腿蹬、展、拉。	1. 教师完整示范、分解讲解动作要点，强调难点、重点和易犯错误。	1. 认真听示范讲解，积极思考，在头脑中形成动作表象，原地模仿领会技术要领。	
基本部分	1′	2				
	2′	8	2. 摆动腿练习要领：抬、伸、压。 两人一组协作练习； 两人一组互相评价。	1. 语言提示学生动作要点，强调练习安全，巡回指导、纠错。 2. 根据学生掌握情况，分组分层练习。	1. 主动思考，积极练习，体会正确动作要领，同伴之间相互观察、提醒，根据教师的指导不断反馈调整动作技术。	图 6-4 组织：2人一组进行摆动腿和起跨腿练习。
	2′	8	3. 起跨腿练习要领：蹬、展、拉。 两人一组协作练习，突破重点； 两人一组互相评价。	1. 语言提示学生动作要点，强调练习安全，巡回指导、纠错。 2. 根据学生掌握情况，分组分层练习。	1. 主动思考，积极练习，体会正确动作要领，同伴之间相互观察、提醒，根据教师的指导不断反馈调整动作技术。	

续表

	2′	8	4. 走栏练习。两人一组协作练习，突破重点；两人一组互相评价。	1. 讲解示范走栏技术动作要求，强调走栏动作的节奏以及摆动腿和起跨腿的衔接，巡回指导、纠错。	1. 认真观看示范动作，在学练中积极思考，同伴互助，改进动作，提升质量，有问题及时问老师。	图 6-5 组织：2人一组进行走栏练习。
基本部分	3′	6	5. 连续跨越2个栏架。(1) 小组长进行检查。(2) 粘贴标志点改进"跳栏"现象。	1. 教师激发学生连续跨越2个栏架，强调学练要求和安全。2. 粘贴标志点改进"跳栏"现象用语言激励，启发引导，鼓励学生胆大心细。	1. 5人一组，积极练习，遵守要求，注重跨栏动作的完整性体验，注意安全避免碰撞。2. 学会自我调整，敢于挑战自我，以积极的心态参与练习。	图 6-6 组织：连续跨越2个栏架。
	10′	2	二、跨栏趣味比赛 1."团结协作比书写"。规则：10人一组，连续跨越5个栏架冲到	1. 讲解比赛规则和要求，提醒安全，鼓励合作。	1. 认真听教师讲解比赛规则和要求，牢记比赛安全。	图 6-7 组织："团结协作比书写"比赛。

续表

基本部分		终点，用粉笔书写"体育强国"四个字，比比哪组最先完成。要求：①同组前一个同学跨过第3个栏架后，下一个同学才能出发。②每人每次只能书写一个笔画。	2. 引导学生诚实守信、团结协作。3. 指导小组长进行组内商讨，制定比赛策略。	2. 赛中尊重对手，团结一致，相互鼓励。3. 组长根据组内成员个人特点合理安排位置，分工明确。	图 6-8
		2. "齐心协力共拼图"。规则：10人一组，每人手拿一张贴纸，连续跨越5个栏架冲到终点，将手中的贴纸拼接到相应的位置。	1. 讲解比赛规则和要求，提醒安全，鼓励合作。2. 引导学生诚实守信、团结协作。3. 指导小组长进行组内商讨，制定比赛策略。	1. 认真听教师讲解要求和比赛安全。2. 赛中尊重对手，团结一致，相互鼓励。3. 组长根据组内成员个人特点合理分工，明确职责。	组织："齐心协力共拼图"比赛。
	10′ 4	三、体能循环练习 第一组体能：1. 单腿绕栏架。2. 俯撑左右摸栏架。	1. 教师领做体能训练，音乐调控语言激励，调动学生积极性。	1. 明确练习要求和循环队形，同伴之间相互鼓励，勇于克服困难，坚持到底。	

321

续表

基本部分		3. 仰卧举腿夹栏架。 4. 跨钻栏架。 第二组体能： 1. 开合跳。 2. 摆臂练习。 3. 上步抬腿。 4. 组合练习。 要求：动作到位、有序轮换、注意安全。	2. 提醒学生监测心率，学会监测自身体能状况。	2. 主动监测心率，关注自身体能状况，挑战极限。	图 6-9 组织：8组体能动作，分为4个大组和20个小组进行大小体能循环练习。
结束部分 3′	2′ 1′	一、放松小结 1. 放松练习（配乐）。 2. 课堂小结。 3. 布置作业。 4. 回收器材。 5. 宣布下课。	1. 教师随音乐领做放松练习，语言提示动作要领。 2. 问答式小结。 3. 布置课后练习。 4. 组织学生回收器材，宣布下课。	1. 跟随音乐和教师口令一起做放松练习。 2. 认真小结本课。 3. 听取课后练习内容。 4. 回收器材。 5. 师生再见。	图 6-10 组织：原地拉伸放松。

预计运动强度	预计平均心率为145～160次/分钟	预计群体密度	80%～85%
		预计个体密度	55%～60%

教与学反思	为达成课堂教学目标，凸显新课标下新样态的课程理念，本课始终坚持以体育核心素养为目标引领，以"学、练、赛、评"为一条主线，主教材内容突出"三性"跨栏跑技术学习的进阶性、连贯性以及趣味性，"两度一率"数据支撑保证课堂质量！教学过程体现"精讲多练"的原则。学练中注重趣味性、

续表

| | 层次化、结构化组合动作教学,并通过队形和场地的变化,丰富教学组织形式,增加练习的趣味性、多样性,使学生保持良好的兴奋状态。在整个比赛环节利用新颖、有趣的竞赛形式,提升学生竞赛热情、引导学生团结协作、不畏困难,学会学习。10分钟体能练习采用多样化的练习方法,增强体能练习的新鲜感和趣味性。同时,在练习过程中积极关注个体差异,根据学生能力适度调整练习难度,及时鼓励引导学生坚持到底,挑战自我极限,在有效的师生互动中建立和谐民主、轻松愉悦的课堂氛围,使学科教学向学科育人转变,促进多维目标的综合达成。
在教学策略上:(1)采用软棒式栏架在学练中极大限度地降低了恐惧心理,针对学生的实际情况和运动需求适当降低练习难度和要求;(2)通过设置不同难度的动作组合,以游戏、竞赛、小组合作等形式调动学生的积极性;(3)为了提高本节课的运动密度,场地设置我采用向两个方向跑的分组练习,目的在于减少排队等待的时间,提高学练的实效性,做到面向全体,关注个体,提高学生整体水平,遵循循序渐进的原则,帮助学生树立克服困难的自信。|

第 7 章
学校特色建设

当前，教育进入了高质量发展新阶段，优质教育成了人民的志趣所在。作为提升教育质量的主体，学校已从外延式扩张步入了内涵式发展的阶段，而特色建设是学校内生性发育的关键。关于学校特色创建的价值和意义，教育管理者都有一个普遍的共识，质量是立校之本，特色是强校之路。

第 1 节　学校特色建设的理解与意义

众所周知，"千校一面"可以说是当下中国教育的突出弊端，是制约拔尖人才和创新人才培养的重要因素，是学校育人价值观异化的重要表现，也是学校长期应试教育的短视与功利导致的必然苦果。学校特色建设是教育创新的必经之路，是培养理想远大、道德高尚、思维活跃、个性鲜明、能力超群、身心健康的新时代合格建设者、接班人的必然选择，是满足社会对多样化人才需求的积极回应，也是促进学校内涵发展、品牌建设的必然要求。学校特色创建的总目标是发挥优势潜力，挖掘内涵，形成个性，培养风格，打造品牌，实现百花齐放、各具特色的办学新局面。

什么是学校特色？国内论及"学校特色"概念发端于1993年的《中国教育改革和发展纲要》，该文件明确中小学要"办出各自的特色"。对学校特色概念的认知被分为"整体个性论"和"部分个性论"。"部分个性论"将学校特色看作建设过程中显现的某个或某几个特定的方面，即学校发展中有自身特色的个别方面。而"整体个性论"的学者支持将学校整体显现的独特个性视为学校特色，即学校特色的"独特"是学校整体上最具典型的个性风貌。我基本认同学校特色应是学校个性的整体化呈现，是基于国家教育方针和自身办学条件的前提下，学校及成员在长期实践活动中积淀下来的，具有系统性、稳定性、多元性的，最后通过物质载体外显于众的特定风貌。

何谓学校特色，吴颖民[①]校长很通俗地说，就是学校与众不同、引人注目或者特别闪亮的鲜明特点、重要特征、特长方面、特别之处。

学校的根本任务是立德树人，育人是学校的根本职责。学校育人靠什么？靠文化，本质是文化育人。学校文化与学校特色犹如一个硬币的两面，二者相互依存、相互促进。学校特色可划分为学校特色教育观、学校特色教育制度、学校特色教育实践、学校特色物质载体等几个层次。具体关系如下表7-1所示。

表7-1　学校特色结构与要素关系表

文化结构	学校特色结构	具体要素、功能
精神： 课程文化	学校特色 教育观念	办学理念、目的观、内容观、课程观、德育观、教师观、学生观等（培养什么人）。

---

① 吴颖民. 让每一个生命都绽放精彩[M]. 广州：广东教育出版社，2023.164.

续表

文化结构	学校特色结构	具体要素、功能
制度： 制度文化	学校特色 教育制度	教育管理制度、教师管理制度、学生管理制度、班级管理制度、总务管理制度、习俗惯例等（怎样培养人）。
行为： 行为文化	学校特色 教育实践	学校组织运行、行政人员行为、教师行为、学生行为等（师生行为方式）。
物质： 环境文化	学校特色 物质载体	特色项目、校本课程、校容校貌、生活环境、学习环境等。

学校特色创建取决于育人目标的追求，可以有多种表现形式，一般分为育人模式特色、课程特色、活动特色、制度特色、管理特色、环境特色等。创新育人模式，如北京市十一学校，营造特色环境文化，如建筑风格、学校色彩、校园雕塑、园林生态、传统文化。制定特色制度，如管理、评价、奖惩、家校合作、学生必修、体质达标、技能必修等方面制度。组织特色活动，如野外生存、行军拉练、下乡农耕、军事训练、社团活动、特色运动项目（足球、攀岩、射击、滑雪）、传统特色艺术活动（舞龙舞狮、戏剧、剪纸、皮影、版画）等。建设特色课程，要求立足本土资源，着眼独特素养。

当然，特色学校的创建应该遵循若干原则，有可遵循的基本路径。坚持文化传承，挖掘优势领域，利用独有的资源，服从育人目标，能够可持续实施。学校特色创建的一般路径可以描述为：广泛调研，集思广益，确定方向；认真规划，制定方案，落实分工；招募人才，组织队伍，提供资源；建立制度，明确责任，选择策略；持之以恒，坚持不懈，久久为功。

第 2 节　以体育人的学校特色[1]

以体育人　成生命气象
深圳市龙岗区华南师范大学附属平湖学校特色建设探索

深圳市龙岗区华南师范大学附属平湖学校（以下简称"华附平湖"）是深圳市龙岗区人民政府与华南师范大学合作创办的一所高起点、高标准、高品质的九年一贯制公办学校。2021年9月开办，学校提出了"立鸿鹄之志，成生命气象"的办学使命；"培养身心健康、习惯良好、好学敏行的深圳少年"的育人目标。近三年来，学校紧紧围绕办学理念"进德修业，知行合一"全面开展各项工作，不断探索学校特色建设路径，努力推动学校走向高质量发展。

以体育人的价值认知

2018年，习近平总书记在全国教育大会上提出了学校体育要帮助学生在体育锻炼中"享受乐趣、增强体质、健全人格、锤炼意志"的四位一体的目标。2020年中共中央办公厅和国务院办公厅印发的《关于全面加强和改进新时代学校体育工作的意见》，其中将学校体育定位为"实现立德树人根本任务的基础性工程"。《义务教育体育与健康课程标准（2022年版）》的颁布，进一步明确了新时代学校体育高质量发展的价值追求和改革方向。

"享受乐趣、增强体质、健全人格、锤炼意志"的"四位一体"的价值目标，要求学校体育基于学生身体、心理、精神、意

---

[1] 此文发表在《中国教育报》。

志等多角度发展需求，构建身心和谐发展的"树人观"，也是基于核心素养的人本观。超越了我国过往基于身体素质为主的"身体观"；基于体质健康为主的"健康观"。即从"育体"上升到"育人"，回归教育的本真，正如卢梭所说："教育的最大秘诀是使身体锻炼和思想锻炼互为调剂"。这样有利于实现学校体教融合，以体育人，成生命气象，为学生健康而幸福的人生奠定重要的认知价值。

"无体育，不华附"是华南师范大学教育集团办学的重要理念，"健体育心尚美"的体育文化，引领华附平湖学校在深圳龙岗的教育天地生根开花。学校特色建设是学校高质量发展的必然要义，"以体育人，成生命气象"也是华附平湖学校实现办学使命、育人目标的必然要求。学校开办以来，不断探索以体育人的教育特色，特别是在努力建构与之相匹配的课程教学模式，提升体教融合的活动策略方面，做了不少富有成效的工作。

以体育人的课程建设

课程是学校教育的核心和基础。任何一所学校的课程的变革，其逻辑起点都在于育人。所以学校课程体系的建设是学校育人体系建设的一个发力点，它可以整体性地推动学校育人模式的变革，并以此形成学校的办学特色。华附平湖学校围绕中国学生发展核心素养的三个维度"文化基础、自主发展、社会参与"；学校育人目标的三个核心要求"身心健康、习惯良好、好学敏行"；学校三大层面的课程"国家课程的校本化、校本课程、特色课程"，建构了"3×3×3"基于素养的"飞翔教育"立体课程体系。

体育课程是华附平湖学校课程体系中基础性课程。根据学校培养目标和"四位一体"的体育"树人观"，学校构建开发一体化的以体育人特色课程群。一是精简、优化、整合国家体育课程：分常规体育课程和大课间课程。二是创设适合的校本体育课程：国家新兴体育类运动项目五体球，中华传统体育舞龙、舞狮和武术。开发小学轮换式大课间体育课程、天天想天天练体能线上系列课程、初中田径思政课课程等。三是开发学生个性体育课程：每周延时服务时间，以运动俱乐部和兴趣社团的形式开设60分钟的自主选择课程。另外，在"家校社"的联动中开设系列体育健康行为养成课程。

学校积极探索小场地、大密度、适宜强度的课堂模式，引进了华东师范大学季浏教授的"中国健康体育课程模式"，通过三个关键点，有效解决学生身心健康问题。一是运动负荷，课的练习密度在75%左右（大密度），学生运动中平均心率达到140—160次/分钟（适宜强度）；二是运动技能要求，学生的运动技能学习应是以活动和比赛为主，在时间的分配上每节课要有不超过10分钟的讲解示范，20分钟左右的运动技能学习；三是体能练习要求，即每堂体育课都要进行10分钟左右的体能练习。这种模式让课堂用数据说话，其评价可测、可见、可控。

从2024年1月1日起，深圳市义务教育阶段学校已全面推行每天一节体育课。华附平湖学校三至七年级15个班级进行体育轮转课教学：将这15个班均分为3个排课单位，每个单位5个班。根据专业不同设立足球、篮球、传统体育（武术、舞龙、舞狮）、田径、花样跳绳共5个轮转项目，按照新课标大单元进行轮转学习，有效满足了师生教与学的需求性和结构化。

以体育人的生命气象

人的幸福和人的发展是教育的出发点和终极目标，"健康的体魄、发达的兴趣、蓬勃的热情、宽广的视野、开阔的襟怀"是华附平湖学校人的生命样态。以体育人点燃了校园，激活了教师,阳光了学生。

群体性校园活动"人人参与,有趣多样",课内外特色体育活动按照年级和学年规划,设置进阶系列学生体育活动。做到"月月有活动,人人有项目,处处有舞台"。家校社协同组织开展亲子系列特色体育活动。评选最美运动健康家庭。教师职工积极参与,结合学校党团队工会,开发适合的丰富的活动项目。

教师成长活力强劲,近两年来体育科组教师论文、课题和获奖丰硕。荣获国家级奖6项,广东省级奖3项,深圳市级奖7项;全国十四城市录像课一等奖、广东省第五届中小学体育教师教学技能大赛一等奖、深圳市中小学体育教师教学技能大赛一等奖第一名等。学校让每一位青年教师在专业成长中获得满满的幸福感。

华附平湖学校学生阳光幸福的故事满园皆是。以体育人,成生命气象,这条特色建设之路越走越宽广。

第3节 朴素共生德育特色的建设

学校德育工作的展开,紧紧围绕学校的使命、愿景和培养目标。"立鸿鹄之志,成生命气象",这是学校办什么教育的根本要求;"培养身心健康、习惯良好、好学敏行的深圳少年"这是学校培养什么样的人的基本要求。立德树人和习惯养成是我们学校的教育之本。

三年来,我们学校的德育实践不断探索自己的有效途径和特色。我们从"德育八礼""四至"特色课程,到"朴素共生""以体育人"特色课程,我们一直坚持在实践中总结与创新。

在丰富的德育实践中我们认识到:凡是脱离了学生的日常学习,从学生实际生活中抽象出来的德育是反教育的。传统学校德

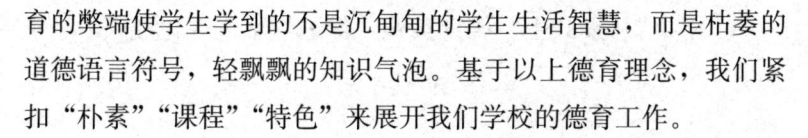

育的弊端使学生学到的不是沉甸甸的学生生活智慧，而是枯萎的道德语言符号，轻飘飘的知识气泡。基于以上德育理念，我们紧扣"朴素""课程""特色"来展开我们学校的德育工作。

朴素共生德育形成的基本架构

针对学校一年到头都是节，活动与活动之间关联度低；融通育人队伍、活动载体、课程特色、评价体系之间的内在关系；缝合教学与德育"两张皮"，给学生朴素的生活智慧。我们在实践中总结出了"朴素共生的德育"。

1. "三共"育人主体

共教：德育主任、班主任、心理特教老师、思政老师、值日老师。

共养：家委会、家长、社区义工、学校员工。

共融：学科教学、共青团、少先队、学生会、班干部、小组长。

2. "三育"课程板块

教育课程。

养育课程。

融育课程。

3. 星级评价体系

共生德育：全员育人、课程育人、活动育人、评价育人。

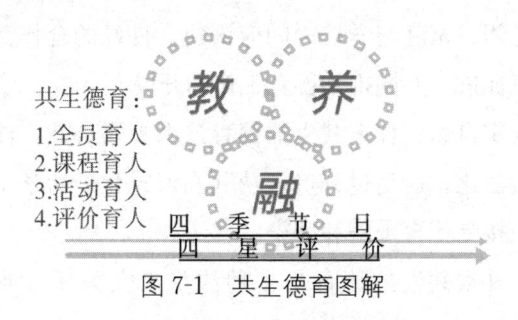

共生德育：
1. 全员育人
2. 课程育人
3. 活动育人
4. 评价育人

教 养 融
四 季 节 日
四 星 评 价

图 7-1 共生德育图解

附:"朴素共生"德育实践 促进学生个性化成长

彭铁牛

一、德育理念与内容

朴素共生的德育是一种注重人文关怀、强调人与人之间相互依存、相互促进的德育理念。它强调德育的朴素性,即德育应该回归生活、回归自然、回归真实,注重培养学生的基本道德素质和社会责任感,而不是过分追求功利和形式化。同时,朴素共生的德育也强调德育的共生性,即德育应该是一种相互依存、相互促进的过程,师生之间、学生之间、家庭与学校之间都应该建立良好的合作关系,共同推动德育工作的开展。

朴素共生的德育有以下几个特点:

强调人文关怀:朴素共生的德育注重对学生的人文关怀,关注学生的内心世界和情感体验,尊重学生的个性和差异,帮助学生树立正确的人生观、价值观和世界观。

注重实践体验:朴素共生的德育强调实践体验,让学生通过亲身参与各种社会实践活动、志愿服务等方式,深入了解社会、增长见识、培养社会责任感,从而更好地理解和践行道德规范。

倡导合作共生:朴素共生的德育倡导合作共生,强调师生之间、学生之间、家庭与学校之间应该建立良好的合作关系,相互支持、相互促进,共同推动德育工作的开展。

追求真实自然:朴素共生的德育追求真实自然,注重德育的朴素性和生活化,避免过分追求功利和形式化,让学生在真实自然的环境中接受德育熏陶和感染。

总之,朴素共生的德育是一种注重人文关怀、强调实践体验、倡导合作共生、追求真实自然的德育理念。它旨在培养学生

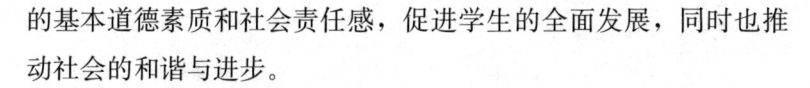

的基本道德素质和社会责任感，促进学生的全面发展，同时也推动社会的和谐与进步。

二、德育途径与方法

（一）深研文件，贴近生活，构建特色的课程体系

2014年教育部《关于全面深化课程改革落实立德树人根本任务的意见》提出"教育部将组织研究提出各学段学生发展核心素养体系，明确学生应具备的适应终身发展和社会发展需要的必备品格和关键能力"等一系列指标要求。

2017年教育部印发的《中小学德育指南》指出：深入贯彻落实立德树人根本任务，始终坚持育人为本、德育为先，大力培育和践行社会主义核心价值观，以培养学生良好思想品德和健全人格为根本，以促进学生形成良好行为习惯为重点。"

以这两个文件为指针，在朴素共生德育理念的引领下，围绕德育工作目标，设计了校本化的德育课程体系，将课程分为基础课程、核心课程和素养课程。

基础课程主要是指学校的《德育八礼》，即"仪表、交往、集会、活动、学习、用餐、行坐、环境"，旨在促进学生形成良好的行为习惯，培养学生的文明行为。

核心课程主要是指《中小学德育指南》中要求的中小学德育的主要内容，即：理想信念教育、社会主义核心价值观教育、中华优秀传统文化教育、生态文明教育和心理健康教育。

素养课程旨在发展学生的核心素养，以适应终身发展和未来社会。我校将其梳理为"至真""至纯""至善""至美"四类课程。

基础课程
《德育八礼》

核心课程
理想信念教育
社会主义核心价值观
中华优秀传统文化
生态文明教育
心理健康教育

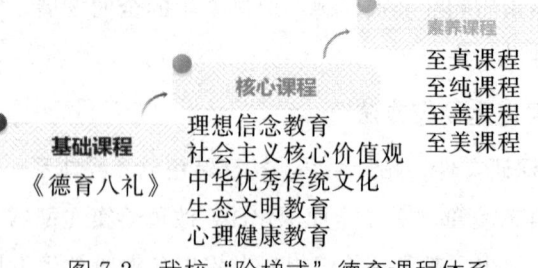

素养课程
至真课程
至纯课程
至善课程
至美课程

图 7-2 我校"阶梯式"德育课程体系

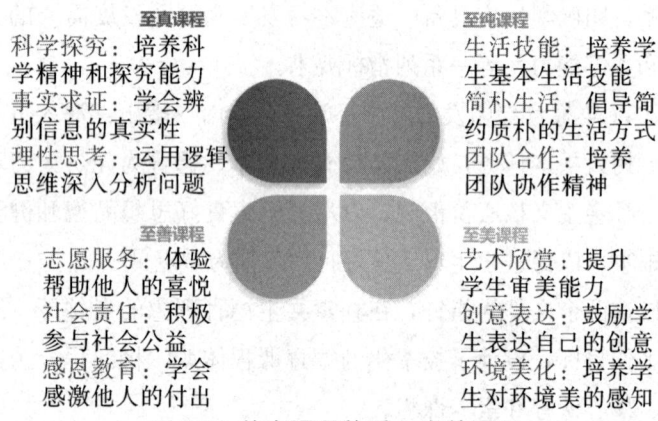

至真课程
科学探究：培养科学精神和探究能力
事实求证：学会辨别信息的真实性
理性思考：运用逻辑思维深入分析问题

至纯课程
生活技能：培养学生基本生活技能
简朴生活：倡导简约质朴的生活方式
团队合作：培养团队协作精神

至善课程
志愿服务：体验帮助他人的喜悦
社会责任：积极参与社会公益
感恩教育：学会感激他人的付出

至美课程
艺术欣赏：提升学生审美能力
创意表达：鼓励学生表达自己的创意
环境美化：培养学生对环境美的感知

图 7-3 德育课程体系之素养课程

（二）夯实常规，重视过程，推动"八礼"教育入心入行

根据《德育八礼》，每月设置德育月主题，以"学、练、赛、评"等形式，围绕主题集中开展系列活动，主要包括：

1. 宣传发动：制作"八礼"主题活动宣传海报，张贴在学校校园内的显眼位置；利用校园广播，宣传"八礼"主题活动的目的、内容和要求，提高学生的参与度。

2. 主题班会：让学生了解"德育八礼"的具体内容和要求，引导学生结合自身实际，反思自己的行为，在此基础上，组织学生制定班级"八礼公约"，明确班级成员在文明礼仪方面的行为规范；

3. 各类比赛：通过"八礼"知识竞赛、主题演讲比赛、征文

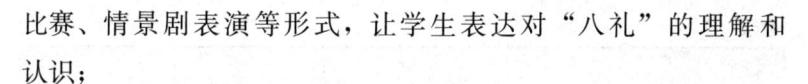

比赛、情景剧表演等形式,让学生表达对"八礼"的理解和认识;

4. 实践活动:组织学生走上街头、社区,走进敬老院、福利院,让学生践行"八礼"的具体内容和要求,真正做到知行合一;

5. 总结表彰:每月设置德育八礼"单项之星",制定评比细则,根据学生的综合表现,每班评出若干"单项之星",并推荐一定数量的学生参与年级和学校的评比。周期结束,利用升旗仪式进行集中反馈表彰,并利用学校大屏幕、电子班牌、广播站、学校公众号等进行宣传展示,让学生在潜移默化中形成良好的行为习惯。

(三)优化设计,拓展路径,构建德育核心课程

通过德育核心课程,培育学生积极走在践行社会主义核心价值观的前列,牢固树立中国梦远大理想,坚定跟党走中国特色社会主义道路的信念,用向上向善的精神风貌,勇挑时代赋予的重任,体现新一代青年对国家和民族的理想与担当。我校的德育核心课程,主要是通过各类活动来实施。

1. 加强节日主题教育,培根铸魂

表 7-2　节日主题教育活动

活动类别	节日	教育目标		主要活动	
传统节日	春节	传统文化教育	民族文化认同	写春联送祝福	压岁钱献爱心
	清明节	纪念古人先烈	培育爱国情感	清明祭奠英烈	爱国主题班会
	端午节	弘扬爱国精神	传承传统美德	端午节包粽子	端午主题班会
	中秋节	体验节日习俗	培养团聚情感	亲人团聚过中秋	做月饼送祝福
	重阳节	形成爱老风尚	强化责任担当	敬老主题班会	敬老院送关爱

续表

活动类别	节日	教育目标	主要活动
重大节庆日	植树节	形成环保理念　建设美丽中国	环保主题班会　校园植树活动
	劳动节	形成劳动意识　养成劳动习惯	劳动最光荣　社区爱心公益
	青年节	传承五四精神　树立远大理想	团员入团仪式　征文演讲比赛
	儿童节	乐观进取精神　爱校爱国情感	六一游园活动　告别童年活动
	教师节	尊师重教美德　知恩报恩品质	国旗下的演讲尊师爱师班会
重要纪念日	学雷锋日	弘扬雷锋精神　争做志愿服务	了解雷锋事迹　争做志愿服务
	建党节	培养爱党情感　弘扬奉献精神	征文演讲比赛　唱响红歌活动
	建军节	树立国防意识　爱国拥军教育	征文演讲比赛　观看爱国电影
	国庆节	形成国家观念　培养爱国精神	红色基地研学　征文演讲比赛

2. 重视团队仪式教育，加强价值引领

表7-3　重要仪式主题教育活动

仪式名称	教育目标	主要活动
升旗仪式	增强国家意识　强化国家认同	升国旗唱国歌、国旗下讲话、班级风采展示。
建队仪式	增强责任意识　形成集体观念	中队展示、换巾仪式、集体宣誓。
入团仪式	培养政治素养　强化责任担当	佩戴团徽、聆听教育、集体宣誓。
入学教育	增强学校认同　培养行为习惯	行规教育、开笔礼、班级建设、队形队列、国防教育、理想教育。
开学典礼	增强目标意识　树立远大理想	奏唱国歌校歌、教师宣誓、活动展示、学期寄语。
毕业典礼	传承尊师美德　增进母校情感	奏唱国歌校歌、节目展示、捐献礼物、颁发证书、各类表彰。

续表

仪式名称	教育目标	主要活动
少年团校	增强国家意识 强化国家认同	组织学习、志愿服务、政治学习、活动交流。

3. 推进校园节日建设，提升素养

表7-4　校园节日系列活动

项目	时间	教育目标	主要活动
班主任节	3月	培养尊师美德 培育感恩品质	开闭幕式、主题班会、各类比赛。
体育嘉年华	4月 11月	培养运动习惯 培育优秀品质	开闭幕式、球类比赛、亲子趣味赛、趣味运动会。
心理健康活动月	5月	培养健全人格 培育积极品质	开闭幕式、作品展评、主题讲座、各类团体游戏。
科技节	6月	培养创新精神 提升科技素养	开闭幕式、科技体验、科技制作、专家进校园、各类比赛。
读书活动月	11月	培养阅读习惯 陶冶高尚情操	开闭幕式、各类学科比赛、征文演讲、作家进校园。

（四）立足课堂，拓宽渠道，推进德育素养课程落地生根

我校的德育素养课程，旨在培养学生的核心素养，即学生应该具备的，能够适应终身发展和社会发展需要的必备品格和关键能力，是每一个学生获得成功生活、适应社会发展需要的、不可或缺的共同素养。我校通过各种渠道，促进德育素养课程能真正落地生根。

1. 充分挖掘学科课程中的德育资源

鼓励语文、历史、地理、英语等人文类学科教师在教学过程中，充分挖掘人文学科中的人文关怀、社会伦理内涵，潜移默化

地激化学生的社会责任感和社会公德意识。

鼓励数学、物理、化学、生物、科学等基础的科学类课程充分重视对学生进行辩证唯物主义世界观、方法论的教育，进行科学精神、科学方法和科学态度的教育。

体育艺术类课程（包括体育、音乐、美术等课程）的德育重点是培养学生的健康体魄、意志品质和审美情趣。

2. 打造多样的学生社团

我校充分利用课后服务的有利条件，借助社会力量，引进校外资源，开展各类社团，培养学生的核心素养。

比如："辩论社"培养学生的逻辑思维和申辩思维；"法制社团"培养学生的法治思维；"艺术鉴赏"社团培养学生的审美情趣。等。

3. 开展各类教育实践活动

表7-5 社会实践主题教育

主题教育	实践内容	部分实践地点及活动
爱国主义	革命传统　国防教育	山厦革命历史纪念馆、莲花山公园、深圳革命烈士纪念馆、深圳博物馆、华南师范大学。
传统文化	古典艺术　平湖乡情	深圳百师园、非遗进校园、传统文化进校园。
公民教育	法治安全　身心健康	禁毒所、法制大讲堂、防欺凌讲座。
环保关爱	生态环保　社会关爱	敬老院、垃圾分类体验馆。
劳动教育	劳动观念　劳动习惯	校内基地、职业体验、龙岗区中小学生社会实践基地。

（五）充分信任，科学指导，确保学生自治团体务实高效

杜威认为，教育即生活，教育即生长，教育即经验的改组或改造。教育是生活的过程，直接经验的获取是促进学生全面改造和全面发展的关键，好的教育应该坚持以学生为中心，尊重学生身心发展规律，促进学生内在本能生长。为优化学生组织结构，进一步整合学生组织资源，充分发挥学生组织的自我教育、自我管理和自我服务功能，我校学生发展中心联合校团委、大队委依据学生实际情况，建立了"湖畔学生自治会"。

"湖畔学生自治会"以学生事务管理和服务为中心，以"各美其美、美美与共"为原则，扎根于同学，以同学们的需求为核心，以"长风破浪会有时"的态度与"行者常至，为者常成"的信心与勇气，推动学生多方面协调发展。"学生自治会"以学生会为依托，在小学高年级和初中各年级设置"自治分会"。

表7-6 "湖畔学生自治会"工作职责

部门	目标	工作内容
监察部	让自治会真正成为一个帮助同学们的地方。	1. 监督所有自治会成员行使公权力的行为，确保权力在阳光下运行。 2. 协调管理自治会内部的分配任务。 3. 与其他部门相互制约，相互促进。
卫生部	创造一个干净、整洁、健康的学习环境。	1. 检查年级卫生，监督各班级做好卫生工作。 2. 维护公共区域的良好卫生环境，帮助打扫年级卫生。 3. 确保师生处在良好环境中，不因卫生而打扰学习工作。

续表

部　门	目　标	工作内容
体育部	让同学们体会到体育运动的快乐。	1. 帮助老师布置体育活动场地，维持秩序。 2. 跑操时维持年级秩序，为落队的同学加油打气。 3. 下操时协助纪律部检查路队。
宣传部	做好年级文化建设，共创美丽学习环境。	1. 设计并绘制年级宣传墙。 2. 设计年级文化墙，营造年级书香氛围。 3. 配合学校组织活动，展现年级风貌。
学习部	营造良好学习氛围。	1. 帮助同学们提高学习兴趣。 2. 协助其他部门，完成年级分配的任务。
纪律部	入班即静，入座即学。	1. 维持年级集会纪律。 2. 检查仪容仪表、违禁品等。

（六）正本清源，共生赋能，实现个人与集体和谐发展

1. "正面管教"打造师生之间"共生赋能场"

正面管教是一种既不惩罚也不娇纵的管教孩子的方法，孩子们在学校里遭遇失败时永远不会被羞辱，而是通过有机会在一个安全的环境中从自己的错误中学习，感觉到自己被赋予了力量。

我校进行了正面管教种子团队、种子教室的建设，从正面管教理论的学习应用，到班级文化的建设全方位地对班级学生进行正面管教。老师们通过对面管教的学习提升了自身应对学生问题的能力，同时培养了孩子们反思和解决自身问题的意识和能力。

2. "飞翔少年"评比打造生生之间"共生赋能场"

我们根据"德育八礼"，梳理出各阶段各年级学生的习惯标准，采取日新自省、周评、月评等环节，让学生针对自身展开评

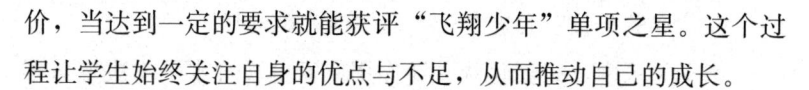

价,当达到一定的要求就能获评"飞翔少年"单项之星。这个过程让学生始终关注自身的优点与不足,从而推动自己的成长。

3. "飞翔班级评比"打造班班之间"共生赋能场"

传统的文明班评比是学校根据班额定一个比例,再根据量化的分数进行排名,排名在前的获得文明班,这样导致班级间为了少量的优秀名额形成"博弈场"。我们采取达标分制,根据之前积分统计进行测算,设定一个相对合理的分数,让积分始终落后的班级对照找到提升的地方,班级内部努力达到达标分就可认定为"飞翔示范班级"。这样一来,班级之间少了竞争,转而关注解决自身班级问题,进而取得进步。

4. "团队作战"打造师师之间"共生赋能场"

传统的教师评价通常只是评价教师个人,而且各级的评价名额非常有限,这样就在教师之间形成了"博弈场",不利于教师的共生成长。我们采取"评价团队,不评价个人"的原则,对年级、教研组、备课组等进行团队评价,这样就让老师们关注团队的集体进步,并为团队贡献自己的智慧与力量,取长补短,推动学校的发展。另外,教师参加个人业务比赛也是"团队作战",发挥团队智慧,个人比赛成绩计入团队评价的指标中。

5. "家校联动"打造家校之间"共生赋能场"

积极构建学校、家庭、社区协同机制,成为教育生态领导者。充分挖掘、开发和利用家长资源,丰富学校的综合实践课程,完善家校协调机制,为学生的成长服务。一是建立学校、年级、班级三级"家校联动委员会",在家校警、午餐招标、志愿服务、学生实践活动等与学校积极配合。二是开展各类家长讲堂,让家长走进班级、年级,丰富学校的课程内容,拓宽学生视野。

6. "家长学校"打造亲子之间"共生赋能场"

亲子关系中,家长起着主导作用。家庭教育水平也决定着学生的家庭成长环境。家长的教育理念的提升需要积极地引导,我校在2023年10月成立了"幸福家长学校",通过一系列课程来教育家长,提高家庭教育水平;班级在班主任的带领下,开展学习共同体建设,让家庭之间建立学习联盟,推动家长和学生相互学习、共同成长。

第8章
学校评价体系

坚持以人为本，落实立德树人根本任务。教育的对象是人，教育的本质是促进人的发展。要实现教育高质量发展，从基础层面来说改变学校教育评价能起到导向作用。可以说学校评价的根本就是人的评价。所以要将人本理念贯穿学校评价，尊重学生主体地位和教师主导作用，重视学生全面发展、关注教师的职业生涯发展，以人性化和发展性的评价标准调动师生积极性，激活学校发展潜力，实现学校可持续发展，有效推动素质教育在学校落地。

学校评价是学校把教育评价综合运用于学校，将过程性评价和结果评价相融合，检验学校教育效果。学校评价尽可能追求评价的客观性和准确性，及时发现学校教育教学及管理等工作中存在的一些问题，为学校探寻切实可行的教育改革措施，也为促进教育教学改革提供依据和参考。

第1节 课堂教学评价

"136"素养大课堂教学评估达标方案说明

随着《义务教育课程方案和课程标准（2022年版）》的颁布，

作为课程实施的关键环节，教学迎来新的要求和挑战。教育要走向高质量发展，必须深入推进教学改革。我校是一所新学校，开办三年来，坚持质量立校，不断探索课堂教学改革，一直在课堂中发展老师，成就老师。经过三年的实践探索，总结提出了"136"素养大课堂，为了更好地把课堂教学改革走深走实，学校要求教师课堂教学能力优秀达标率百分百。特制定本方案。

一、制定方案的两大依据

制定本方案的两大依据是：依据一是"基础性导向"，《义务教育课程方案和课程标准（2022年版）》；依据二是"特色性导向"，华南师范大学附属平湖学校构建的"136"素养大课堂。

《义务教育课程方案和课程标准（2022年版）》，对学校来讲，不仅是关注和重视对新课标的解读学习实践，更应该地认识到新课标的深刻变化对教师水平能力的严峻挑战！可以说教师专业素养将成为学校能否实现新时代义务教育优质均衡发展的一道坎。教师的发展面临以下几大挑战。思想性：对教师政治素养的挑战；跨学科：对教师综合素养和能力的检验；学段衔接：对教师精准教学能力的检验；核心素养：对教师终身学习能力的挑战；实践应用：对教师知识整合能力挑战；教学评一致：对教师精准施教能力的挑战。

作为学校特色，新课标的实施在我校课堂实践中是校本化，我们构建"136"素养大课堂："1"代表核心素养取向的价值（宏观）；"3"代表课堂形态的核心元素：目标、策略、评价（中观）；"6"代表课堂具体操作原则：①目标明确，依据知识类型定位大概念，让目标可见、可控、可测；②设计学习行为，明确学习任务，由练中学到做中学、用中学、创中学；③小组合作学习，克服学生对话、体验、讨论、合作、探究的浮泛，创设学生向学性的支持环境,即解决问题的脚手架、积极向上的氛围;④当堂反馈,讲练结合、迁移反馈;⑤关注每一秒时间的有效性、每一位学生的心理状态;⑥营造学习相匹配的空间,户外学习空间、个人学习空间、项目学习空间等。

二、结合校情的四个实际

我们要深耕学校的校情,结合四个实际进行深度考量:其一,新学校课堂的规范性为重;其二,目标—策略—评价的"目标分析"的合理性;其三,交流协商的教师参与性;其四,评价机制的持续性。

下面我详细解释以上四个校情的实际情况:怎样理解新学校课堂的规范为重?课堂教学的评价,首在其导向性的清晰,即通过评价本身引导老师正确的教学方向,让老师们明白课堂教学要向哪儿去。基础性导向一般是党的教育方针、国家政策、正确的教育教学观、先进的教育理念。眼下,毫无疑问是《义务教育课程方案和课程标准(2022年版)》的颁布,核心素养的落地。特色导向是学校的特色,即先进的教育理念如何在学校实践中校本化。"136"素养大课堂就是新课标在华附平湖学校的校本化结果。这包含三个方面:一是学校的育人目标和办学理念。我们学校的育人目标是"培养身心健康、习惯良好、好学敏行的深圳少年";二是校内外的环境特点,通常新学校以规范为主,创新为辅;老学校是以创新为主。我们是新学校,所以课堂教学以规范为重,兼顾创新意识。三是课堂教学中存的典型问题。我们学校大多是刚毕业的青年教师,他们课堂存在的典型问题是过于依赖传授知识的学科本位做法。

怎样理解目标—策略—评价的"目标分析"的合理性?总体来讲,就目前的学校课堂教学评价标准有两种情况,一种是

"拿来主义"，另一种是"放任主义"。前者拿来主义是专家学者制定的标准办法，与一线课堂实际有差异，操作起来效果不佳；后者放任主义就是没有明确的评价标准，只凭老师个人的经验和主观感受，随意评价。这两者的合理性都成问题。我们应该采取多维分析方法。一种是"要素分析法"，即分析教学目标、教学内容、教学过程、教学方法、教学结果等；第二种是"目标分析法"，即我们华附平湖学校一直坚持实践的"目标 — 策略 — 评价"，而以目标为核心的目标分析法，目标清晰明确，策略围绕目标展开，评价围绕目标的达成进行；第三种是"关系分析法"，即教师、学生、师生相互的关系。教师设计教学目标和内容，学生的学习方式和效果，师生间的引导反馈与合作研讨。当然，我们学校采取的"目标 — 策略 — 评价"分析法，不能简单统一，搞"一刀切"，不同学段、各年级、学科，都要分层次、灵活运用。

怎样理解交流协商的教师参与性？我们制定"136"素养大课堂的评价标准，要充分听取老师的意见，让老师们深度参与进来，老师不是标准的"被告知者"，应该是"设计者""执行者"。老师在课堂实践中的自我剖析和深度交流十分宝贵。表现在三个方面：一是在授课教师评课时，深度讲述出隐藏在课堂背后的设计预期、安排、意图；二是让所有听课的老师和主讲老师都进行深度交流，而不是打分者，在深度交流中形成共识，总结，并为后续的课堂改进提供启发；三是让所有参与者提供其他的思考和建议。

怎样理解评价机制的持续性？通常讲，大多数学校忽视教学评价的可持续性和系统性。我们学校也不例外。也就是说，教学活动一结束，评价也就结束了。对后续的教学实践没有影响。如何让教学评价可持续、机制成熟起来呢？我们要将评价机制、教学管理、教师培养制度、教研制度结合起来。学校要建立起持续机制，即"评价 — 改进 — 再评价 — 再改进"形成闭环，目的就是"改进"，而不是"甄别"。我们可以通过量化、推门听课、研课、学生座谈、集体会诊课等，发现老师的"闪光点""趣味儿""清晰的思路"，同时发现问题，做阶段性评价总结。加强学校部门间的协同与支持机制的建立，不断座谈调研，收集问题和建议。

三、有效运用的四个工具

我们接下来总结制定了四个有效工具："136"素养大课堂说课量表、"136"教学评一体化教学设计模板、"136"素养大课堂教学评价量表、"136"素养大课堂作业设计评价标准。

表 8-1 "136"素养大课堂说课评价标准

说课环节	说课要素	权重	评价结果			
			优秀	良好	合格	不合格
教材学生（分）	（1）介绍教材的内容和地位，说明本节课知识点的前后联系，在课程标准中的学业质量要求。	8	8	6	4	2
	（2）分析学生知识水平和认知特点，指出本节课的学习困难点。	8	8	6	4	2
素养目标重点难点（分）	（3）相关年级课程标准、学科核心素养。	8	8	6	4	2
	（4）从单元提要、章节学习提示中提取大概念（1—3个词或短语）。	8	8	6	4	2
	（5）将学生理解的知识目标转化成问题；要探究的技能目标设计成任务；要产生的意义和价值目标变成可视化和可表现。	10	10	8	6	4
	（6）确定重点、难点。	4	4	3	2	1

续表

说课环节	说课要素	权重	评价结果			
			优秀	良好	合格	不合格
策略方法（分）	(7) 设计学习任务或行为。	8	8	6	4	2
	(8) 完成子任务的环节、方法、过程性评价、时间的分配。	10	10	8	6	4
	(9) 真实情境、学习工具、学习资源的准备。	8	8	6	4	2
评价（分）	(10) 知识和技能的检验采取当堂检测。	8	8	6	4	2
	(11) 真实表现性任务设计"量规"，如优秀、良好、一般或ABCD等级。	8	8	6	4	2
板书作业（分）	(12) 板书设计提纲要领、重难点、美观。	6	6	5	4	3
	(13) 课中、课后作业设计的目标性、分层性、有效性、迁移应用性。	6	6	5	4	3

评价结果栏选定等级打钩，分数相加。

合计总分： 　　　　　　　　　　评定等级：＿＿＿＿＿

评定等级：(1) A；(2) B；(3) C；(4) D。根据以下换算，在选项上打勾。等级换算：A.100—90分；B.89—80分；C.79—60分；D.59分以下。

表8-2 "136"教学评一体化教学设计模板

基本信息	课题			
	学科		课型	
	授课班级		设计教师	
	时间		节次	
目标确立依据	课标分析			
	教材分析			
	学情分析			
学习目标				
设计学习任务				
教学活动				
教学系列环节	学生的学	教师的教	评价要点	
环节一				
环节二				
环节三				

表 8-3 "136" 素养大课堂教学评价标准

评价项目	评价要素	权重	优秀	良好	合格	不合格
素养目标（8分）	（1）教学目标符合新课标素养要求。	4	4	3	2	1
	（2）教学目标符合学生实际，可见、可控、可测。	4	4	3	2	1
围绕目标设计学习行为（64分）	（3）教学过程主要环节的完整性。	8	8	6	4	2
	（4）每环节内容安排，各环节间衔接。	4	4	3	2	1
	（5）教学环境的创设与学习资源的处理。	8	8	6	4	2
	（6）教学方法选择合理。	8	8	6	4	2
	（7）教学重点、难点处理。	8	8	6	4	2
	（8）指导课堂连接真实生活，对知识迁移应用。	8	8	6	4	2
	（9）学生学习活动的设计与组织。	8	8	6	4	2
	（10）倡导小组合作学习、注重学生主体，探究质疑。	8	8	6	4	2
	（11）积极探索创新。	4	4	3	2	1
师生状态（10分）	（12）师生精神状态与课堂气氛和谐度。	5	5	4	3	2
	（13）双边活动充分、照顾全体学生。	5	5	4	3	2
目标达成（8分）	（14）紧扣教学目标。	3	3	2	1	0
	（15）当堂检测良好。	5	5	4	3	2

续表

评价项目	评价要素	权重	评价结果			
			优秀	良好	合格	不合格
教学基本功(10分)	(16) 教学语言规范与演示能力。	5	5	4	3	2
	(17) 板书书写美观与设计提纲挈领、概括重难点；教学多媒体运用熟悉、课后作业设计分层、精要有效。	5	5	4	3	2

评价结果栏选定等级打钩，分数相加。

合计总分：　　　　　　　　　　　　评定等级：＿＿＿＿＿

评定等级：(1) A；(2) B；(3) C；(4) D。根据以下换算，在选项上打勾。

等级换算：A.100—90分；B.89—80分；C.79—60分；D.59分以下。

表8-4　"136"素养大课堂作业设计评价标准

评价项目	评价要素	权重	评价结果			
			优秀	良好	合格	不合格
作业目标(20分)	(1) 明确性：作业目标是否清晰、具体，是否明确指向知识点的巩固和技能的提升，与教学目标保持一致。	5	5	4	3	2
	(2) 针对性：作业设计是否针对学生的知识掌握情况和学习需求。	5	5	4	3	2
	(3) 层次性：作业是否根据不同学生的学习水平设置不同难度的任务。	5	5	4	3	2
	(4) 达成度：作业完成后，学生能否达到预设的学习目标。	5	5	4	3	2

续表

评价项目	评价要素	权重	评价结果			
			优秀	良好	合格	不合格
作业内容（30分）	（5）科学性：作业内容是否符合学科课程标准和教材要求。	10	10	8	6	4
	（6）趣味性：作业设计是否有趣，能够激发学生的学习兴趣。	10	10	8	6	4
	（7）实践性：作业是否包含实践环节，注重学生动手能力和实践能力的培养。	10	10	8	6	4
作业形式（20分）	（8）多样性：作业是否采用多种形式，如书面作业、口头作业、实践作业等。	10	10	8	6	4
	（9）创新性：作业设计是否有新意，能够打破传统作业形式的束缚，鼓励创新和实践。	10	10	8	6	4
作业量与评价方式（20分）	（10）作业量合理性：作业量是否适中，既要有挑战性，又要确保学生能够完成，不会给学生造成过大的负担。	10	10	8	6	4
	（11）评价方式多样性：是否采用多种评价方式，如自评、互评、师评等，注重评价的全面性和客观性。	10	10	8	6	4

续表

评价项目	评价要素	权重	评价结果			
			优秀	良好	合格	不合格
作业反馈与改进（10分）	（12）反馈及时性：教师是否及时对作业进行批改和反馈，帮助学生及时纠正错误，了解学习情况并调整。	5	5	4	3	2
	（13）改进有效性：教师是否根据作业反馈情况，对作业设计进行有针对性的改进和优化。多媒体运用、课后作业设计。	5	5	4	3	2

评价结果栏选定等级打钩，分数相加。

合计总分： 　　　　　　　　　　　评定等级：_____

评定等级：（1）A；（2）B；（3）C；（4）D。根据以下换算，在选项上打钩。等级换算：A.100—90分；B.89—80分；C.79—60分；D.59分以下。

四、多维评价的五大合力

学校在推进教学评价过程中，教学管理团队充分利用多维评价的合力，教师自评、同伴评价、学生评价、科组评价、专家评价。

第二节 "136"素养大课堂六维度评价研究

（深圳市教育评价改革试点项目）

基本信息

表8-5 六维度评价项目表

试点项目名称		"136"素养大课堂六维度评价研究			
负责人	姓名	罗志远	性别	男	出生年月	××××年××
	工作单位	深圳市龙岗区华南师范大学附属平湖学校		邮政编码	518100
联系人	姓名	陈耿炎	职务	教学主任	联系电话	××××××
项目组主要成员名单（原则上不超过10人）	姓名	单位	职务/职称	承担任务	
	罗志远	华附平湖学校	校长	全面指导和各项保障	
	陈耿炎	华附平湖学校	主任	指导和主要组织	
	王添才	华附平湖学校	副主任	组织	
		华附平湖学校	学科组长	目标定位与达成评价	
		华附平湖学校	学科组长	学习行为与调控评价	
		华附平湖学校	学科组长	合作交流与艺术评价	
		华附平湖学校	学科组长	评价反馈与思维评价	
		华附平湖学校	学科组长	学习体验与发展评价	
		华附平湖学校	学科组长	学习空间与环境评价	
试点拟解决的主要问题	拟解决的主要问题是：如何让学科核心素养在课堂教学中具体落地，可见性地进行有效评价。具体地说可以这样理解：自《义务教育课程方案和课程标准（2022年版）》颁布后，学校管理团队和老师积极培训和学习，但是在课堂教学实践中，基于传统课堂教学的经验痼疾，老师们在课堂上要深刻理解和贯彻素养课堂存在困惑和茫然：				

续表

	素养课堂的教学目标如何定位？用什么样的有效策略进行落实？要想让素养课堂目标高效落实，课堂实践中多维度的评价手段或标准是什么？只有当课堂中的评价是基于学科核心素养目标、科学而系统的，才能让课堂评价操行方便实用，那么这样的课堂教学行为就会使学习真的可见，能够回答：课堂中的学习要到哪里去？用什么方法到哪里去？师生随时知道走到了哪里？下一步该如何调整，怎样更快地到达目的地？ 作为基础教育的学校一线课堂，我们首先将课堂评价研究的问题深刻聚焦到自己学校的教师、学生的痛点、难点、困惑点：我校是一所刚刚开办3年的新学校，90％的老师是新手，多数是非师范专业毕业的，不少还是学科专业也不对口，这个教师队伍虽然进行了系列的、多样化的通识和学科教学的培训学习，但是一到具体的课堂情景中，仅仅管理学生就让他们手忙脚乱，很快他们多半就退守到强行"讲授"模式；少数教龄长的老师，过于相信经验，固执坚守"知识本位""学科本位"的课堂；我们的学生生源质量又极不均衡，差异大，习惯养成压力大。 目前课堂中最大的问题是：素养教学的课堂要求基本是"抽象"而"含糊"的，目标不清晰、评价都是停留在"感性"的形式层面，课堂的有效性很低。我们现在试点工作中要突出解决的问题是，主要想通过六个维度的实践探索对课堂进行评价：目标定位与达成评价、学习行为与调控评价、合作交流与艺术评价、评价反馈与思维评价、学习体验与发展评价、学习空间与环境评价。在具体的课堂实践中，经过三年长期而深入的积累改进，倒逼我们的课堂有目标性、有策略性、高效性。总结六维度的评价机制和操行标准，努力地去解决我们的教师队伍存在的问题、学生存在的问题。真正落实素养课堂。
试点期限	20××年×月至20××年×月（试点期限原则上为3年）

一、工作总体目标

"136"素养大课堂六维度评价研究的总体目标：聚焦学科核心素养在课堂中的落地，通过三大策略路径"素养目标、有效策略、及时评价"，从六个维度评价课堂：①素养目标明确，即目标维度；②设计学习行为，即设计维度；③小组合作学习，即思维维度；④当堂评价，即反馈维度；⑤关注每一秒时间的有效性、每一位学生的心理状态，状态维度；⑥营造学习相匹配的空间，空间维度。

在核心素养理念下构建课堂教学评价体系原则，然后分别从学生和教师角度，构建新课程理念下素养课堂教学评价指标，旨在全面评估学生的学习状况和发展水平，有效分析教师的教学设计、教学活动、教学效果等课堂教学情况。通过课堂教学评价体系的实施方法，以期促进教师教学方法和学生学习方式的持续改进，推动我校课堂教学向更高水平发展。

二、具体举措

举措一：核心素养的课堂掌控

1. 从课堂视角，教师要准确理解核心素养

"学生应具备的适应终身发展和社会发展需要的必备品格和关键能力"这是教育部在《关于全面深化课程改革落实立德树人根本任务的意见》中明确对核心素养内涵的界定。为什么是品格和能力？因为品格（必备品格）是一个人做人的根基；能力（关键能力）是一个人做事的根基。人做好了，才有幸福人生；事做好了，才有成功人生。

我们的三大关键能力怎样？阅读（输入）、思考（加工）、表达（输出）能力，这是最关键的能力。我们必备的三种核心品格怎样呢？人与自我的关系：自律（自制），人与他人的关系：尊

重（公德），人与事情的关系：认真（责任）。

品格是人作为主体最富有人性的一种本质力量，内蕴着人的道德性、精神性与利他性；能力则是人作为主体最引以为傲的一种本质力量，内蕴着人的创造性、能动性与内发性。套用现在的时髦话来说：能力是一个人的硬实力、品格是一个人的软实力；能力是智商、品格是情商；能力是科学精神、品格是人文情怀。总之，能力和品格是人的两种最宝贵的精神财富。

2. 核心素养在课堂上呈现的基本特征

课堂中，教师能深刻把握"双基""三维目标""核心素养"的迭代逻辑，就能够明了核心素养课堂的基本特征。

"双基"教学起源于20世纪50年代，在60年代至80年代得到大力发展，80年代之后不断丰富完善。双基：基础知识、基本技能（1978年《教学大纲》）。课堂教学过程包括五个基本环节：复习旧知—导入新课—讲解分析—样例练习—小结作业。每一个环节都有自己的目的和要求。

2001年启动的新课程改革的一个基本的标志就是从"双基"走向"三维目标"（2001年《课程标准》）：知识、技能；过程、方法；情感、态度、价值观。

2014年3月，"核心素养"首次提出；2016年9月，中国学生发展核心素养总体框架正式发布。它以培养"全面发展的人"为核心，从文化基础、自主发展、社会参与三个方面，凝练出人文底蕴、科学精神、学会学习、健康生活、责任担当、实践创新六大素养。

从"双基"到"三维目标"，再到"核心素养"，其内在变迁的逻辑是：由学科本位到人本位的转变。可以描述如下：双基（外在/学科）、三维目标（外+内/中间）、核心素养（内在/人）

通过以上关系的梳理，我们现在以课堂案例进行分析，感受核心素养导向的课堂是怎样优于三维目标的。即人本位的课堂怎样优于学科本位的课堂。

举措二：三大路径的课堂贯彻

1. 简易原则，课堂教学规律原本简朴而平易。我们认为有效课堂教学有三个核心元素，即目标 — 策略 — 评价。课堂教学没有目标就没有价值，策略是围绕目标而展开的，评价依据目标对策略的成效进行评估和诊断。目标是课堂教、学、研的依据，也是学校管、训、评一体化的依据。我们形象称其为课堂"核心三原色"简易图。课堂都是围绕目标、策略、评价这三个基本色，调制出丰富多彩的颜色来。

2. 不易原则，课堂教学规律有其必然的程序可以遵循。我们倡导的课堂基本思路是：依据课程标准和具体的学情来制定目标，依据细化的目标选择学习策略，依据策略实施的成效进行评价，依据评价进行学习反馈，依据反馈引领学习的调整，依据调整提升学习目标的层次。这样形成一个"目标 — 策略 — 评价 — 反馈 — 调整 — 新目标"的螺旋上升闭环思路图。我们形象称其为课堂"五格调色盘"不易图。

3. 变易原则，课堂教学规律之变化、发展和自我否定。课堂教学既是科学，又是艺术。课堂要提质增效，必须尊重科学规律；课堂要创新，必须与时俱进。我们要在课堂实践中研究，在研究中实践，始终要坚持用辩证统一、普遍联系、天人合一的科学思想来观照我们的课堂。基于这样的思想观念，我们倡导用"课堂创新大画布"指导我们的课堂实践。

4. 大课堂的"大"怎样理解？

之所以叫"大课堂"，主要考量是在建构学校课堂形态时，我们依据"双减"教育转型新形势的大理论、大逻辑、大格局、大思考，我们的课堂到底要培养什么样的人？的确课堂分数只是短时得利，得不了未来，面对当下课堂的积弊之重，我们努力将课堂学习目标把"课上"与"课下"贯通起来，监管课上课下作业的质和量，切实做到课上课下减轻学生学业负担。重新认识作业，明确作业功能，培养"完整的人"，改革作业结构，"完整地培养人"，明确作业主体，让学生主导作业过程。通过课堂学习目标，把教学与德育统合在课堂中，重视学生情感、态度、价值观的变化，促进学习在课堂中真实发生，实现学科育人目标。真正构建大逻辑、大格局的学校课堂。

举措三：六大维度的课堂操行

我们构建"136"素养大课堂："1"代表核心素养取向的价值（宏观）；"3"代表课堂形态的核心元素：目标、策略、评价（中观）；"6"代表课堂具体操作原则：①目标明确：依据知识类型定位大概念，让目标可见、可控、可测；②设计学习行为：明确学习任务，由练中学到做中学、用中学、创中学；③小组合作学习：克服学生对话、体验、讨论、合作、探究的浮泛，创设学生向学性的支持环境，即解决问题的脚手架、积极向上的氛围；④当堂反馈：讲练结合、迁移反馈；⑤关注每一秒时间的有效性、每一位学生的心理状态；⑥营造学习相匹配的空间：户外学习空间、个人学习空间、项目学习空间等。

借鉴当下人工智能技术常态化、规模化评价课堂教学的指标体系和评价系统CSMS。我们依据本土化的主导——主体教学结构理论和第三代活动理论，将课堂教学评价指标分解为目标定位、课堂艺术、课堂调控、思维激发、评价反馈、整体发展、合作交流、学习体验、目标达成共9个评分领域。

三、进度安排

表 8-6　时间进度安排

阶　　段	时　　间	推进内容
2024.9—2025.8 第一阶段	2024.9—2025.2	1. 目标定位与达成评价
	2025.3—2025.8	2. 学习行为与调控评价
2025.9—2026.8 第二阶段	2025.9—2026.2	3. 合作交流与艺术评价
	2026.3—2026.8	4. 评价反馈与思维评价
2026.9—2027.8 第三阶段	2026.9—2027.2	5. 学习体验与发展评价
	2027.3—2027.8	6. 学习空间与环境评价

四、预期成果与成效

1. 每位教师参与学科实践，有深刻的课堂自觉，备课、说课、观课、议课等都有标准。

2. 形成六维度的课堂评价体系，让学校课堂教学质量达到同层次的卓越。

3. 有学科案例集、论文集、专著一本。

第三节　共生德育评价

学校德育管理与评价

彭铁牛

（一）学校德育管理

1. 构建德育管理网络，全员育人

每个年级组由校级领导分管、中层干部协助，实施扁平化管理。年级组长是年级组德育工作负责人，指导教师围绕年级德育主题开展工作。

2. 完善德育规章制度，全程育人

根据"人人都是德育工作者"的原则和"朴素共生德育"的理念，修改和完善学校德育工作制度。

3. 重视专业培训，培养新人

以学校青年教师建设为重点，实施"青蓝工程"。依托校内外德育专家团队，以师徒结对、班主任沙龙、德育论坛为抓手，从思想引领、技能培训、科研提升、跟岗实训等方面进行培训，培养"四有"好老师，助力青年教师快速成长。

(二) 学校德育评价

1. 学生自省：《日新自省记录册》

引入自省机制，鼓励学生每日反省，反思行为是否符合"德育八礼"的道德要求。

2. 学生评价："飞翔少年"德育评价体系

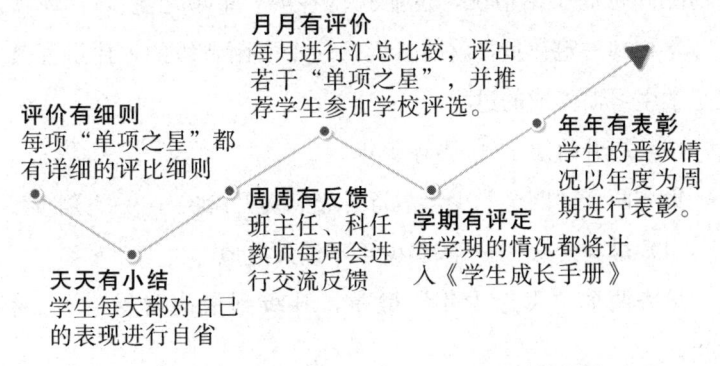

评价有细则
每项"单项之星"都有详细的评比细则

天天有小结
学生每天都对自己的表现进行自省

周周有反馈
班主任、科任教师每周会进行交流反馈

月月有评价
每月进行汇总比较，评出若干"单项之星"，并推荐学生参加学校评选。

学期有评定
每学期的情况都将计入《学生成长手册》

年年有表彰
学生的晋级情况以年度为周期进行表彰。

图 8-1 我校"飞翔好少年"评价制度的基本操作流程

"飞翔少年"德育评价设计四个晋级阶层，即单项之星、四至（至真、至纯、至善、至美）少年、飞翔少年、鸿鹄少年，以量化考核，分月考评，择优推选，以星换章，聚章晋级，集中表彰。

(1) 基础阶层——单项之星

"单项之星"评比围绕"德育八礼",以"学、练、赛、评"等形式,从"仪表、行座、交往、学习、就餐、集会、活动、环境"等八个方面切入,每月设计活动主题,制定评比细则,学生以自愿的原则申报,每日践行,践行期结束后,班主任和科任教师一起认定,达到标准后,即可获得本月度活动"单项之星",由班主任授予徽章,每班推选一定数量参与学校评选。

(2) 普及阶层——"四至"少年

集齐四种单项之星徽章可升级到普及阶层——至真(至纯、至善、至美)少年,四种单项之星不齐全时,学生可以在"体育、艺术、诗书、创新、志愿服务、美德、劳动、上进、环保"等志愿项目中至少选择一至两项参加,各自制订每日践行计划并逐日践行,每周班级内进行总结。在实践期结束后,根据个人记录情况和每周小结情况,也能获得各类"单项之星","单项之星"累积到一定数量,就能晋级。这个不断晋级的评比过程其实就是学生习惯养成的过程。

(3) 提升阶层——飞翔少年

集齐两个"四至"少年徽章升级到提升阶层——飞翔少年。

(4) 最高阶层——鸿鹄少年(顶天立地)

集齐两个"飞翔少年"徽章,升级到最高阶层——鸿鹄少年。

3. 班级评价:"飞翔班级"评比

每月为周期,采取达标分制,根据积分统计进行测算,每月设定一个相对合理的分数为"达标分",让积分落后的班级对照标准找到提升的地方,班级内部努力达到"达标分"就可认定为

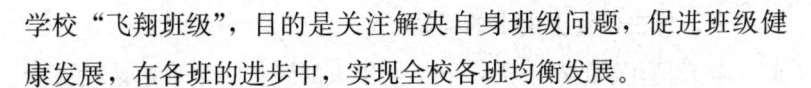

学校"飞翔班级",目的是关注解决自身班级问题,促进班级健康发展,在各班的进步中,实现全校各班均衡发展。

4. 学校特色:"特色班级"认定

根据"朴素共生德育理念"的要求,我校在全校范围内开展"特色班级"认定工作,每个班级根据自身实际,自愿选择项目,制定详细的创建计划和目标,开展"特色班级"创建。在实践期结束后,通过自评、互评,最后由学校组织人员对照创建计划和目标进行验收,达到标准的即授予"特色班级"称号,实现全校各班特色发展,推动我校德育"一班一特色"。

5. 家庭评价:"美好家庭"评选

我校助力家庭建设工作,结合当前的教育模式,每月通过家长申报,学校认证,评出一批"成长型好家长""美好家庭",在庄严的国旗下宣读事迹,颁发奖状,表彰先进,树立榜样,培育好家风,共创家校育人氛围,助力孩子健康成长。

"路漫漫其修远兮,吾将上下而求索"。华附平湖学校在"朴素共生德育"的德育理念下,将进一步优化课程体系、强化过程评价、调动各方资源,不断开创德育工作新局面,点亮孩子们的精彩人生。

日志1　毕业班的师生应该忙什么

—— 谈"万物一体"的东方管理智慧

新学年,学校发展要"出成绩　显特色",提出了"回归课堂主阵地",向"课堂管理要质量",实践中如何落实,我会在日常工作中,与大家一起实践和思考。同时,不断以总结性文字来交流分享。

一、班主任会上提出的问题

今天是开学的第一天,下午九年级的级长特地来邀请我去参加班主任会。九年级是毕业班年级,一般学校都很重视。因为各级主管部门都要看教学质量,家长很关注分数,学生也很在乎自己能考上什么高中。

级长在会上先是表扬了班主任们开学工作的主动、积极,各个班表现出的新气象。在级部的工作安排过程中,级长顺带地提出了几个具体的小问题,我很感兴趣,于是就做了如下记录:

1. 学校德育处对各年级的管理提出了要求,特别是班级卫生、收纳整理等管理细则,九年级学生学习任务重,该如何做好班级卫生、班级收纳整理?

2. 九年级实行分层教学,有行政班和教学班,教学班的环境、卫生、纪律等谁来管?班干部、班主任谁来做?

3. 九年级少数学生行为习惯不好,例如延时服务时间,课堂自习时教室纪律不理想,氛围差,该如何治理?

4. 有少数家长还是对学校分层教学不理解,反对分"快慢班",如何与家长沟通?

5. 校级领导蹲点九年级,深入一线抓教学质量,会不会给老师们压力感?

二、毕业班师生忙学业要紧

会议期间,讨论以上问题的过程中,我们的老师和管理团队不自觉地、或隐或现地有这样的想法,"毕业班的学生忙学业要紧、毕业班的老师忙上课要紧",尽量多地把时间给学生们学习、给老师们上课,管理的事儿再增加人手或外援。具体地讲来如下:

问题1中,学校德育处对全校各年级的要求比较严格,是不是在要求或标准方面，对学校毕业年级的班级卫生、收纳整理的要求降低标准？或者说，毕业班学生忙学业要紧，学习任务重，可不可以有点变通的办法？如果按照德育处要求做，会不会影响学生学习？

问题2中，由于分层教学，在原来的行政班数量不变的情况下，增加了两个教学班，这样，教学班的学生干部、班主任得要人手。这些教学班的学生、老师都很忙，学习和教学任务都很重，甚至提出能不能让行政班的老师来担任教学班的班级管理？还有一种担心，教学班的学生做不好班级管理。

问题3中，在管理思想或观念中不自觉把学生团队进行了人为的"分别"：少数行为习惯不好的学生、习惯好又会学习的学生，显然是前者影响了后者，给后者带来了麻烦，该如何管控前者，这需要管理的投入，这自然又回到了原问题：习惯好又会学习的学生，还有教学的老师，他们都很忙，学习和教学任务重，没有精力投入管控那些习惯不好的学生。

问题4中，开学对于班主任来说是够忙的，尽管学校在九年级分层教学方面的工作做得很主动，但家长还是不理解学校的做法，甚至施压班主任，要投诉学校，班主任很忙且精力有限，怎样才能做好家校工作？

问题5中，根据学校发展目标任务，提出了新学年的高质量发展的要求，强调毕业班教学质量的先导性，在"回归课堂主阵地"中寻找"出成绩"的增长点，指出向课堂管理要质量。校级领导和中层实行蹲点制度。老师们担心的是：一线教学任务重，时间宝贵，领导们是不是经常开会、经常找工作中的问题或缺点来批评老师甚至不懂管理干预老师正常工作，做一些"扰民"的事情。所谓的"压力感"应该是由此而来吧。

三、相信管理的格局和力量

身为校长,我十分理解班主任老师、级部的管理团队。他们年轻、工作十分敬业和勤勉。但作为一校之长,让自己科学的管理思想落地,领导和服务他们是我义不容辞的责任。

会议讨论中,我同与会的老师具体交流如下:

观点1,德育要先行。九年级学生要出成绩,出真成绩,当然离不开一个好的教室集体环境、良好的学习氛围。如果每天走进这个班,卫生状况糟糕,班级环境混乱,没有秩序感,好的学习氛围是很难营造出来。九年级再忙,也不能把班级环境卫生、收纳整理的事儿给挤掉了。我以为应该加强这方面的管理,更应该提高标准,这是对学生的一种自律性修养,是高级学习。每一位学生都要在班干部的管理和组织下参与进来,不能靠少数学生来完成,人人参与,人人维护,以此来历练学生的良好心性。每位学生脚下干净,桌椅和抽屉收纳井井有条,这种条理性思维,久而久之必然反映到学生的学习和作业中:

干净、整齐、条理。学习生活忙而不乱。这是学习和生活素养的融通。

如果以毕业生学习忙为借口,来节省学生日常班级卫生、收纳习惯养成的时间,一定是得不偿失,因小失大。

观点2,优秀的潜力。本届学生我们学校是基于学科的分层,先行推进的是数学和英语,这样形成的教学班、行政班,显然前者的学科素养整体要优于后者。怎样管好两个教学班?我以为同样是德育和思想先行,要告诉学生,学校为了他们的学习,克服困难投入了财力和人力资源,让学生有感恩心,倍加珍惜教学班的学习机会。教学班是他们学习的心灵家园,他们得要全心呵护并努力建设好。上课老师一样得有责任感,自己的课堂自己管理，主动当好教学班的"家长"，引导学生做好班级自主管理。如果老师和学生心里只是把"教学班"当作培优的一间"教室"，那这个教学班的意义就不大了。级部管理团队应该首先有"管理气度"和"教育价值"，把教学班当作历练师生优秀者的最好平台。如果教学班的师生管不好自己的家园，那就不要指望在这个家里能走出什么高贵的人了。

观点3，心动与行动。实话讲，我认为对待学困生的教育态度是教育者的重要原则问题。学生的差异本是很宝贵的教育资源，但现实中教育的功利性让教师不自觉地产生了分别心，学困生成了"负担"。当下，学校高质量发展，必然要求我们向学困生领域发出挑战。教育的本质要求我们因材施教。"教育意味着一棵树摇动另一棵树，一朵云推动另一朵云，一个灵魂唤醒另一个灵魂。"一个班有少数习惯不好的学生才是完整的，有问题生才有教育的价值。唤醒一个个灵魂，是要有组织的行动力，仅靠班主任是不行的。班主任必须具有教育的组织力、号召力和行动力。我一直强调，班干部队伍的培养和班级学习小组的建设、家委会组织的培育。班主任的管班治班，首先要有强有力的组织，校内校外一起发力，让学困生心动，进步是迟早的事儿。我武断地讲：一个班主任如果弱化了班团队的组织力、感召力和行动力，那么这个班就只剩下独裁和偏见了，这个班真的没有救了。

观点4，与家长同行。一个班主任应该坚信，家校之间产生分歧矛盾是很正常不过的事儿，但都有一个不变的共识：即都希望孩子好。面对家长的意见或偏见，首先我们班主任自己先要有定力，不能自乱阵脚。然后从家长的角度理解分歧，本着和家长共同成长的愿望，家长也是需要学习进步的，作为老师不要急着抱怨家长，更重要的是让家长参与学校的管理，在参与中交流和对话。

例如，这位家长对学校分层教学有质疑，就不要和他争论，努力说服他来学校进班跟班观察，让事实说话，尤其重要的是让他的孩子来证明。只要我们和家长一起成长，那么家校的分歧矛盾就能从根本上化解。

观点5，管理即服务。校级领导和中层干部到班级蹲点，其要义是管理下沉，回归课堂深度发现问题，让领导为一线老师提供更精准服务。作为蹲点的校长，我会经常去课堂、老师办公室巡查，听课观课，主要是看看老师有什么工作上的困难和需求，班级管理中的难点，家校之间难以解决的分歧，需要我做什么或提供哪些学校的援助资源。

我主要还是观察班级课堂的精神状态或精神面貌，针对特别难以管理的少数习惯不好的学生，要求班干部、小组长、家长等来进行管理对话。总之，我会尽心尽力为老师们服务，不会增加所谓的领导压迫感，即便是开会或座谈，我通常的做法是以倾听为主，点拨为辅，不会以压迫的方式让老师"硬"执行。在和谐中服务老师。

四、感悟东方管理智慧之深刻

以上我用大实话拉拉杂杂地聊了不少，但好像还没有说个"所以然"。管理是一门科学，也是一门艺术。活的管理有力量大小之分，也有格局高下之别。死的管理只能害人害己。我们有必要从管理的视角再往深刻方面聊一聊。

我们先是谈到班主任会议上提出的五个小问题，接着，剖析了这五个问题中或隐或现地藏匿着我们的观念，然后，作为校长，我提出了解决问题的几个小观点：德育要先行、优秀的潜力、心动与行动、与家长同行、管理即服务。据此，我们会根据实际情况采取有效策略。

再追问一下,为什么要用这样的观点解决问题,而不是别样的观点呢?其后的理据又是什么?其实,在实践中是有两条路径可以选择的。小而言之,是整体性路径还是单一路径,大而言之,就是东方思维和西方思维的区别。所以,借此我们从生活管理中的小问题感悟东方管理智慧之深刻性。通俗地讲,东方管理智慧讲究整体性思考,用"万物一体"来描述;反之,而西方思维则用"万物分立"。

1687年牛顿的《自然哲学的数学原理》问世以来,牛顿力学的话语体系和机械还原论,在全球范围内"统治"了人们的行为规范及文化几百年,"它塑造了现代西方社会,并且极大地影响着世界其他部分"。1911年泰勒的《科学管理理论》之后,行为科学、管理理论丛林、组织文化理论、组织学习等,西方各种范式和人性假设都是遵从牛顿范式的。无论泰勒,还是法约尔、韦伯、西蒙、德鲁克等都是如此,简言之,现代管理学范式是建立在"万物分立"基础上。西方学术范式以还原论为基础,而中华优秀传统文化是天人合一、心物一源等的整体性思维。其大而无外,小而无内。如王阳明言:"心即理也。天下又有心外之事。心外之理乎"或换句话说,古圣先贤们用更宏大的宇宙观来看世界。"万物一体",体现在《道德经》中是"无"与"有"的同时关照,《心经》中"色"与"空"的同时关照,《易经》中"阴"与"阳"的同时关照,而并非偏于其中任何一方。同理,亦是对于"万物一体"和"万物分立"的同时关照。

当然,我们学习管理,是要关照我们日常生活与工作才有价值。针对学校九年级如何"出成绩",显然,"拼时间""搞题海"此路不通,"抢生源"更不现实。虽然,应试的成绩与学习时间、练习题量、生源质量紧密相关,但割裂相互关联,片面追求某一项或几项都不可能出真成绩。我们一定要讲究整体性思维。

当前，我们的基础教育重智育轻德育、重知识轻能力、重课堂教学轻社会实践，这种现象仍然很突出。大而言之，我们的教育也面临诸多冲突：经济全球化与多元民族文化、科技发展跟人与自然伦理关系、市场经济与多元价值观、信息网络与多种意识形态等。大而观之，解决这些冲突必然是整体视角。

审视我们基础教育的课程与课堂亦然。20世纪50年代，我们提出了"双基"，后来又出现了"应试与素质"之争，今天我们终于提出了"核心素养"。我们走过了，从片面的"知识""技能"，到"素质"，最后聚焦整体的"人"，"素养"是"以人为本"的，是关于"人"的发展的关键的"品质和能力"。这就是整体性思考。

今天，我们谈日常工作中的年级管理，表面看是：班级的德育、教学、生源差异、家校分歧、干群关系、工作任务的主次等等，"出成绩"也好，"向管理要质量"也罢，但整体性思维"万物一体"的观念不能没有，否则我们工作会走弯路，出现混乱和低效。谨以此文，以飨同仁，相信我们智慧与行动力。

写于天鹅湖畔
2024年9月3日

日志2　德育就是育心

一、德育故事叙述

故事一　[问题解决+尴尬]

上周在午休过后时间，我正巡查校园，刚转过一楼大厅，突然发现两位初中部男生抱着篮球，急匆匆向球场走，他们看到我时，下意识地跑得更快。凭经验我感觉不对劲儿，于是，我对着他们俩招手喊道："两位同学，请过来一下好吗？"听到我的叫喊声，他们心不甘情不愿地走过来了，看样子很不自在。"看来，你们都是篮球爱好者哦，这个时间点还跑出来打球，你们的篮球是谁给你们的？""老师给的。"其中一位抓耳挠腮地回答。"哪位老师啊？"我紧跟着问道。他吞吞吐吐地回答："王老师。""是吗？"我反问道，另外一位男生看到同伴回答不自信，他赶紧改口说："邓老师给的。"看表情凭直觉，我知道他们是在撒谎。于是，很严肃地追问一次："你们确定这球是老师给你们的？"他们故作轻松地回答："真的是老师给的！"看样子，他们笃定我会相信的。面对这种老练的撒谎，我顿时也来劲了，不客气地说："走，你们跟我去一趟办公室吧。"

走进体育科组办公室，老师们都在办公，两位同学显然很心虚地站在那里，默不吭声，头也不敢抬起了。"你们说吧，到底是王老师还是邓老师啊？"他们尴尬地站在那里知错了，我以胜者的姿态坐在那里，看到他们认错后灰溜溜离开办公室的样子，我又不轻松，忽地，心沉重起来了。我真的赢了吗？将学生的过错"暴晒在炙热的太阳底下"，仅仅止步于此，这是"教"还是"育"呢？充其量，"教"都还不够格了。找不到一点点积极成长的教育价值。

于是，第二天，我郑重地找到那两位男生，向他们道歉，我的教育方式不对，肯定了他们热爱篮球的积极性，检讨了自己，特别是自己教育方式的简单粗暴。

故事二　[问题解决＋仇恨]

这件事真实发生在我工作过的学校，那时我还在做学校德育处主任。记得是一个风和日丽的周末，大约中午时分，我带着孩子在市中心办点事，走在繁华街心的人行道上，忽然，不远处一位穿着学生服的男生骑着电动车从侧道迎面开过来，后面还带着个同伴有说有笑，同伴还没有戴头盔，出于教育者的本能，我一眼就辨识出是我学校的学生。等到电动车离我不到一米远时，我赶紧伸手示意叫停了他们："同学你好，慢点停下来，老师问你点事儿啊？"只见骑车的同学急忙停住了车，还笑着礼貌地说："哦，主任好！有事吗？"后面的同伴也赶紧下了车，拘谨地站在旁边。"你叫什么名字，哪个班的？能告诉我你爸妈的电话吗？"我边说边扶着电动车的把手。一听到我这样问话，那位同学很机警地求情说："主任，我知道我骑车不对，确实有违交规校纪，下次不敢了，今天确实有点急事儿……"我没有听完他的话，就把自己的手机给他，坚定地说："不用讲了，你快给你爸妈打通电话，让家长过来带你走吧！"只见他和同伴一起不断地向我解释和认错，说家离这儿远、爸妈很忙、现在来到这儿困难大、他们绝不会有下次、今天一定会小心……，作为德育主任，我眼前只有一幕一幕的交通安全警示案例，血淋淋的教训，我始终没有动心，旁边孩子也劝说我，我就是一个要求，家长必须过来。这样足足僵持了一个小时，学生的情绪也越来越激动了，直到家长的到来，说明了原因后，学生的爸爸不好意思骑着电动车，那位学生很生气地上了公交车，转头看了我一眼，满满的仇恨和不服气。我如释重负，心想，总有一天，学生会理解我的。

故事三 ［解决失败+失望］

发生在一位男同学身上的事情，虽然过去十多年了，如今却历历在目。这位同学当时是在读八年级,学校出了名的小"刺头",单亲家庭孩子。上课睡觉,顶撞老师,课后欺凌同学,脾气暴,没有个定性。犯错后,批评教育真是油盐不进。学校的老师、班主任、政教处的干事都拿他没办法。为了改变他,我可没少花气力和心血。为了亲近他,我经常和他一起打篮球,有空还带他吃饭,跟他平时交往,只要不说学习和纪律,他也还听话,讲义气。我也清楚地知道,改变这样的学生不是一件容易事,要有耐心和时间。违纪犯错,反反复复是常态,我也努力地接纳他,多少他也在进步。

记得一天上午十点多钟,学校保安队长气喘吁吁地跑上楼,敲我办公室的门大声说:"主任,不好了!某某同学又在校门口闹事了!"我急忙问:"怎么回事?你慢点讲。"保安队长说,这位学生不按照入校要求,强行进来,不听保安劝说,还生气了,拿砖头砸学校伸缩门,要打保安,直喊保安的名字又骂又叫,没人能拦得住他……。我说:"真是无法无天,你把他带到我办公室来!"学生气冲冲地跟着保安队长后面,大咧咧地走进我办公室,头倔强地斜看着天花板,嘴里还说着脏话。看他那牛哄哄的劲儿,在我面前一点师生情也没有,平日的好却早已云淡风轻了!我生气地大吼一声:"×××,你给我出去!"他一听,顿时发怒地冲我叫"谁出去啊!"保安见状把他拉出去了,在与保安的挣扎过程中,他顺手抓起楼道的消防灭火器,又回到我的办公室,对着我摆出一副要干架的样子。我当时实在忍不住了,拍着桌子,站起来,指着他的鼻子说:"出去!我不想再见到你了!"只见他像一头发怒的小狮子,扭头就走,边走边说:"出去就出去!我也不想再见你了!"

自那以后,他再也没回学校,不知转学了还是辍学了。十多年过去了，这是我最失败的一次教育。现在想起，心情还是很沉重。

故事四 ［解决失败＋和解］

说起这位同学的事，多与家庭有关。早就听学校六年级的年级长讲过几次，他们年级有一位家长，特别喜欢护短，只要老师反映孩子的问题，家长从不接受，原因都是学校的错。孩子在这样的家庭环境中，养成十分自我的坏习惯。在班上，几乎其他的同学和家长都对这位同学没有好感，班上的事处处要以他为中心，稍不顺他意就欺凌别的同学。有一次，这位同学欺负一位女同学，家长之间产生了纠纷，班主任没法调解，预约到了我这儿来进行协调。

记得在大课间，政教干事带着他们父子来到我的办公室，还没等干事介绍完，我看到父子两人的表情，心里很不舒服：爸爸进门一屁股坐在沙发上，嘴里叼着根烟，手斜插在口袋里，跷起了二郎腿，一副爱理不理的样子；孩子进来也没有礼貌，小小的年龄赖皮得很。我开口马上讲了一句："我们学校是无烟学校啊。"那位爸爸立马儿就站了起来，大咧咧地说："我孩子在学校总被人欺负，你们当领导的怎么管理啊，这是解决问题的态度吗？跟我讲什么无烟学校！"我马上火了，回击道："看看你们，真是有其父必有其子啊！"顿时，父子两个大声地跟我吵了起来，老师们过来劝都劝不住，看样子他们不是讲理的人，我就大声说："请你们出去！请你们赶快出去！"

这件事情后来虽然费了周折，但还是协调好了。几年后，孩子中考没有考取公办高中，他们也意识到自身的教育问题，还亲自找过我，请我帮忙，我也欣然助力了。

故事五 [问题解决+时机]

这是一位患有抑郁症孩子的故事。她是一名小学高年级的学生，由于父母离异，她精神状态发生了明显的变化。班主任告诉我，她严重情绪低落，总是不开心，对所有活动兴趣不大，什么事情都不想做。以前活泼开朗，爱唱歌也爱学习，现在对学习也不感兴趣，甚至有厌学的心理，学不进去，不想来学校。她说不能从班级学校的日常生活中体验到快乐，还出现焦虑、容易发脾气等情况，特别叛逆。最后，自闭在家，家长和学校也无计可施。

记得在学校举办艺术节时，有系列唱歌比赛，我突然想起了那名同学很喜欢唱歌，也有唱歌的天赋，于是，我让班上的班干部到她家里与她谈心，邀请她来校唱歌，她勉强地来到了学校。在全班同学的悉心关心下，她参加了唱歌活动，受到学生的欢迎，最后，她走出了自闭，慢慢地与学生融洽起来，恢复了正常学习和生活。

故事六 [问题解决+环境]

最后，这是一名四年级学生的故事，心理问题到了三级预警，已经确诊患有严重心理障碍，还出现了非自杀性自伤行为。一时间，他成了班上的"不定时炸弹"，老师、学生、家长、学校都特别紧张。

作为学校分管德育的负责人，我当然不能紧张，必须积极面对学生。

我想：紧张害怕一点儿也解决不了任何问题，只有协力同心，真心面对才是出路。我亲自组织了学校、年级、班级、家校、社区等相关人员会议,宗旨是人人关心呵护他,制定了详细的呵护方案,只要这位同学出现,凡是与他接触的师生,都有相应的积极言行关照,不能有负面刺激行为。

由于组织得力,保障有效,这位学生长期生活在一个积极温暖的环境中,慢慢地他接纳了学校的学习生活,家庭也积极配合,家校同心,心理管理和药物治疗相结合,几年过去了,这位学生已经基本恢复正常了。

二、德育故事分析

听完以上学校德育副校长讲述自己亲身经历的六个学校德育故事,我感触很深,对于我国基础教育学校当下德育疲软现象和低效问题应该深刻反思。校园里经常听到"以人为本""立德树人""德育先行""教育就是养成良好的习惯"等,这些观念可以说是耳熟能详,人尽皆知。为什么到了学校德育实践中,收效甚微呢?当然,学校功利主义德育、形式主义德育,人人痛恨,这种违背德育规律和反德育的事何时了?我个人的愚见,学校教育者要从认知上着手,在细微的行动中践行,知行合一,才是正道。

我们学校办学两年多来,一直探索德育的有效性,深刻认识到义务教育阶段的习惯养成的重要性,新的学期,我们总结性地提出"朴素共生"的德育理念,"朴素"是反"形式德育"的;"共生"是反"功利德育"的。我想追问的是:学生的"德"何以"立成","人"何以"树成"?下面我就以上六个德育故事进行分析。

我的分析要用到三个工具概念:事、人、心。其实,天下的任何事情本来都是没有意义的,意义都是人赋予的。也就是说,世间有了人,才有了事的说法。可见"人"高于"事",处理事的根本在"人",事都是被人左右着的。所以有心理学家说,世界上的所有人的问题,归根结底百分之九十以上都是情绪引起的。而人又是一个身心和谐的灵性之物,但心识是管控情绪,决定人行事水平高低优劣的关键。我们通常用"心"这个概念来泛称。

1. 心与事隔,赢事输心

我们现在来分析故事一、故事二。故事一中的学生"撒谎"、故事二中的"违规骑电动车",这是"事儿";老师处理事情"师生当面对质""坚持一个小时让家长亲自来现场解决"。从教育的"教"的角度来说,学生不诚实是人品的问题,必须教育;学生违反交规,事关人身安全,人命关天,不能忽视。老师坚持原则,严格管教,也是教育者的责任所在,本无可厚非。老师处理事情的过程中,一股"只赢不输"的长者态度,的确这两件事儿让老师妥妥地赢了。

然而,我们从另外一个角度思考,学生犯错,也是天经地义的事儿,学生终究要在犯错中成长,成长也是要有过程经历的。如果超越学生年龄心理特点、生活阅历,把学生教育的丰富过程抽象成生硬的教条和说理,过滤掉了事情具体情境、学生情感态度和体验感,那么学生就成了干瘪瘪的"空心人"。

故事一中,在情绪的世界里留给学生的是尴尬、难堪;故事二中,留给学生的是"仇恨",尽管这是正确的事儿,但要让学生明白和释怀,这期间还隔着十多年的生活阅历,有一个漫长的等待期。从这个"育"的角度讲,老师是赢了事儿却输了心。

老师是教育者,学生是教育对象,我们几千年的文化习惯了"师道尊严",老师赢而不输。这是传统的博弈德育。新时代,现代学校的德育理念要与时俱进,教育者必先受教育,师生要共同成长,终身学习,师生是德育成长的共同体。

学校德育游离了学生具体生活,远离成长和发展,都是反教育的。

故事一中,老师反思后主动向学生道歉,肯定了学生热爱运动的优点,引导学生迁移兴趣,从心出发,这就是优秀的现代教师所具备的德育素养。以人为本,心中有学生。

假设故事二中,老师从心出发,理解学生的处境、学生心中的急盼、父子见面的尴尬……老师改变方法,先帮助学生叫一辆出租车,去办完学生的急事儿,替学生管理好电动车,待到学生事后真诚认识到错误,引导家长对安全教育的重视,情况可能会是另一个全新的局面。

2. 以事转心,心事皆输

故事三、故事四中的"事"很清楚:"刺头"学生非正常闹事、家教缺失的父子必然是家校沟通的痛点。这两件事儿本身简单明了,一点儿都不复杂,是非曲直一清二楚。为什么处理失败,不欢而散呢?其根本原因是让事情左右了人心所致。即"以事转心"了。事情刺激了人的情绪,情绪缺失了管控,事儿就处理砸了。故事三中,老师在"刺头"学生身上付出了不少,原本有"情义"的,而学生的表现又是非正常地"闹",学生非正常言语表情行为给老师极大刺激反差;同样,父子的教养缺失,无礼的言语表情行为,情绪失控的对话"出去!""请出去!",恶性刺激,导致沟通失败。

古语有言"心静天下安""心大天地大""宰相肚里能撑船"。其实,古人十分讲究修心养性,特别是个人的"心量",它关乎一个人的修为大小,为官的管理者更甚为要。今天的学校教育者和管理者,面对民主法治维权的现代社会,我们的心不能比学生的心、家长的心、老师的心"小",我们要不断修炼自己,让自己的心性更有定力,管控好自己的情绪,不要遭遇学生、家长负面的情绪刺激,就自动负面反应,而是留有理性的选择时间。20世纪心理学最伟大的发现,是在刺激与反应之间发现了"选择"。

故事三、故事四中,老师要修炼出理性,容忍问题学生的负面反应,问题父子的负面不逊表现,在理性中选择顺性而为的言行方式,既然是问题学生和问题家长,就不必生气,他们的刺激是自己最好的修炼契机。老师应该以静制动,顺性地晓之以理,动之以情,坚信:人性是可变的。先处理好情绪,再来处理事情。这样,沟通才能进行下去,教育才能真正发生。

3. 以心转事,心想事成

故事五、故事六中,其事都是难事,也是复杂难办的事儿。想想,都是心理问题学生,严重自闭、三级预警。学生是不能上学,危险性高,管控难度大。

尽管事情是难事,但是老师处理事情的思路正确。"以心转事",从心出发,思考事情的流程和细节,处处以人为本。故事五中,学生不愿来校,老师不蛮干,顺从学生;当发现学生喜欢唱歌,学校有唱歌活动时,见机行事,顺性而为,让学生融入了学校生活。故事六中,老师更是智慧迭出,面对困难不是被动妥协,而是主动出击,顺性创造机会,积极解决问题,终于赢得了事情的圆满,心想事成。

三、德育故事启慧

以上我们叙述了故事,分析了故事,我们只是在"事"和"理"上做了点肤浅的功夫,知道"以心转事,心想事成",但是,要想真正明了其中的"智慧",做一个优秀卓越的教育者,我们还有一段艰苦的路要走的。

其实，我们都知道"相由心生""境由心造"，所以，我们在现实生活中，愚者处事的方式多是"境转心"，智者多是"心转境"，简单讲，我们都知道，管控情绪很重要。特别是作为教育者，我们的工作是与人打交道的，我们还是培养人，是灵魂的工程师！造机器要懂得机械原理，造人当然要懂得人的心性。

大凡名师无不是参悟人心性的高手。我们每一个普通的老师，每天要遭遇头疼的学生、刁难的家长、不通情的领导、各级"霸道"的规则；当我们分到了"差班"、碰上了低情商的同事、接到了不合理的任务；当我的身体不好、经验不足、能力不强、家庭不和、感情不顺；我的委屈、我的误解、我的烦恼、我的麻烦……这些与他人和自我的种种困惑，假如我们没有足够的心量和智慧应对，其中任何一种困惑演变到大于你的心量时足以把你击垮打倒，让你陷入难堪的窘境。只要自己有了强大的心量，你就有信仰、力量和智慧。

现在问题的关键是怎样才能修心呢？在这一点上，我以为传统的东方文化优于西方文化。东方文化强调"天人合一""共生""共赢"；西方文化强调"天人相分""博弈""优胜劣汰"。中国传统文化"儒道释"中"修心养性"的信息资源量可以说浩如烟海。在这里，我推荐两种方法给老师们，具体如下。

其一，"摄心为戒，因戒生定，因定发慧。"这里的"摄心"是指控制和管理自己的心念，而"为戒"则是指将这种控制和管理转化为一种行为规范，即戒律。通过这种方式，可以使心念集中，从而产生定力，最终引发智慧。具体来讲，就是当我们遇上问题学生、问题家长、问题同事、问题领导、问题自己……即上文所提到的种种困惑时，我们要"摄心"，即戒除"功利心（攀缘心）"。例如，新学期班上分到了心理问题学生，立马儿就心理不舒服，心想：我怎样这么不幸啊！这会影响我们班的成绩，这会给我们班上带来很多麻烦，这会严重影响我们的班级考核，是不是分班领导对我有偏见……其实，一切含有灵性众生的心理作用，普通人的心理现状，都在感想、联想、幻想、错觉、思维与部分知觉的圈子里打转。犹如钩锁连环，互相连带发生关系，由此到彼，心里必须缘着事理，有缘取不舍的现象，这就叫"功利心（攀缘心）"，我们应该把这种心摄住它。守住我们每个人的本心，即真心。真心是"元清净体""光明"的。也就是说，要用平等心接受这位心理问题的学生，同班上其他学生一样，有教无类。王阳明说："惟天下之大诚，能立天下之大本。"诚意，就是正念头。

其二，王阳明的"知行合一""事上磨炼"。也就是修心做事两不误，出世入世能兼得。国学大师钱穆曾说：阳明言工夫，要在"事上磨"，而主于"诚意"。上文中讲到的故事三、故事四，就是值得"磨"，有价值的好"事"，正是提升我们的素养的绝佳实践。而解决问题失败的根本是"诚意"不足，"磨"不在事本身，脱离了事，方向目标错位，就磨在了错误的情绪对抗之上，导致心和事双输了。看看故事五、故事六，其成功的秘密就是"诚意"了，"磨"成了事。

凡有志成为优秀卓越的教师，乃至教育家，就应该修炼自己强大的心量，坚持知行合一，事上磨炼。面对他人与自我的种种困惑，诚意正心，知行合一，定能成就非凡，同时收获幸福人生。

最后，我想说说"朴素""共生"的智慧。朴素即回到事情的本色，让繁华落尽。德育的本色是什么？就是师生学校生活伦常的成长幸福。在老师教育教学的日常琐事中，每天做出育人的真味道。一个学生，一节课，一个学科，一个班，一个年级，一所学校，都是朴素修为的最好道场。佛陀的十大高徒中，有通过洗澡、呼吸、理发、树下补衣、露天静坐等悟道而修成正果；伟大的教育家陶行知留给教育者的丰厚财富中，晓庄学校也是在荒郊野外。每一位老师，最珍惜的是你当下的朴素岗位。

　　共生的智慧，也是共赢的智慧。一个人，一个集体，一个民族，一个国家，一个地球，共生共赢是大境界。这是中华民族的智慧，相信对我校朴素共生德育大有裨益。老师们，做有智慧的老师，做幸福的教育者。

写于天鹅湖畔
2024 年 3 月 4 日